민간경비론

Private Security

정주호 저

- 5개의 영역으로 분류하여 서술
- 민간경비 실무영역에 주안점을 두어 설명
- 첨단경비기기 사진을 첨부하여 설명

(주)백산출판사

머리말

전자와 정보기술 및 자동화로 대표되는 제3차 산업혁명의 시대를 마감하고, 빅데이터와 클라우드 그리고 인공지능기술이 실시간으로 결합하여 초연결 지능 연결망을 기반으로 하는 제4차 산업혁명의 시대가 도래하였다. 민간경비분야에서 제4차 산업혁명을 주목해야 하는 이유는 변화의 범위가 광범위함은 물론이고 예측할 수 없을 정도로 빠르게 진행되는 변화의 속도 때문이다.

게다가 필연적으로 지속될 수밖에 없는 도시화 및 사회적 다양성에 따라 나타나는 개인적·사회적 병리현상으로 인하여 국민 개개인의 생명과 재산에 대한 안전의 욕구는 날로 증가하는 실정이다. 또한 현대사회는 공리성보다는 인권보장으로 무게중심이 이동하면서 잠재적인 인적 위해요소에 대한 위협도 심각성을 더해가고 있다. 민간경비분야는 이러한 안전에 대한 위협요소와 안전 수요에 발 빠르게 대응하고 있는지, 또는 광속과도 같은 새로운 기술변화를 슬기롭게 민간경비활동에 녹여내고 있는지 살펴보는 것이 중요할 것이다.

한편, 국가공권력을 확보한 경찰의 치안기능 및 역할에 대한 수요가 증대됨에도 불구하고 사회정치구조의 변화 등 각종 이슈 문제로 인하여, 경찰력의 작용이 사회안전에 대한 예방이나 대책에 소극적이거나 부족한 것으로 평가되고 있다.

민간경비는 그동안 축적된 민간경비 역량을 바탕으로 수준 높은 교육을 실시하여 우수한 경비전문가를 배출하고, 국가 공공안전기관의 영역이 해결할 수 없는 사회의 각 부분에서 예상되는 경비수요에 능동적으로 대처하며, 첨단기기와의 융합을 적극적으로 모색하여 제4차 산업혁명 시대에 부합되는 보다 진보된 형태의 안전시스템 구축이 필요한 시점이기도 하다.

이 책은 크게 5개의 영역으로 분류하여 서술하였고, 특히 민간경비 실무영역에 주안점을 두었다. 그리고 첨단경비기기들의 사진을 첨부하여 설명함으로써 이해가 쉽도록 하였다. 민간경비활동에 있어서 응급환자 발생 시 구급능력 배양을 위하여 경기도 성남시 소방행정과의 도움을 받아 응급처치 분야를 서술하였다. 전체적으로 기존 서적들의 체계를 가능한 유지함으로써 민간경비학 분야의 혼동 방지에 주의를 기울였다.

이 연구는 2019학년도 가천대학교 학술연구비 지원에 의하여 수행되었으며, 우리나라 출판문화를 선도하는 '백산출판사' 진성원 상무님의 세심한 배려에 감사의 마음을 드린다.

2019년 12월

저 자

Contents

차례

제 1 편 총론

제 2 편 조직형태와 실시과정

제 3 편 경비실무

제 1 편

총론

제 1 장

민간경비의 의의

생명 · 신체의 안전과 재산의 보호, 그리고 질서유지는 인간생활의 틀을 유지시키는 가장 기본적인 요소라고 할 수 있다. 실정법인 「민간경비업법」에 의하여 보장된 민간경비(Private Security)는 국민 기초생활안전의 가장 근접한 친구이면서 최첨단 경비기기의 실질적 활용 주체자이다. 또한 국가가 관리하는 국가중요시설[1]의 안전을 책임지는 무거운 역할 수행자이기도 하다. 즉, 민간경비는 국가 공권력을 사용하여 법질서를 유지하는 경찰과 함께 광범위하고 다양한 사회구조에서의 안전요구에 부합되는 선택적 예방활동을 하고 있다는 네 큰 의의가 있다.

〈그림 1〉 인간의 안전욕구충족을 위한 경비수요 원리
(Abraham Maslow의 인간욕구단계 재구성)

1) 이 책의 제11장 제1절 참조.

〈그림 1〉은 인간의 기본욕구에 대한 다면적 침해에 따라 이를 방어하고자 하는 안전욕구의 발생이 경비활동을 불러일으킨다는 것을 나타낸 것이다. 과거 전통적인 자경적(自警的) 방어욕구(공격에 대한 대비)와 계급사회 상위 신분자들의 재산과 권력보호를 위한 보호조직화는 오늘날과는 다소 상이한 원인에 의한 경비수요로 볼 수도 있지만, 결과적으로 자체적 방어욕구라는 측면에서 동일한 안전욕구의 발로라고 할 수 있다. 급진적 변화와 폭넓은 다양성을 반영하는 현대사회의 경비수요 발생 또한 근본적인 안전욕구 충족이라는 측면에서 이와 다르지 않다.

오늘날의 민간경비는 산업보안의 영역과 중첩되는 부분이 있다. 넓은 의미에서 볼 때 산업보안은 유형 및 무형의 모든 산업자산을 범죄로부터 지키는 '자산보호(asset protection)'와 피해를 예방하는 '손실방지(loss prevention)'활동을 의미한다.[2] 민간경비에서는 범죄에 대비한 재산과 인명보호를 기반으로 자산보호, 출입통제를 통한 내부자산 유출방지, 보안서비스, 청소, 시설물관리, 질병관리에 이르기까지 영역이 날로 확대되고 있다. 산업보안에서는 꾸준한 학술적 연구와 산업현장 보호수요의 증대 등에 힘입어 공식적인 학문으로 자리매김한 것에 비하여, 더 다양하고 풍부한 수요영역을 보유하고 있는 민간경비가 민간경비론에 머물지 않도록 더 많은 학술적 연구와 더불어 관련분야의 도움이 절실히 필요한 시점이다.

2) 사단법인 한국산업보안연구학회, 산업보안학, 박영사, 2019, p. 9.

제 1 절 민간경비의 개념

1. 용어 논의

미국 브루밍스톤의 대학 교수인 헤스(Kåren Hess)와 보안 전문가인 로블레스키(Henry Wrobleski)는 민간경비(Private Security)분야의 선구자로 알려져 있다. 1982년부터 다년간 학술연구와 저술활동을 통하여 민간경비의 영역을 개척하여 온 선구자이기도 하다. 그들이 말하는 민간경비(Private Security)는 인간 자신의 신체와 재산을 국가가 아닌 개인적으로 보호하기 위한 욕구로부터 진화되어 왔으며, 대학 교과목 교육과정을 통하여 학문적으로도 발전하고 있다고 하였다.[3] 그렇다면 'Private'는 무엇이고 'Security'는 무엇이며 'Private Security'는 어떻게 정의하여야 할 것인가?

1) 민간(Private)

'민간(民間, Private)'이라는 용어는 관청이나 정부에 속하지 않는다는 의미로, '공적(公的, Public)'이 아닌 '사적(私的, Private)'인 영역을 나타내는 것이다. 또한 약속된 비용을 지불하는 특정한 계약관계를 가진 수요자(이용자) 차원과 국가 기관이 아닌 민간회사나 조직이 행하는 공급자 차원을 동시에 내포하고 있으므로, 일정한 범위 내에서 이루어지는 제한성을 가지는 것으로 해석할 수 있다. 수요자 차원이라는 것은 민간경비의 이용자로서 일반 개인 또는 기업이 될 수 있으며, 비용을 통하여 발생되는 특정고객(specific client)의 자격을 갖춘 것을 의미한다. 그러나 드물게 자율순찰대 또는 자율방범대와 같은 자경적(自警的) 참여방식에 의하여 개인적 비용지출이 없는 상태에서도 안전서비스를 제공받기도 한다.

공급자 차원은 경비서비스를 실행하는 주체가 국가기관이 아닌 민간차원에서 실행되기 때문에 '공적' 영역이 아닌 '사적'인 영역에서 활동이 이루어진다는 의미를 가지고 있다. 즉, 민간부분에서 경비서비스를 제공하며, 공권력을 가진 신분이 아닌 일반시민

3) Kåren M. Hess & Henry Wrobleski, Introduction to Private Security, 1996, New York, p. 3.

과 같은 신분으로서의 권한을 가진다는 측면에서도 '민간'이라는 용어의 사용은 적절하다고 하겠다.

2) 경비(Security)

민간경비는 시큐리티(Security)를 민간영역에서 제공하는 것이다. 그렇다면 이 'Security'를 어떻게 정의할 수 있는가? 미국정부에서는 시큐리티를 "인원보호, 자재, 장비, 시설 및 문서에 대한 무단 접근 방지 또는 고의적 파괴 및 방해 행위 방지, 그리고 손실 및 도난으로부터 보호하기 위하여 고안된 물리적 조치"라고 폭넓게 그리고 비교적 구체적으로 정의하였다.[4] 최선우(2009)는 시큐리티를 "경비, 보안, 안전 등과 관련된 것으로서 내적·외적 위험(risk)과 위해(dangers)로부터 자유로운 상태 또는 그것을 달성하기 위한 다양한 수단과 조치"라고 하였다.

사전적 의미에서 시큐리티는 매우 광범위하게 사용되고 있다. 안보, 보안, 보장, 안전, 방위, 방어, 보호 등 일반적으로 안전과 관련된 용어로서 매우 범위가 넓어서 민간경비의 분야에서 이를 사용하기에는 다소 부적절하다고 하겠다. Sutherland(1992)가 시큐리티는 '아름다움'이란 단어와 같이 보는 사람의 관점에 따라 약간씩 해석이 다르게 나타날 수 있다고 한 것처럼[5] 관련분야의 성격에 따라 비교적 다양한 개념으로 사용될 수 있다.

민간경비 시각에서 시큐리티는 크게 신체적 보호와 재산적 보호를 의미하는데, 최근에는 경제적 손실(Loss) 보호 또는 인간의 실수나 고의에 의하여 발생하는 위험성(Risk) 예방이라는 의미와 함께 범죄의 두려움에 대한 해방을 포함하기도 한다.[6]

3) 민간경비(Private Security)

민간경비는 '사적'이라는 의미와 '보호'라는 의미의 병렬합성어로서[7] 우리나라에서는

---

4) Dingle, Jeff, Back to the Basics, Security Technology and Design, 1993, pp. 95-96.
5) Sutherland, Garrell, E., Answering the question: What is security, Security Management, June, 1992, p. 59.
6) Paine, D., Basic Principles of Industrial Security, Aurora, Ont.: Oak Security Publications Division, 1972.
7) 합성어는 그 유형에 따라 병렬합성어, 종속합성어, 융합합성어, 대등합성어로 구분된다.(위키백과, 2019 검색)

학계는 물론이고 사회적으로 이미 널리 통용되어 온 용어이다. 특히「경비업법」,「경비업법 시행령」,「경비업법 시행규칙」 등에서 '경비'라는 용어로 일관성 있게 사용되어 왔으므로 새삼스럽게 다른 용어를 사용하면 혼란을 초래할 가능성이 있다.

그러나 근래 들어 '민간'이라는 용어에서는 별다른 이견이 나타나지 않고 있으나, '경비'라는 용어를 '보안'으로 교체하자는 의견이 대두되고 있다. 주된 이유는 '경비원'이라는 호칭의 위상이 일반 국민이 인식하기에 매우 낮으므로, 그 업무의 중요성에 비하여 권위가 약화되어 있다는 것이다. 따라서「경비업법」에서「보안업법」으로 법률용어를 개정하고, 사회적인 호칭도 '경비원'이 아니라 '보안원'으로, '경비지도사'가 아니라 '보안지도사'로 바꾸어 사용하여야 한다는 주장이 제기되고 있다.

또한「경찰관 직무집행법」 제2조(직무의 범위) 제3에서 '경호'와 '경비'를 정확하게 구분하고 있고, 여기에서 '경비'란 시설물의 보호라는 한정된 범위를 지칭하므로 신변보호, 호송, 국가중요시설의 보호 및 위험발생 방지 등의 보다 넓은 범위를 가리키는 것은 '보안'이 더 적합하다고 강조하고 있는 것이다.

2. 공경비의 개념

공경비(公警備, Public Law Enforcement)란 민간경비(民間警備, Private Security)와 상반되는 의미로서 실제 사용되는 용어라기보다는 민간경비의 개념을 설명하기 위하여 동원된 학문목적적 용어이다.

본질적 의미에서 공경비란 인간 본능의 안전욕구에 대한 국가적 보장활동으로, 외부의 침입에 대응하고 그들이 속한 사회의 공공질서 유지를 위한 국가기관에 의한 활동이다. 국민의 생존권적 기본권[8]을 보장하기 위해 국가의 의무를 다하기 위한 공권력의 체계적 활동이라고 할 수 있다. 대표적인 공경비 국가기관은 경찰이므로「경찰법」 제3

8) 국민의 기본권 중 '자유권적 기본권'은 국민 개인의 자유에 대하여 국가 권력의 제한적 · 소극적 간섭을 의미하며 자유주의와 개인주의를 기초로 하고 있고, '생존권적 기본권'은 국민의 최저한의 인간적인 생활을 보장해 주어야 하는 국가 권력의 적극적 의무를 말하며 사회국가적이며 복지주의적 이념을 기초로 한다(한국민족문화대백과사전, 2019).

조 국가경찰의 임무와「경찰관 직무집행법」제2조 직무의 범위를 중심으로 공경비의 개념을 설명할 수 있다.

1) 형식적 의미(경찰법상)의 개념

형식적 의미의 공경비란 관할구역 내에서 법집행에 관한 모든 권한을 가지고 국민의 생명과 재산을 보호하고, 범죄의 예방과 진압 및 수사, 교통의 단속, 그 밖에 공공의 안녕과 질서유지를 위하여 일반국민들을 대상으로 행하는 제반활동을 말한다. 제도상 또는 실정법상의 개념으로 일반적으로 경찰조직에서 직무상 행하는 제반작용을 말하며, 권력적 작용과 비권력적 작용[9]을 모두 포함하는 국가조직상의 개념이다.

이러한 조직의 특성은 공익적 성격을 가지고 있으며 법률에 철저히 입각하여 활동하고, 그 법률이 부여한 강제성을 행사하며 그 업무에 대한 독점적 권한을 가지고 있다. 그 대신「헌법」제33조에 따른 단결권·단체교섭권 및 단체행동권의 행사에 제한을 받는다.[10]

2) 실질적 의미의 개념

공권력 작용의 성질과 내용에 관한 것으로서 정치적 목적이나 경제적 목적을 행하는 통치적 작용, 즉 국가목적적 작용이 아닌 공공의 안녕과 질서유지를 위한 사회적 목적을 달성하기 위한 사회목적적 작용이며, 모든 국민을 대상으로 임무를 수행하면서 일반국민에게 명령·강제하여 자연적 자유를 제한하는 권력적 작용을 말한다.[11] 즉, 권력적 작용은 포함되지만 비권력적 작용은 실질적 의미의 개념에 포함되지 않으며, 공경비 활동에 대한 성질이나 내용을 설명하는 개념이다.

---

9) 권력적 작용은 방범단속, 교통단속, 불심검문, 보호조치, 무기의 사용과 같은 강제적 활동이며, 非권력적 작용은 방범순찰, 교통정보의 제공, 교통시설물 설치, 어린이 교통교육 등 급부행정(social benefit administration)을 말한다.

10) 최응렬, 경찰조직론, 박영사, 2013, pp. 6-9.

11) 박준철, 경찰학개론, 박문각, 2005, pp. 26-29.

공경비의 목적은 지나간 과거의 범죄에 대하여 형벌을 과하는 형사작용이 아닌 사회 공공의 안녕과 질서유지를 직접목적으로 하며, 국가 권력적 수단을 통하여 활동하고 법률 행정행위 중 명령적 행정행위를 통하여 자연적 자유를 제한 또는 해제한다.

3. 민간경비의 개념 및 정의

민간경비란 인간 본능의 안전욕구에 대한 자경적 보장활동으로, 금전계약관계에 의한 특정한 의뢰자(Specific Client)에게 국한하여 행하는 안전서비스 활동이다. 이러한 금전계약관계가 성립된 의뢰자의 신체 또는 신체활동을 보호하고, 재산상의 손실과 조직의 기능파괴를 보호한다.[12] 공경비가 공익 또는 공리적 활동을 전제로 한다면, 민간경비는 사익을 우선으로 하는 특징을 가진다.

민간경비의 개념을 정립하는 데 있어서는 다양한 의견이 대두되고 있다. 이윤추구적인 측면에서 볼 때, 기업에서 자체적으로 운영하는 경비조직은 제외하고 용역계약경비만으로 범위를 한정해야 한다거나, 국가·공공기관에서 자체적으로 고용하여 경비업무를 실시하는 경우에도 제외해야 한다고 주장하고 있다. 타당한 논의이기는 하지만 업무의 내용과 성격을 규정하는 실질적 개념 측면에서는 같은 범주에 포함하여 설명하는 것이 더 현실적이라고 하겠다.

1) 형식적 의미의 개념

실정법인 「경비업법」, 「경비업법 시행령」, 「경비업법 시행규칙」에 의해 규정된 업무를 수행하고, 동법의 허가를 받은 법인을 통하여 인간의 생명, 신체, 재산 등의 보호와 질서유지를 위한 일체의 행위를 말한다.[13] 민간경비 또한 공경비와 마찬가지로 법률에 입각하여 활동하고 있으나 강제성을 부여받지는 못하였다. 따라서 그 법률에 의하여 허가를 받은 업무에 있어 독점적 권한을 가지지 못한다. 누구라도 일정한 조건이 되면 민간

---

12) Ralph F. Brislin, The Effective Security Officer's Training Manual, Second Edition, Butterworth-Heinemann, 1998, pp. 1-3.

13) 서진석, 민간경비론, 백산출판사, 2008, p. 26.

경비 업무 허가를 받을 수 있으며 경쟁을 통하여 제한적인 권한을 행사한다. 또한「헌법」제33조에 따른 단결권·단체교섭권 및 단체행동권의 행사에 제한을 받지 않는다.

2) 실질적 의미의 개념

민간경비에서의 안전서비스 활동은 과거에는 주로 범죄로 인하여 발생될 수 있는 재산상의 손실과 신체상해 또는 인명위협 등에 대한 보호업무를 위주로 하였지만, 오늘날에는 U-Healthcare, 손실예방, 건축물관리, 설비관리, 청소, 질서유지, 안내 등 다양하면서도 복합적인 업무를 단일한 시스템에 의하여 관리·운영하고 있는 추세이다.[14] 또한 영리산업의 한 분야로서 안전서비스 자체보다는 경비업체조직의 이윤추구에 적극적인 관심을 나타내고 있는 것이 오늘날의 현실이다.

실질적 의미의 민간경비는 용역계약을 통하여 의뢰한 고객의 생명과 신체의 위해를 사전 예방하고 재산을 보호하는 실질적인 제반 경비활동을 말하며, 경비활동의 작용과 내용에 관계되는 개념이다.

3) 민간경비의 정의

형식적 의미와 실질적 의미의 개념을 토대로 민간경비를 다음과 같이 정의할 수 있다. 민간경비란「경비업법」에 의하여 설립된 법인 또는 개인이 특정 고객(Specific Client)이 의뢰한 용역의 규모에 따라 도난·화재의 방지를 포함한 신체의 안전과 재산의 보호 등 제반 안전서비스를 제공하는 일체의 행위를 말한다. 이와 관련하여 학계의 다양한 견해가 있다.

① Hess와 Wrobleski의 견해: 민간경비란 "개인의 신체와 사유재산 그리고 다양한 이익의 침해를 보호할 목적으로 특정고객에게 수수료를 받아, 보안 관련 서비스를 제공하는 자영업자나 민간자금 지원을 받는 사업체 등의 조직"이라고 하였다.[15]

---

14) 최선우, 민간경비론, 2009, p. 22.
15) Kâren M. Hess & Henry Wrobleski, Introduction to Private Security, New York, 1996, pp. 29-30.

② Hertig의 철학적 개념: 민간경비는 "범죄를 예방하기 위하여 안전 서비스를 제공하는 일반시민에게는 보이지 않는 제국이다. 또한 형사사법 분야에서 저평가되어 있으며 사회적으로 중요성이 증대되고 있으나 거의 인식되지 못하고 있다"고 지적하였다.16)

③ Maxwell의 견해: 민간경비는 "고객 또는 고용자의 생명과 재산 그리고 정보와 아이디어를 보호해야 할 개인 또는 조직이다. 또한 범죄, 화재, 사고, 위해, 자연재난, 사보타지 등으로부터 개인이나 고용자의 이익이 침해당하지 않도록 해야 할 의무를 지닌다"고 하였다.17)

4) 민간경비원의 개념과 자세

민간경비원이란 「경비업법」의 규정에 의해 조직된 민간법인에 소속되거나 개인적인 계약관계에 의하여 경비업무를 수행하는 경비원을 말한다.18) 청원경찰이나 국가중요시설에서 근무하는 특수경비원과 같이 제한된 근무지에서 경찰권의 일부를 사용하는 권한을 소유한 경우도 있으나 대부분의 민간경비원은 일반시민과 같은 정당방위로서의 지위만을 가지고 있다.

Bilek 등은 민간경비원의 법적 지위에 따라 크게 3가지로 구분하였다. 첫째는 특별한 법적 권한을 갖지 못한 일반시민과 같은 지위를 가진 민간경비원이다. 우리나라의 경우 대부분의 경비업체 경비요원이 해당된다. 둘째는 일정 부분 특별한 법적 권한을 가진 민간경비원이다. 즉, 특정지역인 제한된 근무장소에서 경찰권의 일부를 사용할 수 있도록 허가받은 경비요원을 말하며, 우리나라에서는 청원경찰이 해당된다. 세 번째로 민간경비원과 경찰관 신분을 가진 민간경비원이다. 경찰관 신분을 가지고 있으면서 부업으로 민간경비업에 근무하는 경우를 말하는데 우리나라에서는 허용되지 않고 있다.19)

---

16) Christopher A. Hertig, Who are the Forgotten Soldiers? CA, 1993, pp. 95-96.

17) David A. Maxwell, Private Security Law Case Studies, Butterworth-Heinemann, 1993, p. 19.

18) David A. Maxwell, Private Security Law, Butterworth-Heinemann, 1993, p. xix.

19) Arthur J. Bilek, Peter P. Lejins & Clifford W. Van Meter, "Private Security", Anderson Publishing Co., 1997, p. 3.

민간경비원은 그 업무에 따라 매우 전문적이어야 하고 고도의 숙련이 필요하며 정직과 성실은 물론이고 올바른 직업적 태도와 함께 사생활에 있어서도 높은 도덕적 가치관을 가져야 한다. 또한 관할구역 내의 업무에 관하여 법 집행에 관련된 형사사법기관에 협력하여야 하고, 「경비업법」에 의하여 제시되어 있는 제반 규정을 준수하여야 한다.[20]

---

20) John L. Coleman, "Practical Knowledge for a Private Security Officer", Charles C. Thomas, 1993, p. 3.

제 2 절 민간경비와 공경비의 비교

민간경비와 공경비의 활동에 있어서 범죄예방, 질서유지, 손실감소 등과 같이 공통적인 사항도 있으나, 일반적으로 경비대상이나 경비의 주체 등에 있어서는 큰 차이가 있다.[21] 민간경비분야는 작고 효율적인 정부를 추구하는 추세에 따라, 다가올 미래에는 공경비 역할의 한계를 극복할 수 있는 좋은 대안으로 인식되고 있다. 미국 등 주요 선진국에서는 범죄예방의 부분에 있어서 공경비에 비하여 높은 비중을 차지하고 있으며, 사이버 보안, 민간조사(사설탐정), 개인정보 조사 외에도 방범, 수사 등에 대해서도 그 영역을 넓히고 있는 실정이다.[22] 그러나 현재 우리나라의 여건에서 경비의 대상이나 주체 또는 업무영역 등에 대하여 차이점을 살펴보도록 하겠다.

1. 경비의 대상

1) 공경비(경찰)

국민의 기본권 보장을 위하여 공권력을 사용하며, 국가기관의 특정요인이나 불특정한 모든 시민이 그 경비의 대상이 된다. 경비의 대상이 되는 국가기관의 장은 그가 속한 기관이나 개인의 중요도에 따라 경비서비스에 차등이 있으나, 일반시민을 대상으로 할 경우에는 동등한 입장에서 경비서비스를 제공하게 된다.

2) 민간경비

용역관계에 의한 특정한 의뢰인(Specific Client)에 한하여 그로부터 받은 대가 또는 보수 수준에 따라 계약에 명시된 내용의 범위 내에서 경비 및 안전에 관한 서비스를 제공한다. 민간경비에 있어서는 경비대상이 우수고객인지의 여부에 따라 차등적 서비스를 제공하게 되며, 도급을 의뢰받은 경비업무가 위법하거나 부당하다고 판단될 때에는

---

21) 최정택, 경호학개론, 2008, p. 18.
22) 박동균, 한국 민간경비제도의 현황 및 발전방향, 한국민간경비학회보 17, 2011, pp. 12-15.

거부할 수 있는 권리가 있다.[23]

민간경비는 영리성을 목표로 하지만, 국가가 부담하여야 하는 치안서비스를 민간영역에서 수행하는 것이므로 본질적으로 공공성을 지니게 된다. 그럼에도 불구하고 의뢰인에 대한 경비서비스를 실시하기 위하여 타인의 권리나 자유를 침해할 수 없고 타 개인이나 단체의 활동에 장애를 초래해서도 아니 된다.[24] 따라서 의뢰인에 대한 영리성의 강조가 지나칠 경우에는 공공성에 대한 침해가 발생할 여지가 있으므로 이에 대한 조화로운 제도적 장치가 필요하다고 하겠다.[25]

2. 경비행위의 주체

1) 공경비

공권력을 가진 국가는 경비행위의 주체이며, 이러한 공경비의 대표적인 업무 수행기관은 경찰이다. 그 외에도 국가 공기관이면서 공경비의 수행기관은 대통령경호처, 경찰청 경비국,[26] 경찰특공대, 101경비단, 22특별경호대, 국회경비대 등이 있다. 한시적으로 대통령 후보로 확정되는 인물에 대하여 경찰에서 국무총리급 경호를 실시하며 그 후보에 대한 위협수준이나 첩보의 내용에 따라 경호수준에 차이가 있다. 또한 국가안전보장에 영향을 미칠 수 있는 주요 인사에 대해서도 별도 경찰 경호팀이 조직되어 활동한다.

---

23) 「경비업법」 제7조의 ②항에 규정되어 있다.

24) 「경비업법」 제7조의 ①항에 규정되어 있다.

25) 이민형, 한국 민간경비제도 정립을 위한 경비업법 개선방안, 용인대학교 박사학위논문, 2009, pp. 15-16.

26) 경찰청 경비국장의 업무분장 내용: 경비에 관한 계획의 수립 및 지도, 경찰부대의 운영 · 지도 및 감독, 청원경찰의 운영 및 지도, 민방위업무의 협조에 관한 사항, 경찰작전 · 경찰전시훈련 및 비상계획에 관한 계획의 수립 및 지도, 중요시설의 방호 및 지도, 향토예비군의 무기 및 탄약관리의 지도, 대테러 예방 및 진압대책의 수립 및 지도, 경호 및 요인보호계획의 수립 및 지도, 경찰항공기의 관리 · 운영 및 항공요원의 교육훈련, 경찰업무수행과 관련된 항공지원업무(최응렬, 경찰조직론, 박영사, 2013).

2) 민간경비

실정법인「경비업법」에 의거하여 조직된 민간영리법인 또는 사적(私的) 계약관계에 의한 민간인으로서의 개인이 경비의 주체가 된다. 이러한 민간경비가 행하는 경비서비스는 계약의 형태에 따라 그 수준 또는 규모의 차이가 발생한다.

공경비는 경비의 주체 측면에서 독점적 지위를 가지고 있으므로 경쟁대상이 존재할 수 없으나, 민간경비는 수요와 공급의 시장원리와 경쟁의 원리가 작동되어 경비 주체 측면에서 치열한 경쟁이 유발된다.27)

3. 경비의 업무범위(제한)

1) 공경비

공경비는 불특정한 일반시민을 대상으로 막강한 국가권력인 경찰력을 사용하여 범죄예방, 범죄자의 수사 및 체포, 개인의 재산보호, 공공의 질서유지, 교통통제 등 무제한의 안전서비스를 제공한다. 이러한 업무를 수행하기 위하여 국가에서 법으로 보장하는 강제권을 사용할 수 있는 권한을 부여받고 있다.

그러나 국가예산 및 인력확보의 한계성으로 인하여 범죄예방의 영역에 대하여 그 필요성은 인식하면서도 예방활동을 실행하기에는 어려운 것이 전 세계적으로 나타나는 공경비의 공통현상이라 할 수 있다.

2) 민간경비

민간경비는 용역계약의 범위 내에서 의뢰인의 신체, 생명 및 재산의 보호와 질서유지, 감시활동을 통한 재산손실의 감소 등 제한적인 경비서비스를 제공한다. 공경비의 강제적 권한 소유와 달리 민간경비는 거의 일반인과 다름없는 극히 제한적인 권한이 부여되어 있다. 실정법상의 업무영역은「경비업법」제2조, '정의'에 규정된 내용을 근거로

---

27) 안황권, 민간경비학, 진영사, 2009, pp. 34-35.

다음과 같이 시설경비업무, 호송경비업무, 신변보호업무, 기계경비업무, 특수경비업무를 실시한다.

4. 공경비와 민간경비의 실질적 역할

1) 공경비

공경비의 일반적인 역할은 국가 공공서비스 중 하나인 치안서비스의 목표를 달성하기 위한 과정으로 그들의 관할 구역 내에서 범인체포와 같은 법집행을 통한 범죄대응과 교통통제 또는 질서유지 등이 주된 역할이며, 적극적인 역할로는 대통령, 국무총리, 전 직국가수반 등 국가기관의 장과 대통령 후보 또는 방문하는 해외국가의 요인에 대한 신변안전 보장활동이라고 할 수 있다.[28]

2) 민간경비

용역관계에 의한 특정한 의뢰인(Specific Client)에 한정하여 용역계약서상에 명시된 범위 내에서 범죄예방활동을 위주로 제한적인 안전서비스를 제공한다. 이는 공공성보다는 이윤추구를 바탕에 둔 영리성이 경비업무 활동에 있어서 우선시된다는 의미로서, 범일반시민의 안전이 경비서비스의 목적이 아니라 특정고객의 사적(私的) 안전제공과 이익보장 또는 손실감소를 위하여 한정적 역할을 수행함으로써 경비의 주체가 되는 개인 또는 경비회사의 이익을 실현하고자 한다.

5. 강제권의 유무

1) 공경비

공경비는 범죄예방, 범죄자의 체포 및 구금, 요인경호 등 적극적인 경비활동을 위하

---

28) 정주섭 · 박정훈, 민간경비론, 진영사, 2011, p. 13.

여 강력한 국가경찰력(강제력)을 동원하여 경비업무를 수행한다.

2) 민간경비

민간경비를 수행하는 법인 또는 개인은 민간인 신분을 벗어날 수 없는 한계성이 있으므로 강제권이 극히 제한되어 있다. 「경비업법」 제15조의 ①항에서는 경비원이 직무를 수행하는 경우에 타인에게 위력을 과시하거나 물리력을 행사하는 등의 행위를 금하고 있다.

청원경찰 또는 국가중요시설을 경비하는 특수경비원이 무기를 사용함에 있어서 「경비업법」 제15조의 ④항에서 제시하는 무기 안전사용수칙의 엄격한 기준에 따라 경비업무를 하는 것 외에는 일반시민 이상의 권한은 부여받고 있지 못한 실정이다. 따라서 공경비의 권한과 업무 일부를 위임받은 민간경비 영역의 확장이 필요하다.

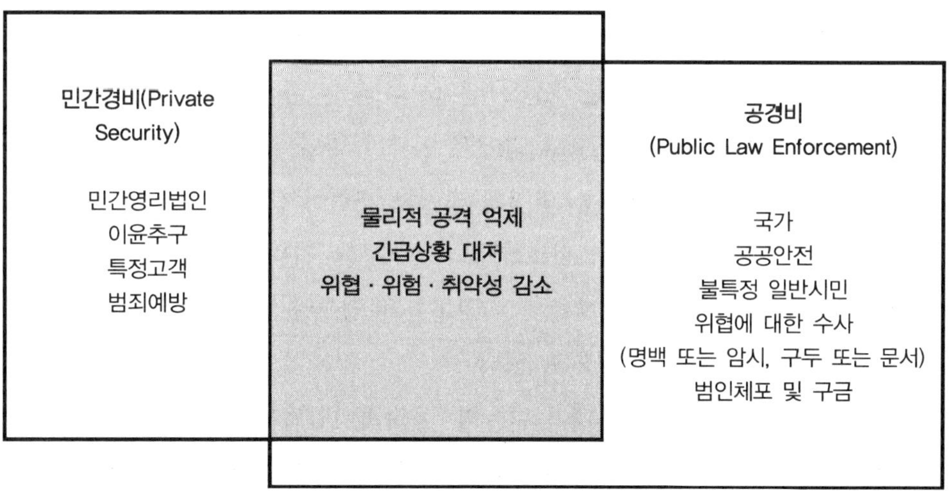

〈그림 2〉 민간경비와 공경비의 유사점 및 차이점[29)]

29) Dale L. June, Introduction to Executive Protection, CRC Press, 1999, pp. 75-81.

[표 1] 민간경비와 공경비의 비교[30)]

민간경비	경비서비스	공경비(경찰)
특정 고객 (Specific Client)	경비대상	일반시민 (General Citizen)
민간영리법인	경비주체	국가
용역계약 범위 내에서의 제한적 안전서비스	경비범위	일반시민을 대상으로 무제한의 안전서비스
범죄예방 (Crime Prevention)	실질적 역할	범죄대응 (Crime Response)
없음	강제권	있음

6. 공경비와 민간경비의 관계정립 방향

공경비와 민간경비는 상호 보완적이면서 협력적인 관계로 발전되어야 한다는 데에 이견을 가지는 사람은 없다고 할 것이다. 그러나 현실에 있어서는 여러 가지 장애가 있음을 또한 부인할 수는 없다. 이를 개선하기 위하여 우선 민간경비에 대한 인식의 전환이 필요하다. 이에 대한 전제조건으로 앞에서 언급한 바와 같이 '민간경비'라는 용어의 변경이 필요하고, 「경비업법」이라는 법명의 적절한 개정이 선행되어야 할 필요가 있다. 오늘날의 민간경비 영역의 증대와 전문화에도 불구하고 '경비'라는 용어에서 풍기는 사회적 인식이 구시대적이며 낮은 수준의 비전문화된 업무를 가리키는 것으로 보편화되어 있다는 것이 문제점으로 대두되고 있다.

또한 '전문적인 직무'임을 나타내기 위하여 「용역경비업법」에서 「경비업법」으로 개정되었음에도 불구하고 미래지향적인 용어로는 부적합하다고 하겠다. 따라서 산·학·관 협의체를 구성하여 법명을 신중히 검토하여 향후 「경호경비 등 안전에 관한 법률」 또는 「경호경비업법」 등으로 개정하는 것은 물론, 법의 내용에 있는 용어에 있어서도 '보안요원' 또는 '안전요원' 등으로 적시하는 것이 바람직하다.[31)]

30) William C. Cunningham 외, Private Security Trends, 1990, p. 116 재구성
31) 김태민, 민간경비와 경찰의 협력시스템에 관한 연구, 한국치안행정논집 7(2), 2010, pp. 259-284.

공경비와 민간경비가 협력적 방향으로 나아가기 위해서는 경비원의 전문성 확보방안을 강구해야 하며, 현재 '경비지도사' 국가자격 이외에 일반경비원에 대하여도 그 자격을 검증할 수 있는 방안이 마련되어야 하고, 민간경비원의 법적 지위를 부여할 제도적 장치를 위하여 보다 적극적인 검토가 필요한 시점이다. 즉, 청원경찰이나 특수경비원을 제외한 일반경비원은 특정한 업무상황에서 거동 수상자 또는 경비목적 달성을 저해할 수 있다고 판단되는 사람이 있어도 동작을 제한하거나 불심검문을 할 수 있는 권한이 없으므로 업무에 있어서도 소극적이지만, 사익의 침해 방지 역할자에 대한 법적 권리가 매우 취약한 데서 오는 인식 수준의 저하를 개선하여야 한다.

이러한 변화된 업무 환경적 토대를 바탕으로 공경비와의 상호 협력적 시스템을 구축하고 공경비와 민간경비 인력의 교류방안을 찾는 것도 중요하다고 할 것이다. 사회적 프로그램 차원에서 합동순찰제를 실시하거나 공경비의 순찰역할을 민간경비에 대폭 이양하는 것도 좋은 방안이다.[32)]

32) 허정행, 민간경비와 공경비의 발전방안, 한국사회안전학회지 12(2), 2017, pp. 59-80.

제 3 절 민간경비산업의 성장배경

과학문명 발달의 이면에 나타나는 각종 범죄의 증가는 기존의 경찰력만으로는 해결할 수 없는 한계성을 내포하고 있다. 경찰청의 통계자료에 의하면, 5대 범죄와 사이버 범죄, 그리고 민생범죄 등이 갈수록 증가하고 있음을 알 수 있으며, 이러한 범죄의 양적인 증가와 수법의 다양성은 범죄예방을 요구하는 민간경비영역에 대한 수요로 이어지고 있다.

1. 사회의 구조적 변화에 따른 범죄의 추세와 안전욕구의 증가

1) 정보통신 등 과학문명의 발달과 경제사범의 증가

정보통신 등 과학문명의 발달은 오히려 이를 악용하는 범죄의 수단으로 작용되고 있으며 컴퓨터 등의 첨단기술을 활용한 지능적 범죄가 지속적으로 증가하고 있는 실정이다. 특히 인터넷 사이버 공간을 이용한 범죄는 기업 또는 국가의 중요한 기능을 마비시킬 정도로 심각한 상황이다. 또한 경제사범의 증가에 따르는 경제적 손실의 비용도 매년 큰 숫자로 증가하고 있으므로 이에 대한 간접적 사회비용[33]이 낭비되고 있는 실정이다.

---

33) 생산과 소비활동에 있어서 그 당사자가 부담하는 개인적 비용 이외에 추가적으로 발생하는 사회의 자원에 대한 소모비용으로 국가 혹은 사회가 부담하게 된다.

[표 2] 최근 5년 동안의 주요 범죄 발생 추이 (단위: 건)

범죄유형	2013년	2014년	2015년	2016년	2017년
전체범죄	1,857,279	1,778,966	1,861,657	1,849,450	1,662,341
강력범죄	26,963	25,278	25,334	25,765	27,274
절도범죄	288,343	266,222	245,853	203,037	183,757
폭력범죄	294,187	290,073	305,947	309,394	293,086
지능범죄	329,439	298,652	316,121	312,577	302,466
특별경제범죄	71,019	72,908	86,329	65,025	53,365

출처: 사이버경찰청 통계자료(2019)

미국에 있어서 경제사범에 대한 손실비용은 1990년도에는 1980년 670억 달러의 두 배인 1,140억 달러가 발생하였고, 매 10년마다 두 배 가까운 손실비용이 발생할 것으로 보았다.[34] 사이버 범죄만으로도 2014년 약 4,450억 달러의 손실을 입었으며, 매년 전 세계 GDP의 약 1%에 가까운 6천억 달러(약 711조 원) 규모에 달하는 손실을 본다고 하였다.[35]

2) 급속한 도시화 진행

국가의 전 지역에 걸친 급속한 도시화의 진행이 범죄 확산의 주요 요인이 된다. 도시화란 일반적으로 인구의 집중, 사회구조적 이질성의 발생, 그리고 사회학적인 면에 있어서의 행동[36]변화를 가져온다. 이러한 도시화의 급속한 진행은 전통사회 속에서의 개인의 가치관이 붕괴되면서 도시현상의 모든 것을 거부하거나 범죄적 형태를 무비판적으로 수용하려는 경향을 나타내고 있다.[37]

34) William C. Cunningham 외, Private Security Trends, 1990, pp. 28-32.
35) 미국 CSIS(Center for Strategic & International Studies) 보고서, 2018. 2. 21.
36) 사회학적인 면에서의 행동이란 넓은 의미에서 인간의 사고, 감정, 행위를 포함한다.
37) 김한초, 도시화의 삼면성(三面性)에 관한 論考, 법학연구 통권 제26호, 1976, pp. 257-267.

[표 3] 최근 5년 동안의 사이버 범죄 발생현황 (단위: 건)

구분	총계	정보통신망 침해범죄	정보통신망 이용범죄	불법콘텐츠범죄
2014	110,109	2,291	89,519	18,299
2015	144,679	3,154	118,362	23,163
2016	153,075	2,770	121,867	28,438
2017	131,734	3,156	107,271	21,307
2018	149,604	2,888	123,677	23,039

출처: 사이버경찰청 통계자료(2019)

[표 4] 소득불평등과 범죄의 관계에 관한 횡단면 및 종단면 연구결과[38)]

연구자	연구대상	설명변수	통제변수	결과(연관성)
Krohn (1976)	120개 국가 횡단자료	소득불평등 (Gini 계수)	실업률, GNP/cap 상업화 수준	살인범죄 발생률(+)
Messner (1982)	50개 국가 횡단자료	소득평등 {1-Gini 계수(가구소득)}	프로테스탄트 비율, 학교등록률 GNP/cap	살인범죄 발생률(-)
Blau & Blau (1982)	1970년 미국 125개 도시 횡단자료	소득불평등 (Gini 계수)	총인구, 흑인비율	살인범죄 발생률(+) 폭행범죄 발생률(+)
Kelly (2000)	1991년 미국 829개 카운티 및 대도시 200개 횡단자료	소득불평등 (Gini 계수)	총인구, 인구밀도, 실업, 경찰 등	강력범죄(+) 재산범죄(×)
Choe (2008)	1995-2004 미국 50개 주 및 D.C. 패널자료	소득불평등 (Gini 계수)	소득, 실업률, 교육수준, 도시화 등	강도범죄 발생률(+) 살인, 강간, 폭행 등 여타범죄(×)
Sachsida 외(2010)	1981-1995 브라질 도시 패널자료	소득불평등 (Gini 계수)	실업률, 평균소득, 도시화	살인범죄 발생률(+) 재산범죄 발생률(×) 총범죄 발생률(×)
Brzinski (2013)	1979-2003 미국 50개 주 및 D.C. 패널자료	상위 10% 소득점유율, 상위 1% 소득점유율	소득, 실업률, 도시화, 교육수준, 흑인비율 등	차량절도(+) 여타범죄에서 일관된 결론(×)

출처: 최낙범 · 금현섭 · 오윤이(2015) 재구성

38) 최낙범 · 금현섭 · 오윤이, 소득불평등과 범죄 간의 관계에 대한 탐색, 서울대학교 행정대학원 행정논총 53(2), 2015, pp. 123-151.

3) 고도경제성장에 따른 소비욕구의 증가와 빈부의 갈등

과소비 등 향락문화가 만연하면서 충동적 범죄는 물론이고, '기대와 실제 간의 괴리' 또는 '가치 기대와 가치 능력 간의 차이'에서 발생되는 상대적 박탈감에 의한 무차별 폭력성향이 고조되어 범죄율이 증가하고 있다.[39] 고도성장에 따른 빈부의 대결구도는 결국 심리적 상처와 경제적 좌절을 낳게 되고 이는 결국 분노의 표출로 이어짐으로써 범죄의 발생을 가져오게 된다.[40]

한 연구조사에서는 교통범죄를 제외한 대부분의 범죄에서 사회적 불평등과의 관련성이 있었음을 보고하였고, 특히 절도범죄가 가장 연관성이 높았다.[41] 〈표 4〉의 해외 여러 횡단 및 종단자료를 통한 연구에 따르면 소득불평등이 범죄에 영향을 미치는 것으로 나타나고 있다.

4) 학교폭력[42] 등 청소년 범죄의 증가

2018년 학교폭력 피해응답률을 통한 피해실태를 살펴보면, 초등학생이 3.6%(2.2%↑), 중학생이 2.2%(1.7%↑), 고능학생이 1.3%(0.9%↑)로 나타나 초등학교 피해응답률의 증가폭이 가장 높았음을 알 수 있었다.[43] 이처럼 최근의 학교폭력 추세는 저연령화 현상이 눈에 띄게 나타나고 언어폭력과 사이버 공간에서의 따돌림이나 욕설이 심각한 문제점으로 대두되고 있는 실정이다.

학교폭력 등 청소년 범죄를 법적으로 해결하기에는 어려운 점이 많다. 즉, 미성숙된 청소년기의 경험으로 인하여 평생을 심리적 상처에서 벗어나지 못하거나 오히려 범죄의 구렁텅이에 빠져들게 하는 역효과를 낳을 수 있으며, 학업에 매진해야 할 시기에 피해조사를 위해 오랜 시간을 허비할 수 있으므로 예방차원의 대책이 매우 중요하다고 하겠다.

---

39) 최진태, 테러리즘의 이론과 실제, 대영문화사, 2006, pp. 55-61.
40) 양창삼, 문명 충돌과 빈부 충돌: 현상과 인식 87, 2002, pp. 27-48.
41) 최낙범·금현섭·오윤이, 소득불평등과 범죄 간의 관계에 대한 탐색: 광역지방자치단체를 중심으로, 서울대학교 행정대학원행정논총 53(2), 2015, pp. 123-151.
42) 학교폭력은 학생 상호 간에 발생하는 인격침해를 포함한 신체적·정신적·성적 가해행동을 말한다.
43) 사이버경찰청 보도자료, 2019. 3. 29.

학교폭력은 가정환경의 영향을 많이 받게 되는데, 특히 부모의 폭력적 양육태도가 청소년의 공격성을 매개로 하여 폭력비행에 영향을 미치는 것을 확인하였고,[44] 다문화사회화되고 있는 최근 시점에는 이질적인 문화로 인하여 발생되는 사회적 차별이 학교폭력에 유의미한 영향을 미친다고 보고하였다.[45] 이처럼 청소년 범죄는 다양한 원인에 의하여 발생되고 있으며, 최근에는 더욱 흉포화되어 민간경비차원의 대비책이 절실한 시점이다.

2. 경찰인력의 한계성

1) 경찰관의 수와 범죄율의 상관관계

경찰은 사회공공의 안녕과 질서유지를 목적으로 권력적 수단을 통하여 국민에게 명령 또는 강제하고 자연적 자유를 제한 및 해제할 수 있는 명령적 행정행위를 수행하고 있다.[46] 이러한 강제력과 명령적 행위 권한을 가진 경찰활동에 있어서, 경찰의 전문성을 높이고 첨단장비와 우수한 인적 자원을 보강한다면 당연히 그들의 목적을 쉽게 달성할 수 있는가? 실제적 범죄율이 감소되고 시민사회의 범죄 두려움도 낮아지며, 공공 질서유지 측면에서도 만족스러운 결과가 나타나는가에 대한 질문에 긍정적인 답을 얻지 못하고 있다.

[표 5] 경찰관의 수 및 경찰관 1인당 담당인구 변화 (단위: 명)

연도	2010	2011	2012	2013	2014	2015	2016	2017
경찰	101,108	101,239	102,386	105,357	105,364	113,077	114,658	116,584
인구	475	501	498	485	469	456	451	444

출처: 사이버경찰청 통계자료(2019)

44) 정주호, 부모의 폭력적 양육태도가 청소년의 폭력비행에 미치는 영향: 공격성 및 우울의 매개효과 검증, 한국경찰학회 19(1), 2017, pp. 149-184.

45) 정주호, 다문화가족 청소년의 사회적 차별경험이 학교 폭력범죄 피해에 미치는 영향: 심층면접연구를 통한 양적연구의 보완, 한국치안행정학회 15(4), 2019, pp. 165-187.

46) 박준철, 경찰학 개론, 박문각, 2005, pp. 26-27.

경찰력의 증가와 범죄율 감소와의 일정한 연계성을 발견하는 데 실패하였으며, 경찰조직에서 채택된 주요 범죄대응전략들이 범죄예방과 통제에 유의미한 영향을 미치지 못하는 것으로 밝혀지고 있기 때문이다.[47] 또한 경찰은 범죄가 발생할 경우에 용의자를 추적 · 체포하고 이를 기소하기 위하여 증거를 수집하는 데 역량을 집중하고 있으므로 일반시민에 대한 범죄의 사전예방에는 소극적일 수밖에 없는 구조적 한계성을 가지고 있다.

2) 범죄 검거율과 범죄발생의 상관관계

경찰이 범행을 인지하고 적극 수사하여 많은 검거 실적을 올렸다고 해도 이는 이미 밝혀진 범죄자를 체포하는 것이므로, 발생할 수 있는 범죄를 사전에 인지하고 예방하는 것과는 다르다고 할 수 있다. 범죄수사를 위한 경찰력의 집중으로 인하여 범죄억제를 위한 경찰력의 활용은 거의 이루어지지 못하고 있는 실정이다. 이러한 현실도 범죄발생을 감소시키는 장애요소가 되고 있다.

〈표 6〉은 최근 5년간 범죄발생 및 검거현황을 보여주고 있는데, 2013년에 비하여 매년 검거율이 높아진 것을 알 수 있다. 그럼에도 불구하고 검거율의 증가가 범죄의 발생 자체를 감소시키지는 못하고 있다.

[표 6] 최근 5년간 범죄발생 및 검거현황 (단위: 명)

연도	2013	2014	2015	2016	2017
발생	1,857,276	1,778,966	1,861,657	1,849,450	1,662,341
검거	1,420,658	1,392,112	1,500,234	1,552,455	1,413,717
검거율(%)	76.49	78.25	80.58	83.94	85.04

출처: 사이버경찰청 통계자료(2019)

47) 이윤근 · 남궁승태 · 김창윤 · 조용철, 민간경비론, 엑스퍼트, 2005, pp. 9-11.

3. 일반시민의 안전의식 증대

범죄의 양적 증가와 함께 5대 강력범죄가 상존하고 경기불황에 따른 경제범죄의 증가, 범죄의 재범률 상승, 청소년 범죄의 증가와 흉포화 등이 갈수록 기승을 부리는 범죄현장에서 본인과 가족의 안위에 대한 불안감이 증폭되면서 기존의 경찰력에만 의존하려던 의식이 변화하고 있다. 한편으로 소득수준이 높아짐에 따라 개인과 기업의 용역에 의한 경비서비스 욕구가 증대하면서 민간경비에 대한 의존이 날로 높아지고 있다.

일반시민의 범죄피해 두려움의 경우 서울, 인천, 경기 등 수도권에서 일반적 범죄피해 두려움의 수준이 높게 나타났고, 사회적 무질서 의식도 수도권이 비수도권보다 높게 나타났으며 빈곤가구보다 비빈곤가구에서 무질서 수준이 높은 것으로 나타났다.[48] 이러한 연구결과는 비도심지역보다는 도심지역에서 경비수요가 더 요구된다는 것을 말해주고 있으며, 비빈곤가구에서 체감하는 사회적 무질서 수준이 높다는 것 역시 경비수요 발생 가능성을 높이는 것이라 하겠다.

4. 민간경비영역의 성장

사회 전반에 걸친 경제성장과 이에 따른 국내외 치안환경 변화수요에 따라 민간경비 부문에 있어서 양적인 성장이 급속도로 진행되고 있다. 선진국으로 갈수록 민간경비의 수요가 증가하고 역할이 확대되고 있으며 규모 면에서도 방대하게 조직되어 기업형으로 변모되고 있다. 이와 함께 질적인 성장을 위하여 제도적 장치와 함께 민간경비의 전문성 향상에 매진하여야 한다.[49]

〈표 7〉은 경비업체의 양적 성장을 나타낸 것이다. 신변보호경비, 호송경비, 기계경비, 특수경비는 다소 증감되었으나, 시설경비의 꾸준한 증가로 경비원의 수도 꾸준히 증가하고 있다.

---

48) 박준휘 외, 국민안전 보장을 위한 형사정책의 실효성 제고 방안 연구, 한국형사정책연구원, 2018, pp. 261-278.

49) Kären M. Hess, Henry M. Wrobleski, Introduction To Private Security, 4th Edition, West Publishing Company, 1996, pp. 41-47.

[표 7] 경비업체 현황 (단위: 개소, 명)

구 분	업체 수 (법인 수)	업종 수					경비원 수
		시설경비	신변보호	호송경비	기계경비	특수경비	
2010	3,473	3,351	514	52	140	94	142,363
2011	3,651	3,529	540	45	152	115	146,286
2012	3,836	3,718	527	41	148	122	150,030
2013	4,007	3,971	525	42	145	139	151,741
2014	4,287	4,184	538	40	139	139	150,543
2015	4,449	4,338	540	38	146	141	153,767
2016	4,570	4,456	548	42	146	145	147,049
2017	4,610	4,528	567	42	149	142	156,066

출처: 사이버경찰청 통계자료(2019)

제 4 절 민간경비산업성장의 이론적 배경

민간경비가 태동한 이래, 전통적으로 공경비와 민간경비는 '안전'이라는 공통의 주제를 가지고 있지만 상호 경쟁 또는 갈등적 관계로 인식되어 왔으며, 특히 민간경비는 공경비에 비하여 불리한 입장(short-end of the stick)에 놓여 있는 것으로 간주되어 왔다.[50] 그럼에도 불구하고 민간경비산업의 성장은 전 세계적으로 그 양적인 범위 면에서 괄목할 만한 성장을 이루었으며[51] 질적인 면에서도 획기적인 전환점이 발생하였다. 즉, 2차 세계대전 이후 미소 냉전과 함께 우주개발경쟁의 가속화에 따라 NASA 등 주요 첨단과학시설에 대한 경비 강화의 중요성이 대두되었고, 이를 반영하여 미국 국가중요시설에 대한 보안활동이 민간경비를 통하여 활발히 이루어졌으며, 이는 결국 민간경비의 괄목할 만한 성장을 견인하는 결과를 가져왔다.[52] 이처럼 민간경비산업이 성장한 여러 요인이 있으나, 이의 인과관계를 이론적으로 분석하여 제시한 다음과 같은 이론들은 공경비와 민간경비의 관계론적 측면에서도 살펴볼 필요가 있다.

1. 경제환원론

경제환원론(Economic Reduction Theory)은 세계를 이해하는 하나의 방법론으로서 정치적 또는 사회적인 모든 현상의 원인을 경제적 현상에서 찾으려고 하는 이론이다.[53] 경제환원론은 지배예속과정이라는 한 국가의 정치적 변화과정 또는 사회적 관계를 경제력 중심으로 파악하여 답을 제시하고자 하였다.[54]

민간경비시장의 입장에서 경제환원론은 경제의 침체가 실업의 증가를 유발하고 실업의 증가는 범죄의 발생률을 높인다는 거시적 차원의 단순 논리에 기초를 두고 있다.

---

50) Kimberly A. Remesch, Shared Responsibility, Police, 1989, pp. 32-35.

51) W. C. Cunningham & T. H. Taylor, The Hallcrest Report: Private Security and Police on America, Portland: Chancellor Press, 1985.

52) 이창무, 미국 민간경비의 성장요인 분석, 경호경비연구 6, 2003, pp. 274-275.

53) 김기홍, 경제와 문화의 이분법 극복을 위한 글로컬적 도시재생, 글로컬창의문화연구 4(2), pp. 4-7.

54) 단희수, 경제위기시대에 한국의 국가 자율성, 고시계 44(6), 1999, p. 307.

이러한 범죄의 증가는 민간경비시장에 직접적 영향을 미친다는 것으로 경제상황과 민간경비시장이 밀접한 연관성을 가지고 있다는 시각을 가지고 있다.

이는 1965년부터 1972년 사이에 미국의 민간경비 시장이 큰 폭으로 성장하였던 경험적 관찰을 기반으로 하였으며, 이 기간 동안의 민간경비업의 성장이 서비스업 전체의 증가 폭보다도 크게 나타났다.[55] 이 이론은 특정시기의 경험적 관찰 결과를 통하여 단순한 논리의 접근으로 도출된 것이므로 인과적 관계성이 높은 것인가를 논하는 것은 무리가 있다고 할 것이다.[56] 이 이론은 공경비와 민간경비의 관계설정 측면이 아닌 순수한 경제학적 관점에서 바라본 것이다.

2. 공동화 이론

공동화 이론(Vacuum Theory)은 범죄의 증가에 대응하기 위한 경찰력의 확대는 현실적으로 어려운 점이 많으므로, 시민에 대한 안전서비스(범죄예방) 측면에서 발생하는 공백을 민간경비가 채워야 한다는 이론이다. 즉 경찰에게 부여된 기능 중에서 범죄예방이나 질서유지에 대한 인적 · 물적 '공동상태'를 민간경비가 대신해야 한다는 측면에서 민간경비가 발전하게 된다는 것이다.[57]

공경비를 대표하는 경찰의 범죄예방기능은 민간경비에서 말하는 범죄예방의 개념과는 다소 차이가 있다. 「경찰관 직무집행법」 제6조 '범죄의 예방과 제지'에서의 기본 개념은 범죄행위가 목전에서 행하여질 것이라고 인정되고 이를 방지하고자 필요한 경고를 발하거나 더 나아가 긴급을 요하는 경우에 그 행위를 제지하는 것으로서, 즉시강제라는 경찰권의 발동이나 강제력의 사용에 주안점을 두고 있다.[58]

따라서 공경비의 범죄예방 기능은 잠재적 범죄행위의 예방이라는 보다 광범위한 민간영역에서의 예방개념과는 구분된다고 할 것이다. 경찰에게 부여된 범죄예방의 인적

55) Lester C, Thurow, The Zero-Sum Society: Distribution and the Possibilities for Change, Basic Books, 2001.

56) 이윤근 외, 민간경비론, 엑스퍼트, 2005, pp. 14-15.

57) William C. Cunningham, Private Security and Police in America, Chancellor Press, 1985, p. 111.

58) 박준철, 경찰학개론, 박문각, 2004, pp. 288-290.

또는 물적 공동상태 외에도 기능적 공백을 민간경비가 보완하여야 한다는 측면에서도 바라볼 필요가 있다. 이 이론은 공경비와 민간경비가 경쟁 또는 긴장관계가 아니라 상호 보완적인 관계로 역할분담이 되어야 한다는 것을 강조한다.

3. 이익집단이론

이익집단이론(Interest Group Theory)은 사회의 일반적인 이익집단처럼 자신들의 집단적 이익실현을 위해 민간경비의 조직과 규모를 확대시키고, 자체적으로 시민에 대한 안전서비스를 제공한다는 이론이다. 공동화이론이 경찰과 민간경비의 역할분담에 관한 것이라면 이익집단이론은 민간경비를 하나의 독립된 개체로서 인식하고 독자적인 이익실현을 위하여 규모의 확장과 더불어 조직화 · 세력화 · 정치화하여 이익집단으로 발전해 간다는 것이다.

오늘날의 사회는 사회생활 전반에 걸쳐 정치적 또는 행정적 결정의 영향을 벗어날 수 없는 고도로 정치화된 사회이다. 이러한 사회적 분위기에서 자신들의 이익실현을 위하여 집단화하고 이를 바탕으로 직접적 또는 간접적으로 정치적 영향력을 행사하고자 하는 것은 매우 보편화된 현상라고 할 수 있다.[59]

일반적으로 이익집단은 NGO(Non Government Organization) 또는 NPO(Non Profit Organization)와 같이 비영리를 추구하는 시민단체 또는 공공봉사조직 등을 말하고 있으나,[60] 실질적으로는 광범위한 시민결사체로 보고 있다.[61] 그러나 우리나라에서는 「비영리민간단체 지원법」 제2조의 정의에 따라 시민단체의 공익성을 강조하고 있고, 이 이론에서 주장하는 이익집단이 압력집단을 말하고자 하는 것이 아니라고 보아야 할 것이다.

다시 말해서 이익집단이론은 공경비와 구별되는 독립개체인 민간경비가 그 조직의 발전을 위하여 스스로 질적 · 양적 확대를 통하여 발전을 도모하고 있다는 것이다.[62]

---

59) 도묘연 · 이관율, 이익집단 활동패턴의 다양성과 일치성, 한국지방자치학회보 20(1), 2008, pp. 135-156.
60) Laster M. Salamon, The resilient sector: The state of Non-Profit America, Brookings Institution Press, pp. 1-6.
61) 박상필, 한국민간단체총람 해설, (사)시민운동정보센터, 2006.
62) William C. Cunningham, Private Security and Police in America, Chancellor Press, 1985, p. 113.

4. 수익자부담이론

수익자부담이론(Profit-Orient Enterprise Theory)은 자본주의 사회에 있어서 국가기관인 경찰은 거시적인 측면의 질서유지나 체제수호 등의 역할과 기능을 우선으로 활동하고 있으므로, 시민 또는 기업 각자의 신체적 안전이나 재산의 보호를 경찰에 의존하기에는 회의적일 수밖에 없다는 것이다. 이러한 인식에 바탕을 두고 그들의 안전과 재산을 의료보험이나 자동차보험과 같이 자신들의 사전 비용지출에 의해 보장받도록 한다는 이론이다.

이 이론은 범죄에 대한 심리적 두려움과 연관성이 높으며 자본주의 시장경제를 그 사회적 배경으로 하고 있다. 또한 어떤 개인 또는 기업이 사적 · 공적 공간에서 범죄에 노출될 가능성에 기반을 두고 있으며, 이를 해소하기 위하여 개인이나 기업 자체적으로 비용을 들여서 보호하고자 하는 인식에서 출발하였다.[63)]

이 이론은 국민소득이 증가하고, 민간경비 서비스 수준의 향상, 그리고 이에 대한 사회적 수용태도가 긍정적으로 변화할 경우에는 민간경비산업이 더욱 발전할 것이라는 추론을 가능케 한다.[64)]

5. 공동생산이론

공동생산이론(Co-production Theory)은 시민안전을 위한 경찰 역할의 제한점을 극복하고 시민 자신이 주체가 되어 능동적으로 이를 해결한다는 이론이다. 이는 영리를 목적으로 하는 민간경비뿐 아니라 시민 자체도 하나의 치안활동의 주체로 인식하고 그들의 풍부한 인적 · 물적 자원을 안전활동의 귀중한 요소로서 보다 효율적이고 체계적으로 활용하고자 하는 의도라고 볼 수 있다.

이 이론은 공경비와 민간경비의 상호 신뢰를 바탕으로 서로 존중하고 배려하는 의식에서 출발한다고 할 수 있다. 이는 지역사회경찰활동이론과 함께 일반시민의 참여를 건

---

63) William C. Cunningham, Private Security and Police in America, Chancellor Press, 1985, p. 111.
64) 이윤근 외, 민간경비론, 엑스퍼트, 2005, p. 17.

설적으로 이끌어낸다는 측면에서 매우 바람직한 방향이라고 할 수 있겠다.

6. 지역사회경찰활동이론

지역사회경찰활동이론(Community Policing)은 지역사회의 근본문제를 해결해 나감에 있어서 경찰도 지역사회 구성원 중 하나로 인식하고 지역사회의 주민들과 친밀하고 밀접한 신뢰관계를 형성하여 지역주민과 함께 문제를 해결해 나가야 한다는 이론이다. 이러한 방법을 통하여 범죄의 사후 대응보다는 사전 범죄예방에 초점을 둠으로써 경찰활동의 한계성을 극복하게 된다는 것이다. 또한 범죄예방활동을 위한 역할 분담을 통하여 민간경비를 적극 활용함으로써 상호 발전적인 협력관계 속에 민간경비가 발전해 나간다는 것이다.

지역사회경찰활동을 통하여 경찰조직이 얻게 되는 이점은 다음과 같이 여러 가지가 있다.[65)]

① 지역공동체로부터 신뢰를 얻을 수 있다.
② 위험에 취약한 지역 또는 시설에 대한 지식을 가질 수 있다.
③ 어떤 의심스러운 활동에 대하여 빠른 시간에 인지할 수 있게 된다.
④ 테러리즘을 효율적으로 예방할 수 있게 된다.
⑤ 지역의 사업체들과 긴밀한 협력관계를 유지한다.
⑥ 시민들로부터 좋은 평판과 존경을 받게 된다.

65) Graeme R. Newman & Donald V. Clark, Policing Terrorism: An Executive's Guide, Center for Problem-Oriented Policing, 2007, Brief 28.

제 2 장

민간경비의 역사

제 1 절 고대의 민간경비

1. 원시시대

인간의 기본적 욕구인 안전에 대한 욕구는 오늘날의 사회에서뿐만 아니라 원시사회에서도 같은 상황이었다. 이러한 보호본능은 외부의 침입으로부터 개인의 안전은 물론, 집단의 생존을 지켜내기 위한 수단으로서 필연적인 원시형태의 민간경비가 출현하게 하였다. 이러한 원시형태의 민간경비는 주로 육체적 전투에 의한 방어에 의존하였다.[66]

개인이나 집단의 생존을 위한 수단으로서 천연의 자연적인 조건을 활용하여 접근이 어려운 곳에 위치한 동굴, 나무 위 또는 호수와 같은 물 위에 주거지를 만들어서 맹수나 해충 등으로부터 보호를 받고자 하였다. 스위스의 한 유적지에는 유일하게 호수 위에 1,200명 정도의 집단 주거지가 형성되었음을 보여주고 있다. 여기에는 초보적인 도구와 말뚝의 흔적이 있으며, 주거로 접근하기 위해 나무다리나 보트를 이용한 것으로 추정되고 있다.

선사시대의 아메리카대륙에서는 주변의 호전적인 부족을 피하여 절벽의 틈을 주거로 이용하였고, 그들 스스로 생명의 보호를 위하여 고립된 생활을 자처하였으며,

---

66) Kären M. Hess, Henry M. Wrobleski, Introduction to Private Security, 4th Edition, West Publishing Company, 1996, p. 3.

식물줄기를 이용한 사다리를 이동통로로 활용하여 난공불락의 안식처를 만들게 되었다.[67]

출처: Pixabay, 2019

〈사진 1〉 메사 베르데 콜로라도

2. 고대 국가시대

고대국가에 있어서 가장 주목할 만한 안전장치는 중국의 진황제 시대에 축조된 만리장성이라고 할 수 있다. 이는 미국의 뉴욕과 멕시코에 이르는 거리로서 15년에 걸쳐 50만 명의 인원이 동원되었다. 이탈리아의 로마에서는 쇠문을 장착한 다리를 통제함으로써 로마의 수도를 관통하는 대로의 안전을 담보하였다. 이것은 군대에 의한 통제만을 뛰어넘은 설치공학적 활용을 의미하는 것이었다.

이때의 통치자들은 사회질서유지를 위한 공조직(군, 경찰) 외에도 자신과 가족의 안전을 위한 개인적인 조직을 활용하였으며, 아시아나 유럽에서의 대규모 이주민들을 강력하게 통치하는 권위와 지도력의 상징으로 인식하였다.

67) Healy R. J. Design for Security, New York: John Wiley and Sons, 1968, p. 1.

로마제국의 아우구스투스[68]는 지방권력의 비대함은 제국의 안위에 위협이 되는 것으로 간주하여 보다 안전한 통치방법으로 ① 경비경찰형태의 집정관 경비원(근위병)을 두고, ② 무장한 군인과 경찰을 헌병대의 형태로 만들어 도시보병대를 두었으며, ③ 체구가 크고 전문투사와 같은 비무장의 자경단원(The Vigiles)을 설치하였다.[69]

엘리트 집단으로 구성된 집정관경비원(근위병)들은 로마 전역에 각 지역별로 배치되었으나, 군인통제에 대한 심각한 반감으로 인하여 일반시민 복장을 하였다. 근위병제도는 훗날 로마제국의 권위가 사라지면서 오히려 지방세력에 편입되어 중앙제국에 반기를 들기도 하였으며, 결국 고유의 기능이 사라지게 되었다. 도시보병대에게는 노예들과 적대적인 시민들을 통제하는 임무를 부여하였다. 자경단원은 로마에서 빈번히 발생하는 폭동과 화재를 진압하는 임무를 부여받았으며, 때로 월권행위를 일삼기도 하였다가 후에는 도시보병대에 편입되었다.[70] 아우구스투스에 의한 이러한 조직은 반란이나 폭동을 진압하고 주거침입자와 도둑을 체포하는 등 사회질서유지를 위한 치안을 통제하기 위한 적극적인 제도였다는 점에서 의의가 있다.

※ 민간경비와 공경비의 개념은 기원전 2200년경 고대국가인 바빌론의 함무라비왕의 함무라비 법전에 의해 문서화되면서부터 분리되기 시작하였다. 이 법전에 의하여 법집행이 이루어지게 되었고 개인에게도 책임을 부여할 수 있게 됨으로써 개인차원의 민간경비의 개념이 도입되었다고 볼 수 있다.[71]

---

68) Augustus(BC 63~AD 14): 본명은 '가이우스 옥타비아누스 투리누스'였으나, 당시 로마의 실력자 율리우스 카이사르(시저)의 양자가 되면서 이름을 '가이우스 율리우스 카이사르 옥타비아누스'로 하였다. BC 31년 '악티움 해전'에서 '안토니우스'에게 승리한 뒤부터 차근차근 권력을 장악하고, BC 27년에는 원로원으로부터 아우구스투스(존엄자)라는 칭호를 받았으며, 실질적인 로마제국 최초의 황제로 일컬어진다.

69) Reith, C., Blind Eye of History, NJ: Patterson, Smith, 1975.

70) Folly, Vern L. American Law Enforcement, Boston, MA: Allyn & Bacan, Inc., 1980.

71) Kären M. Hess, Henry M. Wrobleski, Introduction to Private Security, 4th Edition, West Publishing Company, 1996, p. 4.

제2절 주요 국가의 민간경비 역사

중세 봉건시대에는 왕에 복속된 귀족들이 자신들이 소유한 토지를 경작하는 최하급의 노동자들에 대하여 식량과 안전을 제공하며 이들을 관리하였다. 전쟁이 발발하면 귀족들은 왕을 위하여 무기와 식량을 공급하고 그들의 최하급 노동자들을 데리고 전투에 참가하였다. 호수나 해자(垓字)에 둘러싸이거나 도개교가 설치된 성곽(城郭)은 안전을 위한 전통적이고 공통적인 장치였다.

1. 영국의 민간경비

1) 시민공동책임제

국가가 치안을 담당하기에 역부족이었던 당시에는 질서유지와 안전에 대한 시민의 공동책임과 참여가 필수적이었다. 5세기부터 1066년 노르만 정복까지 잉글랜드를 지배하던 게르만족의 일파인 앵글로 색슨족은 '10호 제도(Tithings System)'[72]라고 하는 조직을 구성하여 시민 개인의 안전을 도모하고 치안에 대한 총체적인 책임을 부여하였다. 따라서 범죄가 발생하면 고함을 치면서 10호제의 모든 사람들이 적극적으로 범인의 체포에 동참하였고, 이는 현대사회 시민체포 발상의 근원이라고 할 수 있다.[73]

1066년 영국을 정복한 노르만 윌리엄 국왕은 평화를 지키기 위하여 모든 영국 국민에게 집단적 책임을 부여하고 이에 대한 맹서를 요구하는 국왕의 명령으로 '10호 책임

---

72) 5세기부터 1066년 노르만 정복까지 잉글랜드를 지배했던 '앵글로 색슨족'은 잉글랜드를 통치하기 위하여 전국을 Shire(오늘날의 Count(州)에 해당하는 행정구역)로 나누고 이를 다시 100호 책임제(Hundreds)로 나누고, 이를 다시 10호 책임제(Tithings)로 세분하였다. 이는 행정조직인 동시에 시민 치안조직이라고 할 수 있다. 10호 책임제의 대표는 각 가구의 구성원 중에서 교대로 임명되도록 하였고, 10호제에 소속된 성인남자는 교대로 야경을 하였다. 순찰 중 수상한 자나 범인을 발견하면 고함을 질러서 10호제에 소속된 주민 전원이 대항 또는 체포행위에 동참하였다. 100호제의 대표는 10호제의 대표 중에서 교대로 맡게 되었고, 100호제의 통제는 왕이 직접 임명한 관리(Royal Reeve)가 하였다.

73) 경비지도사수험연구회, 경비지도사, 교육개발연구원, 2009, p. 23.

제'를 '10인 서약제(Frank-pledge System)'로 변환하여 법과 명령을 이행하고 시민 자체적으로 안전을 확보하도록 하였다.

2) 레지스 헨리시법

헨리(Henry)국왕은 범죄를 개인에 대한 위법이 아니라 국왕의 평화의지에 대한 도전으로 간주하여 범죄자의 처벌을 국가적 차원인 국왕에 의하여 실시한다는 '레지스 헨리시법(The Legis Henrici Law, 1116년경)'을 공포하였다.

이 법에는 도둑, 살인, 반역 등의 범죄에 있어서 경범죄와 중범죄를 구분하고 벌금과 같은 처벌규정을 담고 있다. 이는 국가적 법집행으로서 시민 자체적인 민간경비개념에서 공경비의 개념으로 전환되었다는 점에서 의의가 있다.[74)]

3) 윈체스터법

산업혁명 이전 300년 동안의 사회적 혼란기에서 국가 치안능력의 확보를 위하여 에드워드 1세가 '윈체스터법(The Statute of Winchester: 1285)'을 공표하여 안전과 법집행에 대한 획기적인 전기를 마련하였고, 이는 수세기 동안 범법자를 다루는 공통모델이 되었다.

이 법에 의하면 범인을 체포하는 것은 일반시민의 권리일 뿐만 아니라, 범죄발생 사실을 인지하는 때에는 모든 일을 포기하고 범인을 잡는 데 전념하여야 한다는 의무도 포함되어 있었다.[75)]

윈턴의 법령(The Statute of Winton)으로도 알려져 있는 '윈체스터법'은 세 가지의 실질적인 방책으로 제시되었다. 즉, 기존의 제도를 정립하여 '야간 감시제도(The Watch & Ward System)'와 '규환제도(The Hue and Cry System)' 그리고 '무기휴대에 대한 법령화(Assize of Arms)'가 그것이다.

---

74) 조달환 · 이기제 · 이원행 · 정형진 · 신광칠, 민간경비론, 한국민간교육원, 2009, p. 21.

75) Hall, J. Theft, Law, Security, 2nd ed., Indianapolis, IN: Bobbs-Merrill, 1952.

① 야간 감시제도(The Watch & Ward System)

주간에 성을 지키는 파수꾼의 고유한 업무를 야간에 보완하기 위한 제도로서 주로 도시 성곽을 담당하였다. 감시자는 일몰부터 일출까지 성곽의 모든 출입문에 고정되어 경계에 임하였다. 그들에게는 야간 근무 중에 발견되는 수상한 사람에 대한 체포권한이 부여되었고, 체포된 자는 아침에 보안관에게 인계하였다. 도시의 모든 남자들은 정기적으로 근무하여야 하며, 이를 거부하는 사람은 형벌을 받게 되었다.

② 규환제도(The Hue and Cry System)

규환제도는 범죄를 예방하기 위하여 만들어진 시민체포 방식으로서 지역의 주민들이 협력하여 범죄현장을 통제하는 제도라고 할 수 있다. 지난날 '앵글로 색슨족'이 '10호제'를 통하여 실행하여 왔던 감시제도를 다시 부활시켜, 감시원들이 횃불을 지참하여 순찰을 돌다가 주거지역에서 발생하는 범죄에 대하여 규환하거나 도망자 또는 탈주자를 추적 또는 보조하는 제도를 시행하였다.

13세기 당시의 영국은 강력한 왕권을 통하여 봉건제후들을 통치하면서 발전하였으나, 무리한 과세정책과 프랑스의 일부 영토를 수복하기 위한 전쟁의 후유증으로 왕권과 재정이 악화되었다. 존 왕에 이르러 대헌장(The Magna Charta, 1215)으로 인하여 국왕의 권위가 크게 약화되었고 귀족과 성직자의 권한은 상대적으로 늘게 되었다. 이러한 혼란스러운 상황은 범죄의 증가를 낳게 되었고 이를 국가적으로 방지하기 위한 효과적인 치안권이 형성되지 못하였다.

따라서 개인 자신과 집단의 안전을 시민들의 공동책임으로 인식하고 건장한 사람은 범죄자를 체포하는 일에 동참해야 한다는 의무를 부과하게 된 것이다. 이러한 규환제도의 개념은 오늘날의 '시민체포'와 같은 개념으로 인식될 수 있으며, 광범위하게는 영국 최초의 민간경비 개념의 도입이라고 볼 수 있다.[76)]

---

76) 프랑스 노르망디의 공작이었던 윌리엄이 1066년 영국을 최초로 정복하고 각 도시의 치안을 위하여 군인과 재판관을 겸한 주 행정관(Shire-Reeve)을 임명하였다. 이는 오늘날의 보안관(Sheriff, 국가 또는 주의 치안행정을 담당하는 집행관)의 어원이 되었다.

③ 무장 법령화(Assize of Arms)

규환제도를 적극적으로 뒷받침하기 위하여 범인추적 및 체포를 위한 무기소지를 의무화하였다. 15세 이상 60세 미만 모든 남자의 가정에 '평화와 안전을 지키는 장치'로서 무기비치 의무화 등이 규정되었고, 이는 1066년의 '노르만 정복'에서부터 1829년의 수도경찰법령이 발효될 때까지 주요한 치안제도로 작용되었다.

영국에 있어서 '윈체스터법'은 주간의 보안관과 야간의 감시원과의 적절한 인계와 조화로서 치안을 유지하는 데 일조한 것으로 평가할 수 있다.[77]

그러나 그 당시의 상인들은 그들 재산에 대한 보호를 만족스럽게 여기지 않았으며, 특히 중산층은 '의무 감시제'에 대한 불만이 팽배하여 대리인을 내세우기도 하였다. 고용된 대리인들은 상인들의 안전을 보장하지 못하였으므로 결국 상인들은 자체적인 사설경비형태를 도입하기에 이르렀으며, 일부의 상인들은 그들의 재산을 훔친 도둑을 직접 조사하거나 되찾기도 하였다.[78]

'윈체스터법'이 비록 큰 효과를 거두지는 못하였지만, 산업혁명 때까지 법집행과 안전을 위한 제1차적인 수단으로서의 큰 의미를 가졌다고 하겠다. 이러한 치안을 위한 제도적 시도는 두 가지 중요한 요소를 내포하고 있다. 첫째는 지역을 분할하여 시민들에게 감시의무를 교대로 지운 것이고, 둘째는 그들의 의무에 불만을 가진 사람들에 의하여 고용된 대리인이 출현하였다는 점이다. 특히 영국 국교회의 '교회구(Parish)'는 그 관할 토지가 있는 지방에 있어서 정부의 형태를 가지게 되었으며, 매년 법집행을 위한 보안관을 임명하기도 하였다.

4) 형사기동대의 등장

1748년, 법률가이면서 소설가이자 극작가인 '헨리 필딩 경(Sir Henry Fielding)'이 Bow街의 행정장관으로 임명되었다. 런던의 도시는 무법천지에 가까웠고 불법에 대한

77) Critchley, T. A., A History of Police in England and Wales, 2nd ed., Montclair, NJ: Patterson Smith, 1967.

78) Kären M. Hess, Henry M. Wrobleski, Introduction to Private Security, 4th Edition, West Publishing Company, 1996, p. 8.

동정여론마저 만연해 있었다. 또한 국교회의 보안관들은 치안에 소극적으로 대처함으로써 도둑과 강도가 거리를 자유롭게 활보하도록 하였다. 부유한 사람들은 자체적으로 하인들에게 무장을 시키고 그들의 집은 육중한 문과 셔터를 설치하였으며, 가능한 튼튼하고 많은 몽둥이를 비치하고 항상 손에는 장총과 권총으로 무장하였다.79)

헨리 필딩 경은 우선 도둑을 손쉽게 방면하는 사회적 분위기를 쇄신하기 위하여 관대한 판결에 징계를 하였고, 무기력한 런던을 일깨우기 위하여 책을 출판하며 홍보책자를 발간하여 계몽에 앞장섰다. 치안판사에게는 적절한 보수를 지급하고 그들의 직무를 옹호하였으며 범죄방지를 강력하게 외치고 그의 의지를 명료하게 구현하였다. 필딩 경은 보우가의 치안을 해결하기 위해서는 시민의 동참이 필수적이라고 인식하고, 순수한 지원자 형태로 정직하고 성실한 6명의 시민을 선발하였다.

그의 조언과 방침에 따라 보우가의 주변은 깨끗하게 정리되었고 많은 범법자들이 체포되거나 보우가를 떠나게 되었다. 헨리 필딩이 죽은 후에 보우가의 지원자들은 전문직업화되었으며 '보우街의 走者들(Bow Street Runners)'은 영국 최초의 '형사기동대'로 잘 알려지게 되었다.80)

5) 산업혁명

산업혁명의 여파로 영국사회는 산업발달의 이면에 나타난 극심한 사회혼란으로 요동치게 되었다. 이 시기에 수많은 사람들이 제조공장의 일자리를 구하기 위해 도시로 이동하였고 이에 따라 지방은 일손의 부족으로 기근이 만연하였다.

도시로 이동한 젊은이들은 새로운 충동에 직면하게 되었고, 이에 따라 도둑이 증가하고 장물아비들의 활동이 활발하였으며 공인된 화폐보다는 위조화폐가 만연하게 되었다. 폭발적으로 발생하는 도시범죄에 대하여 정부가 대처하기에는 역부족일 수밖에 없는 상황에 직면하였다. 이에 더하여 정치적 극단주의자들은 빈번하게 발생하는 폭동을 오히려 자극하는 정책을 시행함으로써 사회적 무질서가 극에 달하였다.

이를 극복하고자 시민 자체적인 민간경비조직의 발달과 함께 국가차원의 공경비가

---

79) Reith, C., Blind Eye of History, Montclair, NJ: Patterson, Smith, 1975, p. 134.

80) 서진석, 민간경비론, 백산출판사, 2008, pp. 44-45.

법적인 보완 속에서 틀을 갖추게 되었다. 그러나 1827년 범죄인을 다루는 영국의회 방범위원이 된 로버트 필 경(Sir Robert Peel, 1788~1850)은 “범죄예방의 기술보다 범죄의 기술이 더 빠르게 진화한다.”고 보고하였다. 또한 범죄와 무질서를 예방하기 위하여 강력한 법집행을 시도하였으나, 범죄를 조사하고 범인을 체포하기에 급급한 상황에서 범죄예방을 위한 공권력 작용은 결국 실효성을 거두지 못하는 결과를 낳게 되었다.[81)]

필 경의 ‘Peelian Reform 보고서’에는 현대적 형태의 공경비, 즉 경찰조직의 필요성이 담겨 있으며, 이는 후에 영국을 비롯한 다른 국가들에 영향을 미치게 되었다. 결국 공공부분의 안전과 민간부분의 안전을 위한 치안병행시대를 맞이하게 된 것인데, 공공부분의 경우에는 시민의 세금으로 보수를 지급하여 치안활동을 하고, 민간부분에는 오늘날과 같이 특정인에게 보수를 받고 안전서비스를 제공하는 민간경비의 형태로 발전하게 되었다.

2. 미국의 민간경비

미국은 정치 · 사회 각 부분에 있어서 영국의 영향을 많이 받음과 동시에 영국의 통치방식에 대한 거부감으로 그들의 권위주의적 요소를 탈피하고자 하였다. 즉, 영국왕실의 중앙통제방식으로부터 벗어난 미국 이주민은 정치형태에 있어서도 지방분권주의적 자치통치방식을 선택하였다. 이러한 경향에 따라 범죄에 대응하는 방식에 있어서도 국가 경찰조직보다는 각 지역에 의한 자치경비조직의 형태를 지향하였고 지역별로 상이한 형태의 민간경비제도가 이루어지게 되었다.[82)]

치안서비스 또한 국가에 의한 통제나 해결보다는 민병대 또는 자경단 형태의 시민자치 방식에 의하여 실시하게 되었다. 1800년대 풀타임 경찰이 조직될 때까지 보안관과 야간 도시순찰자들은 미국에서의 치안을 위한 중요한 수단이었다. 미국의 민간경비제도는 서부개척시대와 노동자운동시대의 사회변혁기 및 남북전쟁과 세계대전이라는 역

81) Kären M. Hess, Henry M. Wrobleski, Introduction to Private Security, 4th Edition, West Publishing Company, 1996, pp. 13-15.

82) Kären M. Hess, Henry M. Wrobleski, Introduction to Private Security, 4th Edition, West Publishing Company, 1996, pp. 15-24.

사적 사건을 중심으로 크게 변모하였다.[83)]

1) 서부개척시대

19세기 중엽 서부개척시대(Gold-Rush) 분위기에서 동부의 이주민들이 서부로 이동하면서 토착주민(인디언)과 갱단의 공격에 크게 노출되었다. 곡물, 금, 화폐와 승객을 운송하는 역마차는 노상강도의 손쉬운 강탈의 대상이 되었다. '제임스 갱'과 '와일드 번치'와 같은 무법자가 지역을 장악하기도 하였다. 배상의 책임을 진 역마차 운송회사는 자체적으로 보안요원을 고용하여 갱단으로부터의 보호에 주력하였다. 또한 석탄이나 금광은 무법자들의 공격에 취약했으므로 이에 대한 자체적인 민간경비의 필요성이 대두되었다.

초기에 이주한 동부에 비하여 공권력의 작용이 미치지 못한 상태에서 자체적으로 안전문제를 해결해야 했으므로, 자위적 수단으로서의 민간경비조직이 필수적이었다. 또한 서부개척시대의 동서를 연결하는 철도운송경비와 금괴의 수송을 위한 자경단의 조직은 민간경비의 획기적인 발달을 가져오는 계기가 되었다. 이와 같은 시대적 요구에 의하여 미국 최초로 민간경비 및 피해품 회수를 위한 민간조사업무[84)]를 수행하는 기업이 만들어지게 되었다.

2) 남북전쟁[85)]

4년 동안의 남북전쟁기간 중에 만연되어 있던 위조화폐의 단속을 위하여 국가경찰

---

83) Harvey Burstein, Introduction to Security, Prentice Hall Career & Technology, 1994, pp. 1-6.

84) 민간조사기업의 역사적 효시는 1850년 시카고에서 변호사인 에드워드 럭커와 앨런 핀커턴이 설립한 노스웨스트 경찰대행사인 '핀커턴(Pinkenton)'이라고 할 수 있다. 설립 초기부터 회사의 이익을 창출할 목적으로 활동하였으며, 대륙횡단 철도에 대한 강도사건을 해결하기도 하였다. 설립자인 핀커턴은 남북전쟁 중, 북군의 정보국 국장으로서 남부군에 대한 스파이활동, 링컨에 대한 암살좌절 등의 경호활동을 수행하였다. 현재는 스웨덴 'Securitas AB'의 자회사로 활동하고 있다.

85) 1861년에서 1865년 사이에 발생한 미국내전으로서 제퍼슨 데이비스 대통령이 이끄는 '남부연합'과 에이브러험 링컨 대통령이 이끄는 '북부연합'이 노예제도 · 무역 · 관세 · 州權에 관련된 문제로 인하여 발생하였다. '북부연합'의 승리에 따라, 연방은 보존되고 노예제도는 폐지되었으며, 공업화와 도시화가 가속되었다.(브리태니커 백과사전, 2019 검색)

력이 미흡한 상황하에서 사설탐정기관이 적극적으로 활용되었고 이러한 과정을 통하여 민간경비가 발달하게 되었다. 남북전쟁기간 동안에 유통되었던 모든 화폐의 1/3가량이 위조화폐로 인식되었고, 당시 대통령이었던 에이브러햄 링컨의 암살음모를 적발한 것은 국가기관이 아니라 앨런 핀커턴이 이끄는 사설탐정기관이었다.

이러한 위조화폐의 만연과 사설탐정기관의 활약은 범죄문제에 대한 해결을 목적으로 하는 민간조사기관의 발달을 가져오는 계기가 되었으며, 1865년 '미국비밀경호대(Secret Service)'라는 현대적 의미의 공식 국가경호기관의 역사적 탄생이 이루어지는 결정적 역할을 하게 되었다.86)

3) 사회주의 노동자운동

19세기 말경, 유럽의 사회주의, 공산주의 및 무정부주의 등의 영향과, 미국에도 불어닥친 대대적 산업화로 인하여 빈부의 격차가 심화되고 노동항쟁이 격렬한 양상을 띠게 되었다. 혼란한 사회현상의 틈을 타서 확산되는 마르크스의 사회주의는 소외된 빈민계층과 노동자들에게는 이상적 사회모델로 각인되었다.87) 더불어 발생한 불경기 한파는 폭력성향을 가진 노동자들로 하여금 공장파괴 · 방화 등의 사회혼란을 더욱 가속화시키는 결과를 초래하도록 하였다.

또한 도시 내 범죄가 증가하고 이에 따라 범죄에 대한 두려움도 크게 상승하게 되었다. 반면에 경찰을 비롯한 공경비는 효과적으로 대처하기에 역부족이었다. 이러한 상황에 따라 자산을 지키고자 하는 자본가들은 민간경비를 적극 활용하였고 이는 민간경비 산업의 발전으로 이어지는 원인이 되었다.

4) 제1 · 2차 세계대전

제1차 세계대전기간 동안은 군수물자의 생산과 조달을 위한 방위산업시설의 보호와 독일 산업스파이 활동으로부터 국가 중요산업을 보호하기 위하여 민간조사업무와 시설

---

86) 대통령경호실, 테러시대의 미국 비밀경호대, 1988, pp. 7-11.

87) 김형민, 미국 사회주의의 좌절, 미국사연구 제14집, 2001, pp. 127-156; 손세호, 19세기말 미국 사회주의 사상의 성격, 미국사연구 제1집, 1993, pp. 69-89.

경비수요가 증가하였다. 종전 후에는 모든 미국인이 정치 · 경제 · 사회적으로 평온하기를 열망하였다. 사회노동자운동은 수그러들게 되었고, 특히 경제활동을 위하여 정부차원에서 기업을 적극 지원하였는데 이로 인하여 1920년대의 미국은 경제적 번영을 크게 누리게 되었다.[88]

이러한 경제적 발전과는 다르게 제1차 세계대전의 불씨가 20년 동안의 잠복기를 거쳐 다시 제2차 세계대전으로 연결되었다.[89] 이 시기는 발전된 미국 경제력과 군사무기의 과학화에 기반을 둔 군사시설과 장비 또는 기밀의 보호가 우선시되었고, 이와 함께 생산인원의 보호를 위한 역할이 민간경비에게 주어짐으로써 전자 · 기계산업의 발달과 함께 첨단경비시대의 급속한 도약이 이루어지게 되었다.

5) 현대 미국의 민간경비

미국의 민간경비산업은 제1 · 2차 세계대전 이후 개인과 기업들의 자체적인 안전과 이익 보호를 위하여 다양한 경비수요에 충당될 수 있도록 양적인 성장과 함께 전문성이 매우 향상되었다. 1960년대에는 폭력적인 시위문화와 히피문화[90]의 만연으로 일반시민들의 범죄 두려움이 증가되었으며, 이로 인한 경비수요의 발생과 과학의 발달은 미국 민간경비 산업수준의 향상을 불러오게 하였다.

1972년에는 민간경비산업의 중요성을 인식하여 법집행지원국(LEAA: Law Enforcement Assistance Administration, 1968년 설립) 산하에 민간경비위원회(PSAC: Private Security Advisory Council)를 설치하여 민간경비산업의 방향설정을 위한 길잡이를 제공하고 있다.

---

88) 김덕호, 戰間期 미국사회에서의 문화충돌과 대중매체, 미국사연구 제12집, 2000, pp. 61-98.

89) 브리태니커 백과사전, 2019.

90) 1960년대 미국을 중심으로 등장하여 20세기 대표적인 청년문화의 하나로 간주되었다. 극단적 자유주의와 함께 문명화와 보수적 지배문화에 저항하며 반전주의적인 의식을 표현하고자 하였다. 그러나 허무주의와 초월주의를 주된 가치관으로 삼고 있기 때문에 공허한 자기 탐닉에 머무른다는 시각도 존재한다.

[표 8] 미국의 개인 및 주택범죄의 피해에 대한 총경제적 손실 규모(1986년) (단위: 백만 불)

범죄형태	개인범죄	폭력	성폭행	강도	절도	주택침입강도	주택침입절도	주택침입 자동차절도
손실규모	3,592	1,000	18	567	2,592	3,442	1,372	4,633

출처: The Hallcrest Report Ⅱ(1990)

범죄발생에 따른 비용의 발생은 고스란히 소비자에게 전가되는데 미국의 경우에는 소매수준에서 소비되는 물품비용의 15%를 추가해야 한다고 보고하였다. 범죄에 의한 직접적인 손실에 2차적 비용 또는 간접비용이 추가되어 전체 손실의 범위를 매우 높게 산정하고 있다.[91] 이처럼 민간경비는 막대한 범죄에 의한 손실을 예방하기 위하여 중요한 역할을 하고 있다.

3. 일본의 민간경비

1) 중세 전국시대

1467년 무로마치 막부 쇼군의 후계자 선정과 관련하여 대립이 표면화되면서 이것이 지방영주들의 영토 확장 의도와 부합되면서 교토(京都)를 중심으로 발생한 '오닌(応仁)의 난'을 시작으로 일본은 전국(戰國)시대가 시작되었으며, 무려 100여 년 동안 전란으로 인한 혼란기에 빠지게 되었다. 이에 따라 일본 전국이 괴멸적인 피해를 입게 되었고 국토가 황폐해졌다.[92]

군부의 혼란은 중앙은 물론이고 지방의 정치적 기강 해이와 사회적 문란을 초래하였으며, 부랑인(浮浪人)들의 강탈과 도적들의 활동이 극성을 부리게 되었다. 이에 따라 지방의 호족이나 영주들은 자위(自衛)수단으로 그들의 사병(私兵)을 조직하여 대처하거나, 병농(兵農)이 분리되지 않았던 시기이므로 백성들이 자체적으로 무장하여 지역경비를 하였고 영주에게 대항하기도 하였다.[93]

---

91) William C. Cunningham, John J. Strauchs & Clifford W. Van Meter, Private Security Trends 1970 to 2000, The Hallcrest Report Ⅱ, 1990, pp. 28-32.

92) 연민수, 일본역사, 보고사, 2006, p. 127.

전쟁 시에는 농민을 병사로 활용하였으므로 전투는 주로 농한기에 이루어졌다. 지방의 실력 있는 성주들은 사적으로 경위를 활용하였고, 세력유지를 위한 통제수단으로 관할지방명주의 군사들을 1개월에 10일씩 상경시켜 숙직, 경위, 잡역의 봉사를 행하게 하였다. 덕천막부(도쿠가와 이에야스) 시대에는 '장병위'라는 노동자 공급이나 경비를 전문으로 하는 전문직업인이 탄생하였고, 이후에는 거상들의 저택경비나 귀중품 운반의 호송경비를 담당하기도 하였다.[94)]

2) 제2차 세계대전

제2차 세계대전 동안의 모든 생산은 비행기 · 선박 등의 군수품이 우선시되었고 생산활동을 위한 산업은 극도로 통제되었다. 장기간에 걸친 전쟁으로 상당수의 일본인이 굶주리게 되었으나, 오히려 패전 후 미국을 중심으로 하는 군국주의 해체와 민주주의의 실행과정, 그리고 미국의 병참기지로 변모하게 된 한국전쟁의 특수를 통하여 고도의 경제성장을 이룩하게 되었다.[95)]

미국의 안보 보장으로 일본은 국방예산에 대한 지출의 부담이 거의 없었으며, 고도성장정책의 일환으로 국가의 자금을 대폭적으로 산업에 전용하여 기술혁신과 중화학공업의 육성에 올인하였다. 그 결과, 수출이 대폭적으로 증가하고 초고속 경제성장의 발판이 마련되었으며 수많은 기업이 탄생하였다.

이러한 패전의 후유증을 극복하고 경제적 재건을 이룩하는 과정에서 일본의 민간경비는 일대 전환기를 맞이하게 되었다. 즉, 현대적 의미의 민간경비업체의 출현으로서 스페인 경비회사 SP(Security Patrol)와 제휴한 일본경비보장주식회사(SECOM의 전신, 1962년 7월 창립)의 탄생이 그것이다.

3) 동경올림픽과 오사카 만국박람회

태평양전쟁 후 일본의 부흥을 세계에 알리는 1964년 제18회 동경올림픽은 일본국민

---

93) 박경희, 일본사, 일빛, 2000, pp. 242-251.
94) 이윤근 외, 민간경비론, 엑스퍼트, 2005, pp. 25-26.
95) 연민수, 일본역사, 보고사, 2006, pp. 266-271.

에게 민간경비의 중요성과 역할범위에 대한 공감대를 형성시켜 주는 계기가 되었으며, 1970년 동양 최초로 개최되어 6,421만 명의 관람객이 다녀간 6개월 동안의 오사카 만국박람회 행사의 성공은 '경제대국일본'을 내외에 과시하는 일대 사건[96]인 동시에 일본 민간경비의 양적 · 질적인 확고한 성장과 능력을 나타내주었다.

4) 현대 일본의 민간경비

경제성장기 초기의 일본 민간경비는 노동집약적 인력경비가 주를 이루었으나, 기술혁신과 함께 고도성장의 시기에 있어서 인력경비가 기계경비로 활발하게 전환되었고, 이러한 과정에서 경비업체인 '세콤'의 독주 아래 '종합경비보장'이 그 뒤를 따르고 있으며, 3위 업체인 '센트럴 경비보장'이 멀리서 추격하는 움직임을 보이고 있다.

2019년 현재 '세콤'은 '종합경비보장의 6배에 달하는 금융력을 가지고 있으며, 3위 업체인 '센트럴 경비보장'에 비해서는 약 80배의 규모를 자랑하고 있다. 우리나라 최대 규모의 경비업체인 '에스원'에서도 지분 25.6%를 일본의 '세콤'이 보유하고 있으며 매년 100억 원 이상의 배당금을 받아가고 있다.

한편, 일본에서는 기존의 경비개념에서 탈피한 새로운 형태의 시도가 나타나고 있다. 응급환자의 발생이나 화재 또는 범죄에 노출되었을 경우 출동하여 의료기관 등 관계기관에 통보하고 필요시 조치할 수 있도록 하는 제도로서 계약자에 한하여 이러한 서비스를 제공하는 경비택시제도가 있으며, 이외에도 긴급통보서비스, 지하매설물감시, 주차장 무인감시시스템, 쓰레기 불법투기 야간순찰, 에스코트서비스 등 많은 새로운 영역을 개척하고 있다.[97]

---

96) 박경희, 일본사, 일빛, 2000, pp. 488-497.

97) 박병식, 민간경비론, 1996, 법률출판사, pp. 216-225.

제3절 한국의 민간경비

1. 역사적 배경

1) 고대

고대에는 부족이나 촌락 단위의 지역공동체 또는 운명공동체적인 성격을 가진 자체 경비조직이 외침으로부터 자신들을 보호하기 위하여 활동하였다. 이는 서구에 있어서 감시자(Watchman) 또는 경비원(Guard)과 같은 의미를 가지고 있다고 하겠다.98)

원시부족형태에서 점진적으로 부족국가형태로 전환되면서 부계(父系)씨족제가 가부장적인 공동체로 정착하게 되었고, 각 종족의 지역적 발전 등에 따라 정복전쟁을 통하여 노예제국가로 변모하게 되면서 원시부족국가의 형태를 이루게 되었다.99)

부족사회의 지배자인 수장(首長)과 호민(豪民)들이 지배계층을 이루었고 일반인(생산계층)인 하호(下戶)와 천민이 피지배계층을 이루었다. 하호는 경제적으로 독립된 생활을 하지 못하고 읍락사회에 예속되었고 국가의 공민(公民)으로도 인식되지 못하였다. 외부의 침입이 발생하면 각 지역별 읍락사회가 독자적으로 대처하였고, 하호는 병사들에게 음식물을 제공하고 물자를 운반하는 임무를 담당하였다.100)

2) 삼국시대

초기 삼국시대는 부족 혹은 원시적 소국형태가 발전하여 이루어진 것으로서 부족연합체의 성격이 강하였다. 시간이 흐르면서 중앙의 통치력이 증가하고 주변을 더욱 복속(服屬)하면서 국가의 틀이 갖추어지게 되었다.101)

삼국시대에는 지방호족세력이 강성하고 왕권이 불안정하여 국가조직에 의한 치안을 기대하기는 역부족인 상태였다. 특히 신라 하대에 접어들면서 연이은 자연재해로 인하

---

98) 최선우, 민간경비론, 2008, p. 90.
99) 여호규, 한국 고대의 국가형성, 한국역사학회, 1996, pp. 219-242.
100) 두산백과사전, 2019 검색.
101) 이종욱, 초기 고구려 왕조의 지방제도, 역사학회, 1982, pp. 89-97.

여 농민들의 재생산 기반이 급격하게 악화되어 생활이 매우 불안정하게 되었다. 이와 함께 중앙 통제력의 약화는 각 지역에 도적들의 출몰을 일으키고, 해상에서는 물품이나 재물의 강탈은 물론이고 약매(掠賣)가 빈번하게 발생하는 등 해적들이 들끓게 되는 상황으로 전개되었다.

이에 따라 지방의 실력자들은 사적인 경비형태의 조직을 활용하였으나 역부족이었고 중앙정부에서도 해상 여러 지역에 출몰하는 해적의 소탕에 엄두를 내지 못하고 있었다. 이러한 때 중국 산둥반도 일대에서 큰 영향력을 가졌던 장보고는 신라의 국왕인 흥덕왕에게 해적의 소탕을 위한 청해진 설치를 건의하였고 흥덕왕은 이를 흔쾌히 받아들여 장보고를 대사(大使)로 임명하고 군사 1만 명을 지휘토록 하였다.[102]

828년에 설치된 완도의 청해진세력은 해적을 소탕하고 해상권을 장악하여 신라와 당나라, 일본 사이의 무역을 관장하면서 해상의 패자로 군림하였다. 이외에도 외곽에 대한 경비와 지방의 호족세력을 통제하려는 목적으로 남양에 당성진, 강화도에는 혈구진을 설치하였다.

3) 고려시대

고려시대는 개국 과정에서 태조 왕건의 혼인정책 영향으로 외척들에 의한 다툼이 자주 발생하면서 왕권이 불안정하였다. 이러한 상황을 극복하고 중앙집권체제를 확립하고자 광종은 노비안검법을 실시하면서 호족의 세력을 약화시키고 국가의 재정과 기반을 안정시키고자 노력하였다. 그러나 이러한 일련의 시도에도 불구하고 지방 호족이 문벌귀족으로 새롭게 대두되고 중앙정치권력을 독점하면서 왕권이 다시 약화되었다. 이에 더하여 대외적으로 송나라와 거란에 대한 외교적 긴장관계로 인하여 전쟁이 발생하고 국가가 혼란을 거듭하였다.

12세기에 들어 지배층 내부에서는 문벌 귀족들 사이에 정치권력을 위한 세력다툼이 심화되고 이러한 가운데 지방의 호족이나 중앙의 세도가들은 자신의 권력유지나 자산보호를 위하여 무사들을 고용하는 등 다양한 형태의 경비조직이 출현하였다.

---

102) 고경석, 장보고의 해상활동과 해적, 전남대학교 세계한상문화연구단, 2012, pp. 47-68.

고려시대 정치적 · 사회적 특징 중 하나는 지방 백성들에 대한 세금의 중복된 수취라고 할 수 있는데 이는 중앙정치의 불안에 기인한 측면이 크다고 할 수 있다. 특히 무인집권시대에는 무인권력자들과 결탁된 지방 이속이나 관리들에 의한 이중 삼중의 징수뿐만 아니라 무인들의 토지 수탈로 일반 백성들의 생활은 매우 피폐하였다.[103] 이 시기에 경대승은 도방(都房)을 설치하여 무사들을 개인 신변보호에 활용하였으며 최씨 집권기에는 삼별초를 조직하여 몽고에 항쟁하는 근거지로 삼기도 하였다.

4) 조선시대

조선시대에는 중앙집권화의 과정 속에서 다양한 공경비조직이 확대되었고 상대적으로 민간경비조직이 위축되었다. 따라서 별도의 경비조직보다는 권력자나 재력가들이 장정을 고용하여 숙소나 재산 또는 신변보호를 꾀하였다.[104]

조선시대 대외무역의 주류를 이루었던 인삼은 도둑의 피해가 극심하였다. 도둑 방지를 위하여 인삼밭 둘레에 호박돌을 층층이 쌓아 올려 보호하였으나, 이 돌담이 무너지면서 오히려 더 큰 피해를 일으켰다. 자체적인 보호를 위한 경계도 실효를 거두지 못하자 결국 국가차원에서 딱따기를 치면서 순찰을 도는 군인을 두기도 하였다.

1894년부터 1899년까지는 일본인들에 의하여 인삼절도행위가 빈발하자 1898년에 '삼정규칙'을 제정하여 국가 재정수입의 감소를 막고자 하였고, 1899년에는 내장원 소속으로써 군대를 배치하고 내외국인을 막론하고 인삼을 절도하는 자은 발포 후 보고하도록 하는 강력한 조치를 취하였다. 이들 군대는 감시 및 순찰뿐만 아니라 인삼의 운반 호송을 담당하기도 하였다.[105]

---

103) 김낙진, 고려 무인정권기 명종의 현실인식과 정치운영, 한구사연구회, 2015, pp. 25-54.
104) 경비지도사수험연구회, 경비지도사(민간경비론), 교육개발연구원, 2009, p. 28.
105) 박정일 · 설혜심 · 옥순종, 진짜 고려인삼 이야기, 농림축산식품부, 2016, pp. 36-42.

2. 현대적 민간경비제도

1) 최초의 민간경비회사

한국의 민간경비제도는 1950년 전쟁 직후에 미군의 군납경비를 시작하면서 도입되었다고 볼 수 있으나,[106] 1958년에 설립된 합자회사인 범아실업공사가 한국석유저장주식회사와 경비·검수·관리 등의 용역경비계약을 체결한 것이 현대적 의미의 민간경비회사의 출현이라고 할 수 있다.[107]

그러나 이 시기에는 경제규모가 빈약하고 산업구조도 매우 취약하였으므로 민간경비산업 역시 아직 일천하여 경비업체의 양산이 이루어지지 못하였다. 1962년부터 실시된 제1차 경제개발 5개년 계획이 성공적으로 추진되면서 산업 전반에 걸쳐 활력이 넘쳐나고 연이은 제2차, 제3차 경제개발 5개년 계획의 꾸준한 성과는 드디어 민간경비산업의 수요에 영향을 미치게 되었다. 1977년 '세콤'과의 합작으로 설립된 '에스원'을 시작으로 2017년 기준 경비업체는 4,610개가 등록되어 있으며, 경비원은 16만 명에 이를 정도로 양적 확대가 이루어졌다.

2) 청원경찰제도

1960년대 제3공화국의 경제개발 가속화에 따른 국가산업시설의 증가와 북한 무장공비 침투로부터 국가중요시설을 보호할 필요성이 제기되었으나 제한된 경찰인력으로는 이러한 목적을 충족시키기 어려웠다. 따라서 경찰인력을 대신하여 국가중요시설의 경비를 담당할 경비인력의 확충을 위하여 청원경찰제도를 두게 되었다(1962. 4. 3. 법률 제1049호).

창설 초기에는 이용절차가 까다롭고 국민적 인식이 부족하여 활용도가 낮았으나, 1970년대 국가중요시설과 산업시설이 늘어나면서 1973년 전면 개정하여 독자적인 법률

---

106) 미군에 대한 군납형태의 제한적 용역경비: 1953년 봉신기업, 1954년 용진보안공사, 1958년 화영기업(주), 경원기업(주), 1958년 신원기경.

107) 전통적 의미의 민간경비는 경비수요자 조직의 일부에 민간경비의 조직 또는 개인이 소속되어 있는 것이고, 현대적 의미의 민간경비는 경비공급자(경비업체)가 경비상품을 개발하여 계약에 의하여 수요자에게 경비서비스를 제공하는 것을 말한다.

로 제정 · 공포되어 국가중요기관은 물론이고 언론사, 방송사, 금융기관, 항공사, 국내주재 외국기관 등 주요 시설물에 대하여 해당 사업주가 소요경비를 부담할 것을 조건으로 경비활동을 하고 있다.[108]

「청원경찰법」은 청원경찰의 직무, 배치, 임용, 징계 등 전문 12조와 부칙으로 이루어져 있다. 2017년 현재 1,757개소의 시설(국가 시설은 1,346개소)에 12,592명이 배치되어 활동하고 있다.

3) 경비업법

1976년 12월 31일, 「용역경비업법」이 제정됨으로써 한국에서도 민간용역경비제도의 본격적인 체제가 확립되는 기틀이 마련되었고, 용역경비라는 용어에서 나타나는 부정적 이미지로 인하여 2001년 「경비업법」으로 새롭게 출발하였다.

2019년 현재까지 여러 차례의 개정이 있었고, 동년, 경비지도사 자격증에 대한 엄격한 관리를 위하여 이 자격증을 빌려주거나 양도하는 행위 또는 알선 등에 대하여 벌칙규정을 정함을 목적으로 7월 현재 국회 행정안전위원회에서 심사 중에 있으며, 경비원 복장신고, 출동차량 신고 등의 민원을 투명하고 신속하게 처리하도록 하기 위한 법률안이 국회에 접수되어 있다.

4) 경비협회의 설립

1978년 9월 21일, 민간경비업체의 발전을 도모하고자 한국용역경비협회가 설립되었고(현재는 한국경비협회), 주요 업무로는 경비업무의 연구, 경비원의 교육훈련 및 후생복지, 경비진단, 손해배상, 공탁금 및 이행보증금, 경비비용의 조정, 경비장비의 구입 · 알선 및 개발 등이 있다.

1997년, 한국경비지도사중앙회를 시작으로 1999년, 한국경비지도사협회로 개명하면서 경비지도사 양성 및 교육, 학술세미나 등을 통하여 경비지도사의 자질향상과 경비산

108) 공배와, 민간경비의 직무에 관한 청원경찰법상 제도와 경비업법상 특수경비제도의 비교연구, 법학연구 38, 2010, pp. 325-347.

업 발전에 공헌하기 위하여 활동하고 있다. 이외에도 한국경호경비협회, 대한민국 경비협회 등이 창설되어 경비원 신입 및 직무교육과 지도자 양성 등에 매진하고 있다.

5) 민간경비산업 현황

경비업법의 시행 첫해인 1976년에는 9개의 경비업체에 5,022명의 경비원이 등록되어 있었으나, 2017년 현재에는 4,610개의 등록업체에 156,066명이 활동하고 있으며, 시설경비업이 4,528개로 가장 많고, 신변보호업 567개, 호송경비업 42개, 기계경비업 149개, 특수경비업 62개로 크게 확장되었다.109)

[표 9] 한국경비산업의 발전과정

연도	내용	의의
1976년	• 용역경비업법 제정	• 최초의 민간경비 입법
1977~1981년	• 에스원과 일본 SECOM과의 합작 • 한국종합기계경비와 일본종합경비보장회사와의 기술제휴 • 한국보안공사의 미국 Adam社와의 기술제휴 • 대한경비보장의 일본 Central社와의 기술제휴	• 경비의 기계화 및 과학화
1986년, 1988년	• 아시안게임, 서울올림픽	• 민간경비업의 양적 · 질적인 성장
1993년	• 대전엑스포박람회	• 민간경비업체의 능력인정 계기
1994년	• 방범전시회	• 일반국민들의 범죄예방에 대한 관심고조
1996년	• 경비지도사제도 도입	• 민간경비의 질적 성장
2001년	• 경비업법 개정	• 기계경비제도의 활성화 • 특수경비원제도 도입
2008년	• 국가공인 신변보호사제도 도입	• 신변보호 전문가 배출 • 상황대처능력 배양
2017년	• 경비업법 개정	• 정부조직법 변경에 따른 개정

109) 2017 경찰통계연보. 두 개 이상을 등록한 업체도 있음.

제 3 장

민간경비의 국내외 환경

제 1 절 국제정세

1. 국제정세의 변화

1) 정치적 · 경제적 · 종교적 갈등

오늘날의 국제정세는 이념적 대결구도가 희석되고 각국의 경제실리를 위한 자국우선주가 팽배하고 있다. 이와 함께 정치 · 종교적인 갈등의 부산물로 인한 국제테러리즘이 확산되고 있는 실정이다. 냉전 이후 나타난 새로운 형태의 테러리즘은 규모가 매우 거대하고, 목적이나 주체가 불분명하며, 불특정 다수의 일반대중을 목표(소프트 타깃)로 대량살상을 기도하고 있다. 화생방 무기 또는 핵무기 등 대량의 살상을 목표로 하는 '슈퍼테러리즘'이 등장하였다.[110]

110) 김태성 · 김재철, 테러리즘 확산에 따른 한국의 대비방향(군의 역할 강화방안을 중심으로), 한국동북아논총 81, 2016, pp. 183-206.

[표 10] Precht의 자생테러리즘을 위한 사전 요인들

요 인	내 용
배경요인(Background factors)	• 정체성 위기 또는 차별 및 소외의 경험 • 불우한 생활환경 및 이웃과의 불화
촉발요인(Trigger factors)	• 적대적 외교정책 및 단일한 도발적 사건 • 지하드에 대한 신비감 또는 참여 욕구 • 카리스마적 존재 또는 정신적 조언자의 존재
기회요인(Opportunity factors)	• 인터넷 또는 위성 TV • 감옥 • 모스크 • 학교, 청년클럽, 직장, 스포츠 활동 등

한편으로는 자국 내에서 태어나 성장하고 기반을 가지면서 어떤 집단이나 개인의 정치적 또는 사회적 목적달성을 위하여 무차별 폭력을 사용하거나 계획을 하는 자생테러리즘(Homegrown Terrorism)이 확산되고 있다. 이러한 자생테러리즘은 개인적 소외경험 또는 트라우마, 국내 사회적 · 정치적 불만 등이 배경요인이 되어 이슬람 근본주의자들의 주장에 동조하고 자발적 참여를 하는 급진화 단계를 거치게 된다.[111] 'DIY', '지도자 없는 지하드', '글로벌 지하드', '국경 없는 지하드' 등 새로운 형태의 자생테러를 지칭하는 용어가 생겨나고 있으며,[112] 세계 각국은 이러한 뉴테러리즘에 대한 대책을 강구하기 위하여 고심하고 있다.

2) 범죄의 국제화

국제적인 교통망과 통신 · 금융시스템의 획기적 발달과 보급은 인적 · 물적 자원의 국제적 교류와 함께 세계가 한 이웃이 되는 데 크게 기여하였지만, 범죄자들에게도 새로운 형태의 범죄기회를 제공하여 '국경을 초월한 범죄'를 양산시키고 있다. 이와 같이

---

111) Tomas Precht, Home grown terrorism and Islamist radicalisation in Europe, the Danish Ministry of Justice, 2007, pp. 32-67.

112) 박철현, 국내 자생테러 발생가능성에 대한 연구(이슬람 자생테러를 중심으로), 형사정책연구, pp. 61-89.

외국인의 내국범죄 또는 내국인의 외국범죄 등 다양한 형태의 외국인 또는 외국인 관련 범죄가 증가하는 현상을 '범죄의 국제화'라고 한다.[113)]

이러한 국제범죄를 해결하기 위하여 1994년 나폴리 정상회담에서 이탈리아 정부의 제의로 같은 해 11월 '나폴리 정치선언 및 국제조직범죄에 대한 국제적 실행방안'이 세계 최초로 선언되었다.[114)] 그럼에도 불구하고 증인보호 등 국제범죄를 대처하기에는 아직 해결해야 할 과제가 많이 남아 있으며, 민간경비차원에서도 범죄 예방을 위한 실체적 노력이 필요한 시점이다.

2. 한반도 주변정세

1) 북핵문제

북핵문제를 해결하기 위한 남북 및 북미 간의 회담이 거의 연쇄적으로 열리고 있으나, 해결의 실마리는 아직 요원한 것으로 보고 있다. 2019년 6월 30일, 북미 정상이 판문점에서 세계의 이목이 집중된 세 번째 만남이 성사되었으나, 북핵의 완전한 해결이 아닌 '북핵 동결' 또는 '유연한 접근' 등의 용어가 나타나기 시작하였다. 이러한 상황의 변화는 한미동맹의 약화로 이어지지 않을까 하는 우려로 이어지고 있다. 또한 최근 들어 자주적 국방을 강조하는 추세로 이어지면서 유사시 협력관계의 균열 또는 약화에 대한 목소리가 높은 실정이다.

---

113) 이경열, 국제조직범죄에 대한 증인보호방안, 형사정책연구, 2003, pp. 241-293.

114) 青木五郎 · 서거석 역, 국제조직범죄와 일본경찰의 과제, 전북대학교 법학연구 22, 2001, p. 319.

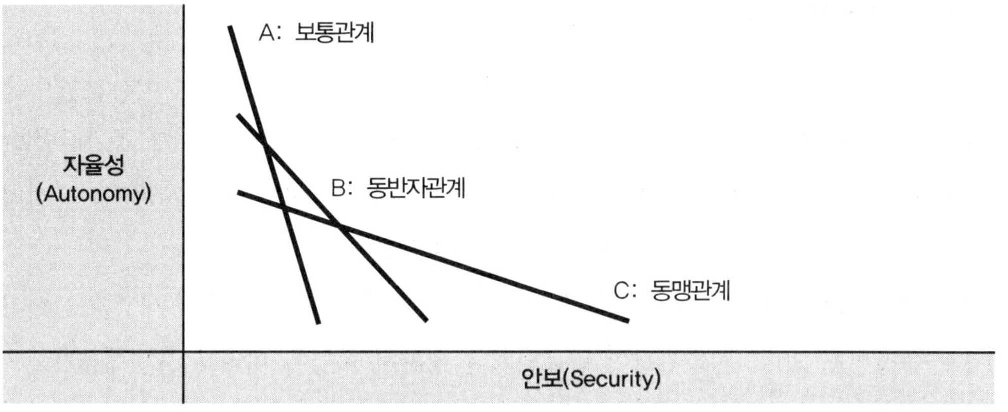

〈그림 3〉 약소국 국제관계에서의 자율성과 안보관계(재구성)[115)]

동맹의 약화는 필연적으로 안보의 약화로 이어질 수밖에 없는 지정학적 위치에 속한 대한민국은 북한과의 평화적 관계를 바라는 국민적 기대와는 달리 매우 불안정한 위치에 노출되어 있다고 보아야 할 것이다.

동맹(Alliance)은 특정한 국가가 안전을 보장하기 위하여 다른 국가의 힘을 빌리는 고전적 방법으로서, 오늘날에는 미국을 중심으로 한 비대칭 동맹관계[116)]가 주를 이루고 있다.[117)] 이는 '국가안보', '국민경제', '자율성'이라는 교환적 관계를 통하여 설명할 수 있는데, 1824년에서 1900년 사이에 형성된 유럽의 동맹사례에서 증명된 바가 있다. 즉, 비대칭 동맹에서 약소국들은 강대국의 안보지원을 구매하면서 자율성을 낮추게 하고, 이를 통하여 군비투자를 자제하여 결과적으로 경제력을 증대시키는데 이러한 교환이 성립되지 않을 경우 동맹관계는 약화되거나 폐기된다는 것이다.[118)]

특히 동맹은 안보와 자율성이라는 상충된 목표 간의 선택을 요구하는데, 하나를 추구하면 다른 하나는 희생이 불가피하다.[119)]

115) 박휘락, 한미동맹과 한중관계에서 사드(THAAD) 논란이 갖는 의미, 국제관계연구 21(1), 2016, pp. 33-63.

116) 강대국과 약소국의 동맹관계.

117) 박휘락, 한미동맹과 한중관계에서 사드(THAAD) 논란이 갖는 의미, 국제관계연구 21(1), 2016, pp. 33-63.

118) Michael F. Altfeld, The Decision to Ally: A Theory and Test, The Western Political Quarterly 37(4), 1984.

119) James D. Morrow, An Alternative to the Capabilities Aggregation Model of Alliances, American Journal of Political Science 35(4), 1991.

2) 다문화사회 진입

한국전쟁 이후 1980년대 초반까지는 우리나라도 노동력 송출국으로 기능하였으나, 1988년 서울올림픽 이후에는 출입국관리법 위반 외국인근로자들이 크게 증가하였다. 2017년 11월 현재, 외국인의 수는 약 147.9만 명(총인구 5,145만 명의 2.87%)을 상회하고 있으며, 2010년 59만 명에 비하여 무려 2.5배가 증가하였다.[120][121]

유입된 재외국인의 증가와 불법체류, 이에 편승한 범죄조직의 기승이 새로운 사회적 이슈로 등장하고 있다. 체류기간이 만료되거나 생활비 조달이 어려운 불법체류자들은 빈민가를 형성하고 절도 등 범죄행위의 자행과 주도권의 다툼에 있어서 본국과 연계하는 등 자생적 테러리즘과 같은 범죄의 국제화 가능성이 상존하고 있다.[122]

3) 해외파병의 여파

이라크, 아프간 등 중동지역 해외파병 등에 대한 여파로 우리나라도 국제테러 대상국에서 벗어날 수 없게 되었다. 2000년에는 UN 평화유지군 활동의 일환으로 상록수부대가 동티모르에 파견되었으며, 2009년에는 소말리아 해적 퇴치를 위한 무력 사용을 위하여 청해부대가 파견되었고, 2011년에는 미국을 중심으로 하는 대테러 전쟁에 동참하는 46개국 중의 하나로 전투지원근무를 실시하였다. 이와 같이 국제적 상황전개에 따라 해외파병 전담부대의 활동이 증가하면서 우리나라가 받게 될 테러리즘 위협이 증가하는 실정이다.

---

120) 2050년에는 국내체류 외국인이 우리나라 전체인구의 9.2%에 도달할 것으로 전망되고 있다.

121) 이삼식 · 전영준 · 선화연 · 최효진, 저출산 고령화 사회에서 외국인 유입의 파급효과 분석, 한국보건사회연구원, 2011, pp. 92-93.

122) 고준기, 불법체류 외국인노동자의 관리대책과 법적보호, 노동법학 5, 1995, pp. 197-206.

제 2 절 국내 치안환경

1. 인구구조 변화

1) 인구분포

1960년대 한국 인구분포는 피라미드형(Pyramid Shape)이었으나, 1990년대부터 출산율이 떨어지기 시작하였다. 2005년에는 출생률과 사망률이 동시에 낮은 관계로 인구가 정체하는 종형(Bell Shape)과 인구가 감소하는 주발형(Bowl Shape)의 중간형태를 나타내다가, 2019년 현재는 주발형(Bowl Shape) 구조를 띠고 있다. 이러한 인구구조의 변화는 사회구조의 변화를 불러일으키며 국가의 생산성이 둔화되고 범죄에 취약한 인구의 증가를 가져옴으로써 민간경비분야에서의 신중한 대책이 필요하게 되었다.

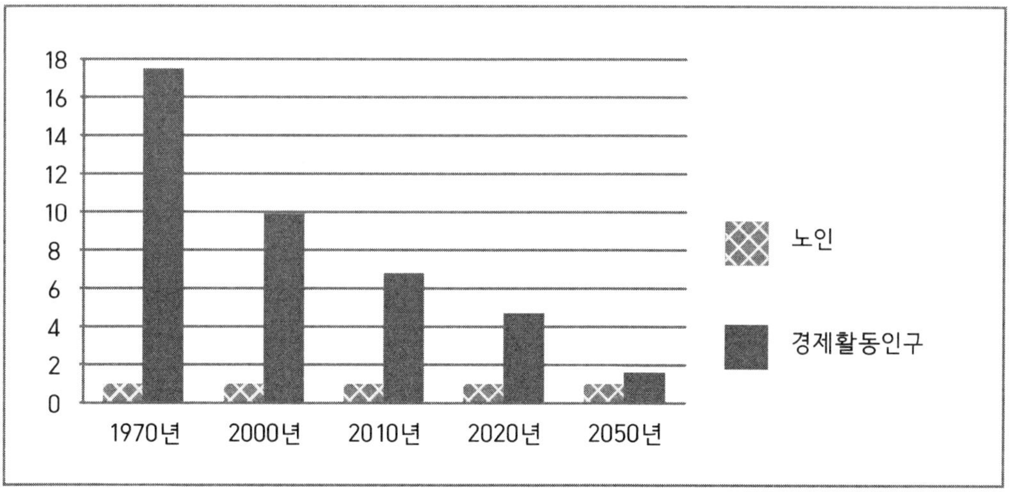

주: 노인인구를 1로 보았을 때, 경제활동인구가 1970년 17.5배, 2000년 9.9배, 2010년 6.8배, 2050년 1.6배로 급격히 감소하는 것을 볼 수 있다.

〈그림 4〉 경제활동인구 감소 비율

2) 고령사회[123)]

고령사회를 이미 넘어서고 초고령사회 진입을 앞둔 시점에서 노인문제[124)]에 심각하게 직면할 것으로 예상되고 있다. 2050년의 예측 인구구조는 출생인구는 갈수록 줄어들고 80세 이상의 노년인구는 폭발적으로 늘어나 사회적으로 노인부양에 대한 부담이 큰 폭으로 증가하고, 개인적으로는 노후의 경제와 건강문제가 심각하게 대두될 것으로 보인다. 한편, 노인인구의 증가에 따라 노인층의 세력화가 나타날 것으로 예상되며 노인의 의미와 가치가 확대되고 다양한 노년기 활동이 활발해질 것으로 예측된다.

3) 인구의 도시 집중화

2015년 서울의 인구밀도는 16,364명/㎢으로 전국 인구밀도인 509.2명/㎢의 32.1배가 높으며, 6대 광역시(부산, 대구, 인천, 광주, 대전, 울산)는 평균 2,829.5명/㎢으로 전국 인구밀도에 비하여 5.6배가 높다. 이와 같이 인구의 도시 집중화 현상에 따라 치열한 생존경쟁과 더불어 빈부격차가 심화되어 상대적 박탈감이 유발되고, 도시 향락문화의 부산물로 일회성 분위기의 확산 등이 다양한 유형의 범죄를 낳고 있다.

앞으로 인구가 감소하기 시작하면 대도시에는 인구집중이 확대되고 지방 대부분의 군 지역에는 인구과소지역 확대가 동시에 발생하여 인구 양극화는 더욱 심화될 것으로 예측하고 있다.[125)]

---

123) 전체인구 중에서 65세 이상 고령인구의 비율이 7% 이상이 되면 '고령화사회'라 하고, 14~20%는 '고령사회', 20% 이상은 '초고령사회'라고 한다. 우리나라는 2000년에 이미 7.2%로 고령화사회, 2018년에 14.3%로 고령사회에 진입하였고, 2026년에는 초고령사회로 진입할 것이 예상된다.(2019년 국가통계포털)

124) 노인은 육체적 능력이 감소되면서 병고에 시달리고, 정년퇴직 등으로 인한 사회적 지위 상실이나 경제적 능력 감퇴로 인한 빈곤과 고독, 무력감으로 사회적 기능을 수행하는 데 있어 많은 제약을 받게 된다. 또한 범죄에 쉽게 노출되어 범국가적 대책이 절실한 시점이다.

125) 경향신문, 인구는 줄고 도시집중은 가속, 2018. 11. 21.

2. 범죄발생추세

1) 사이버 범죄의 증가

2017년의 사이버 범죄 발생건수는 131,734건으로 과거에 비하여 엄청난 증가일로에 있으며 날로 지능화 및 다양화되어 가는 사이버 범죄는 새로운 사회문제로 대두되고 있다. 계정도용이나 자료유출 또는 자료훼손을 일삼는 해킹, 랜섬웨어 등의 악성프로그램 심기, 인터넷 쇼핑몰이나 게임 또는 이메일 무역사기 등의 인터넷 사기범죄, 피싱이나 파밍, 스미싱, 메모리 해킹, 몸캠피싱 등의 사이버 금융범죄, 사이버 음란물 또는 사이버 도박에 이르기까지 헤아릴 수 없을 만큼 많은 사이버 범죄가 발생하고 있다.

이러한 사이버 범죄는 성인은 물론이고 청소년에게 미치는 해악이 매우 크다. 스마트폰의 보급과 무선인터넷의 높은 기술력으로 시와 때를 가리지 않고 접속하여 범죄에 노출되는 빈도가 빠르게 증가하는 추세이다.[126] 온라인상에 노출되는 빈도가 높을수록 동기화된 범죄자에게는 매력적인 범행대상이 된다.[127]

2) 국제테러리즘의 확산

2019년 7월 현재에도 세계적으로 매일 수건의 테러가 발생하여 무고한 다수의 인명이 살상되는 희생을 치르고 있으며, 이로 인하여 전 세계는 테러리즘에 의한 몸살을 앓고 있다고 해도 과언이 아니다.

우리나라도 이라크와 아프가니스탄 파병 등의 여파로 국제테러의 안전지대가 아니므로, 이에 대한 국가적 차원의 대책과 함께 민간경비분야에 있어서도 충분한 진단과 대책이 필요하다.

우리나라의 테러 대응환경과 관련한 약점요인으로는 실제 테러발생 건수가 적으므

---

126) 박기태 · 조제성, 청소년의 일상적 생활양식이 사이버 범죄피해에 미치는 영향, 경찰학연구 17(3), 2017, pp. 141-167.

127) 이윤호 · 김도우 · 유영재, 사이버 공간에서의 일상활동과 범죄피해, 한국공안행정학회 20(3), 2011, pp. 214-240.

로 이에 대한 국민의 테러 불감증이 만연해 있다는 것과, 북한과의 군사적 대치상황에 따른 불안요소가 상존해 있으며, 인터넷과 IT기술의 발달에 의한 테러 통제의 어려움을 들 수 있겠다. 또한 테러리즘에 대한 위협요인으로 탈북자와 외국인 노동자 유입이 증가하고, 미국과 동맹관계 또는 동맹으로서의 해외파병으로 인한 국제 테러단체로부터 표적이 되고 있으며, 해외 경제활동의 증가로 테러리즘에 노출될 가능성이 높아지고 있고, IS 등 테러단체들이 전 세계를 대상으로 활동범위를 넓히고 있다는 점 등을 들 수 있겠다.128)

3) 범죄유형의 다양성

오늘날의 사회는 치열한 무한경쟁의 시대로서 사회적 다양성과 가치관의 혼돈 그리고 도덕적 해이가 만연하고, 이로 말미암은 범죄유형이 갈수록 지능화 · 전문화 또는 조직화되어 사이버 범죄 · 화이트칼라 범죄 및 청소년 범죄 등 새로운 형태의 범죄가 등장하고 있다.129)

또한 최근의 정치 · 사회 · 시민의 범죄를 바라보는 시각이 공리성보다는 인권에 무게중심을 두고 있어서 정신병질적 충동성을 가진 자들이 거리를 활보하여 극단적 범죄를 일으키고, 성에 대한 인지왜곡이나 감각추구성향의 풍조는 성범죄의 발생 가능성을 한층 높이고 있다.130)

3. 경찰 방범능력의 한계성

1) 경찰인력의 부족

경찰인력의 수는 2010년 101,108명에서 꾸준히 증가하여 2017년 현재 116,584명에 달하고 있으나, 경찰 1인당 담당인구는 2010년의 492명에서 2017년 444명으로 줄었지

128) 장성진 · 김영현 · 신승철, 한국의 테러환경과 위기관리 방안, 한국경호경비학회지 52, 2017, pp. 71-92.
129) 김진영, 교정의 개선방안과 민간참여에 관한 연구, 한국인권복지학회, 2011, pp. 29-60.
130) 김세원 · 공지은 · 현명호, 분노조절 집단 인지행동치료 프로그램이 성인지왜곡 및 성범죄 가능성에 미치는 효과, 대한스트레스학회 27(2), 2019, pp. 183-190.

만, OECD국가에 비하여 여전히 높은 구성비를 안고 있다. 2015년 주요 국가의 경찰 1인당 담당 인구수는 미국이 427명, 영국 422명, 프랑스가 322명, 독일 305명으로 경찰 인력의 점진적 확대가 필요하다고 하겠다. 경찰 1인당 담당 인구수가 높다는 것은 그만큼 치안서비스의 능력이 부족하다는 것을 말해주는 것이므로 범죄예방을 위하여 경찰력을 대체할 민간경비의 적극적 활동이 필요하다고 하겠다.

2) 방범장비의 보급률 확대와 개발

방범순찰과 관계되는 개인장비의 보급률이 낮고 장비의 첨단화가 부족한 실정이다. 보급이 충분하지 못하므로 방검복 또는 방탄복 등을 교대로 돌려가며 착용해야 하는 불편함이 있지만, 이러한 장비의 착용을 기피하는 의식도 개선되어야 한다.

또한 '사스마타(刺叉)'와 같은 장비의 보급을 서둘러서 흉악범죄 현장에서 범죄인을 효과적으로 제압하면서 경찰관의 신체도 안전하게 보호할 수 있도록 해야 한다.

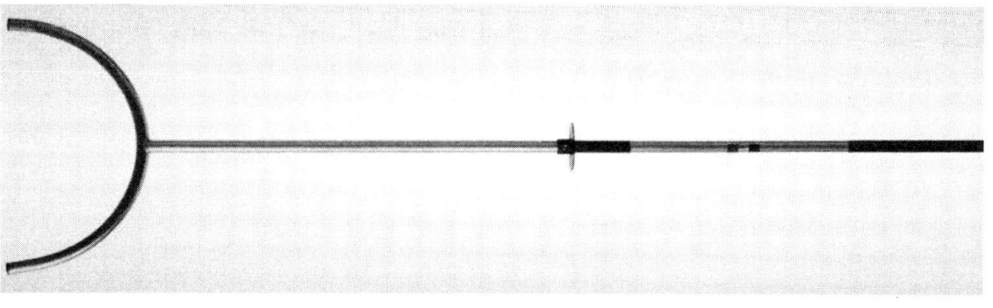

〈사진 2〉 사스마타(刺叉)

3) 근무 중 각종 사고에 대한 보장 미비와 경찰장구 사용의 회피

근무 중에 발생하기 쉬운 각종 사고에 대한 사후보장이 불확실하며, 연대책임, 지휘 · 감독책임 등에 따르는 문책의 부담이 크다. 2018년, 경찰관들에 대한 무기 사용과 관련된 조사에서, 감사 또는 징계의 두려움으로 총기 사용을 꺼린다는 응답이 97.6%에 달하였으며, 경찰관 4명 중 1명 이상이 지난 1년 동안에 부엌칼, 엽총, 깨진 유리병 등으로 위협받았거나 목격한 경험이 있었다.[131]

이 시기에 경찰청이 국회에 제출한 '물리력 사용 가이드라인'은 「경찰관 직무집행법」 제10조의 4에 명시된 것보다 매우 간단한 지침을 마련하였지만, 물리력 사용을 자제하여야 한다는 '공리성보다는 인권' 우선적 분위기에서는 총기 또는 테이저건 사용이 쉽지 않을 것으로 전망된다.

특히, 공무 중 부득이하게 시민의 물적 재산이나 시시비비에 휘말리게 되면 배상문제로 곤욕을 치르게 되는 현실도 경찰관들의 근무의욕을 저하시키는 요인으로 작용하고 있다.

4) 시민들의 이미지 개선에 대한 지속적 노력

경찰에 대한 시민들의 부정적 이미지는 범인 신고율 저하와 협조의 부재로 나타나므로 이에 대한 지속적 홍보 등의 노력이 필요하다. 우리나라 경찰은 1894년 갑오개혁 이후 '경찰'이라는 용어가 등장하면서 125년이라는 장구한 세월 동안 치안전선에서 분투하여 왔으나, 다양한 사건 해결과정에서 나타난 부정적 이미지와, 경찰 개인의 일탈로 인하여 벌어진 나쁜 부정적 시각을 하루빨리 해소하고 국민의 친근하고 존경받는 조직으로 거듭나는 노력을 지속적으로 전개하여야 한다.[132]

---

131) MBC 2018. 12. 18. 기사

132) 남재성, 경찰이미지의 형성실태 및 영향요인 분석, 2009, pp. 230-249.

제 4 장

민간경비의 법적 근거

제 1 절 법적 근거

1. 법적 근거 및 지위

1) 근거법

민간경비는「경비업법」·「경비업법 시행령」·「경비업법 시행규칙」·「청원경찰법」·「청원경찰법 시행령」·「청원경찰법 시행규칙」 등과 같은 법률에 근거하여 활동해야 하며 이 법률의 범위를 초과하는 행위를 할 경우에는 오히려 법의 제재를 받게 된다.

[표 11] 일반시민으로서 갖는 권한

권 한	법적 근거	내 용
정당방위	「형법」 제21조	자기 또는 타인의 법익에 대한 현재의 부당한 침해를 방위하기 위한 행위는 상당한 이유가 있을 때에는 벌하지 아니 한다. 방위행위가 그 정도를 초과한 때에는 정황에 의하여 그 형을 감경 또는 면제할 수 있다. 정황의 경우에 그 행위가 야간, 기타 불안스러운 상태하에서 공포, 경악, 흥분 또는 당황으로 인한 때에는 벌하지 아니한다.
긴급피난	「형법」 제22조	자기 또는 타인의 법익에 대한 현재의 위난을 피하기 위한 행위는 상당한 이유가 있는 때에는 벌하지 아니한다.
자구행위	「형법」 제23조	법적 절차에 의하여 청구권을 보전하기 불능한 경우에 그 청구권의 실행불능 또는 현저한 실행곤란을 피하기 위한 행위는 상당한 이유가 있는 때에는 벌하지 아니한다.
현행범 체포	「형사소송법」 제212조	현행범은 누구든지 체포할 수 있다.

2) 민간경비원의 법적 지위

민간경비원은 특수경비원 또는 청원경찰을 제외하고는 실정법상에 있어서 일반 민간인 신분이며, 민간경비활동에 있어서도 사법적 규제대상이 된다. 결국, 민간경비원은 일반시민으로서의 정당방위, 긴급피난, 자구행위, 현행범 체포에 관한 권한만을 가지고 있음을 숙지하여야 한다. 「경비업법」 제15조의 2에서 경비원 직무수행의 범위를 제시하고 있으며, 「청원경찰법」 제10조에서는 직권 남용을 규제하고, 동법 제10조의2에서는 청원경찰의 불법행위에 대한 배상책임을 명시하고 있다.

현대 자유민주국가에서는 원칙적으로 일반국민에게 긴급피난 등의 예외적인 경우[133]를 제외한 자구력의 발동을 금지하고 있으며, 공권력의 행사는 국가에 의하여 독점되어 있다.

2. 민간경비와 경찰 간의 법적 지위 비교

[표 12] 민간경비와 경찰의 법적 지위 비교

구분	경찰	민간경비
범인체포 권한	• 법적 권한이 있음	• 법적 권한이 없음 (일반 민간인과 같이, 형법 제276조 체포 · 감금죄에 구성될 수 있고, 「형사소송법」 제212조 현행범 체포규정을 적용받으며, 「형법」 제20조 정당행위, 「형법」 제21조 정당방위, 「형법」 제22조 긴급피난, 「형법」 제23조 자구행위에 해당되어야 범인을 체포할 수 있다.)
증거능력	• 원칙적으로 인정	• 「형사소송법」 제310조 이하 전문증거로서의 조건을 갖추어야 한다.
경비활동 중의 손해배상	• 정당한 업무수행은 국가에 의한 손실보상이 이루어짐 • 불법행위로 인한 것은 본인의 손해배상	• 「경비업법」 제26조에 의한 손해배상(경비업자는 경비원이 업무수행 중 고의 또는 과실로 경비대상이나 제3자에게 손해를 입힌 경우 배상하여야 한다.)

133) 예외적인 경우란 긴급피난, 정당방위, 자구행위, 그리고 체포 등의 권한을 말할 수 있으나, 이는 일반시민에게 실력행사의 권한을 부여해 주는 것이 아니라 특별한 경우에 한하여 '벌하지 아니한다'는 의미로 해석할 수 있다. 그러나 결과적으로는 법적인 강제력 행사가 가능하다고 볼 수 있다.

제2절 경비업법

1. 경비업법의 의의

1962년 경제개발 5개년계획의 단계적 진척과 국민적 노력의 결과, 1970년대부터 산업화에 박차를 가하게 되고 이에 따른 급속한 도시화 현상의 부산물로 범죄가 급증하게 되었다. 그러나 치안수요를 감당하기에는 경찰력만으로는 역부족일 수밖에 없으므로 범죄예방업무의 일부를 담당하기 위한 민간부분의 역할이 필요하게 되었다.

이에 「경비업법」에 필요한 제반사항을 제도적으로 정비하여 1976년 12월 31일, 「용역경비업법」이 탄생하게 되었다. 「경비업법」은 현재 제1장 '총칙'으로부터 제8장'벌칙'까지 본문 31조와 부칙, 「경비업법 시행령」, 「경비업법 시행규칙」으로 구성되어 있으며, 많은 개정이 있었으나 2019년 7월 현재도 8개의 개정안이 국회에 계류 중으로 대부분 위원회 심사과정을 밟고 있다.

2. 업무의 영역 및 정의(「경비업법」 제2조의 1)

1) 시설경비업무

경비를 필요로 하는 시설 및 장소에서의 도난 · 화재 그 밖의 혼잡 등으로 인한 위험발생을 방지하는 업무를 말한다.

2017년 기준 시설경비업체는 4,528개사로 전체 4,610개 업체의 대다수인 98.2%에 달한다. 시설경비는 대통령령이 정하는 국가중요시설,[134] 빌딩, 주거시설, 공항, 항만, 연구소, 기업체 생산시설 등 경비대상 시설물에 대한 각종 위해(인위적 위해 또는 자연적 위해)로부터 그 시설물의 인적 · 물적 · 경제적 가치를 보호하는 업무를 말한다.

---

134) 「경비업법 시행령」 제2조: 공항 · 항만, 원자력발전소 등의 시설 중 국가정보원장이 지정하는 국가보안목표시설과 「통합방위법」 제21조제4항의 규정에 의하여 국방부장관이 지정하는 국가중요시설을 말한다.

시설경비업무는 기본적인 출입관리 외에도 대상시설물 자체의 보호와 평온을 유지하고 시설물 고유의 기능을 보장하기 위하여 방범, 방화, 방재와 함께 시설물 내부 설비의 감시 및 점검, 기타 안내 등 의전적인 서비스가 포함될 수 있다.[135]

2) 호송경비업무

운반 중에 있는 현금 · 유가증권 · 귀금속 · 상품 등의 물건에 대하여 도난 · 화재 등 위험발생을 방지하는 업무를 말한다. 즉, 호송경비업무는 창고, 사무실, 영업소 등의 시설에 있는 위의 물건을 다른 시설물로 운반하는 경우에 발생할 수 있는 위험을 방지하는 업무라고 할 수 있다. 호송경비에서 취약한 시점은 호송차량이 이동 중일 때보다는 운반 귀중품을 차량에 싣거나 내리는 때이므로 시설경비원과 긴밀한 협조체제가 필요하다.[136]

2017년 기준 호송경비업체는 42개사로 전체의 0.9%로 민간경비업 가운데 가장 적은 숫자이다. 호송경비업무는 국민생활수준의 향상과 국가경제규모의 상승에 따라 그 중요도가 증폭되고 있다.[137] 현금수송차량은 범죄자들에게 있어서 제1의 목표물이 되고 있으며 그 수법 면에서 과학화 · 대형화 · 조직화될 가능성이 매우 높다.

최근에는 모바일 또는 인터넷뱅킹의 증가로 국가 현금발행량의 확대에도 불구하고 금융기관 영업점의 수는 매년 감소하는 현상을 보이고 있다. 그러나 귀금속 또는 고가 유명브랜드 상품 등이나 야간 현금수납 등의 분야에서의 호송 수요는 증가추세에 있다.

3) 신변보호업무

사람의 생명이나 신체에 대한 위해의 발생을 방지하고 그 신변을 보호하는 업무를 말한다. 신변보호대상자는 어떤 지점에 머물거나 한 장소에서 다른 장소로 이동하는 시간의 양으로 볼 때, 대체적으로 공 · 사적 업무공간, 식당, 유숙지 등이 차량이나 도보로 이동하는 시간보다 많다고 할 수 있다. 따라서 시설경비업무와 중첩되는 부분이 있으

---

135) John J. Fay, Contemporary Security Management, Butterworth-Heinement, Boston, 2002, p. 143.
136) 안황권, 시설경비론, 진영사, 2009, p. 19.
137) 우리나라에서 매년 약 20조 원의 새로운 화폐를 발행하고 있으며, 이는 매년 15% 정도의 추가발행을 의미한다.

나, 계약의 범위 또는 성질에 따라 신변보호업무가 주가 되어 시설경비업무를 통제할 수 있다.

즉, 시설보호업무가 주가 되면서 신변보호대상자의 외출 시에 일부의 근무자를 배치시키는 경우가 있으며, 신변보호업무가 주가 되어서 시설물에서도 신변보호근무자의 일부가 시설경비로 전화하여 영속성을 유지하는 경우가 있다.

2017년 기준 신변보호업체는 67개사로 전체의 12.3%를 차지하고 있으며, 1995년 12월「경비업법」의 개정을 통하여 추가되어 경비업무의 한 영역이 되었다. 학문적 관점에서 개념 정의에 다소 차이가 있으나, 시설 및 지역을 경계 · 순찰 · 방비하는 활동을 '경비'라고 한다면, 신체의 보호를 위한 호위의 성격이 강한 것을 '경호'라고 하는 시각에서 볼 때, 신변보호업무는 대인경호활동의 다른 용어라고 할 수 있다.[138]

4) 기계경비업무

경비대상 시설에 설치한 기세에 의하여 감지 · 송신된 정보를 그 경비대상시설 외의 장소에 설치한 관제시설의 기기로 수신하여 도난 · 화재 등 위험발생을 방비하는 업무를 말한다. 즉, 기계경비는 순수한 인력에 의한 경비에 비하여 더욱 완벽한 경비서비스 제공을 전제로 하며, 용역 계약자가 의뢰한 대상물의 보호와 출입경로 등에 대하여 적용기준에 부합되는 각종 첨단장비를 설치하여 기계경비업무를 제공함으로써 그 업무대상의 인적 또는 물적 재산을 보호하는 것을 목적으로 하고 있다.[139]

2017년 기준 기계경비업체는 149개사로 전체의 3.2%의 비율을 나타내고 있으며, 2001년에 개정된「경비업법」에 '기계경비'가 새로이 추가되어 독립적인 업무영역으로 자리하게 되었다. 기계경비를 최초로 시작하면서 사업화시킨 미국에서는 기계경비시스템을 전자경비시스템(Electronic Security System)이나 침입자감지시스템(Intruder Detection Security System) 또는 도난경보시스템(Burglar Alarm System)으로 부르고 있으며,[140] 우리나라에서도 도입 초기에 한국안전시스템(오늘날의 에스원)은 '시스템경비

138) 하정훈, 신변보호업무 발전방안에 관한 연구, 한국경호경비학회지 44, 2015, pp. 199-223.
139) 주일엽, 기계경비개론, 진영사, 2010, pp. 19-27.
140) Philip H. Walker, Electronic Security System, Butterworths, 2013, pp. 17-24.

업'이라는 이름으로 서비스를 실시하였다.[141]

5) 특수경비업무

「경비업법」 제1조 '마'에서는 공항 등 대통령령이 정하는 국가중요시설의 경비 및 도난·화재 그 밖의 위험발생을 방지하는 업무를 특수경비업무로 규정하고 있다.

2017년 기준 특수경비업체는 142개사로 전체의 3.1%의 비율을 나타내고 있다. 특수경비업무제도는 1998년 국가중요시설 경비와 관련하여 당시 경비업무를 하던 청원경찰의 노령화와 관료화로 인하여 비효율성이 제기되고, 경비의 과학화 및 전문화 등 경비기술 향상을 위하여 2001년「경비업법」이 개정되면서 도입되었다.[142] 이에 따라 특수경비업무는 높은 수준의 직무능력이 요구되며「경비업법」 제15조에서는 특수경비원의 의무에 대하여 구체적으로 열거하고 있으며,「경비업법」 제14조에서는 특수경비원의 특징인 직무범위와 무기사용 등에 대하여 구체적으로 명시하고 있다.

---

141) 정태황·소승영, 기계경비의 발전적 대응방안에 관한 연구, 한국경호경비학회지 22, 2010, pp. 145-168.
142) 노진거·이영호·최경철, 경비업법과 청원경찰의 비교연구, 한국경호경비학회지 57, 2018, pp. 177-203.

제3절 청원경찰법

1. 청원경찰의 개념

국가기관 또는 공공단체와 그 관리하에 있는 중요시설 또는 사업장, 국내주재 외국기관, 기타 행정안전부령으로 정하는 중요시설 · 사업장 또는 장소에 해당하는 기관의 장 또는 시설 · 사업장 등의 경영자가 소요경비를 부담할 것을 조건으로 경찰의 배치를 신청하는 경우에 그 기관 · 시설 또는 사업장 등의 경비를 담당하게 하기 위하여 배치하는 경찰을 말한다.

[표 13] 한국 경찰 · 청원경찰 · 민간경비의 제반 비교표

구분 내용	경 찰	청원경찰	민간경비
이 념	공공적 이익 우선, 국민의 생명, 재산보호	준공공적 이익, 기관장 및 시설주 요구범위 내에서	개인적 이익, 도급계약자 요구범위 내에서
직 무 (권 한)	사회공공의 질서유지, 경찰관 직무집행법 범위 내 1) 범죄예방, 수사, 범인체포 2) 요인경호, 대간첩작전 3) 정보수집, 분석, 배포 4) 교통단속, 위해방지 5) 공공안녕, 질서유지	근무하는 경비구역 내에서만 경찰관 직무집행법에 의한 직무수행	특별권한 없음. 직무 시는 사인(私人)으로 적용 1) 정당방위(형법 21조) 2) 긴급피난(형법 22조) 3) 자구행위(형법 23조) 가 적용됨
교 육	경찰간부 1년, 경찰비간부 3개월 교육	경찰교육기관에서 2주간 실무교육, 임용 후 매월 4시간 직무교육	경비협회에서 임용 전 15시간, 임용 후 매월 4시간 직무교육
신 분	국가 공무원 연령, 계급에 따라 정년	민간인(기본신분은 공무원이 아님)(18세~50세)	민간인(18세 이상인 자)
보 수	경찰공무원 보수규정	행정안전부 장관 매년 최저임금 고시	협회에서 조정하나 경비업체 자유
복장 · 장비	행정안전부령 규정	청원경찰법 규정	경비업법 규정
직무범위	광역, 공공영역 중요지점 설정활동	지정된 공공영역 시설주가 요구한 시설물 및 지역	일정한 사적 영역, 운송 및 혼잡경비도 가능

무기휴대	무기휴대 가능	근무지역에서만 무기휴대가능	무기휴대 불가 (특수경비원 제외)
손해배상	국가책임 (국가배상법)	시설주 책임 (원칙적 민사책임)	경비업자 책임 (민사책임)

2. 창설배경

청원경찰제도는 1960년대 획기적 경제성장에 따라 산업시설이 증가하고 한편으로 북한의 무장공비 침투에 따라 경찰인력을 보조하여 국가중요시설의 경비를 담당할 목적으로 창설되었다. 이 제도는 1962년「청원경찰제도」의 제정을 근거로 전 세계적으로 유래가 없는 것으로, 제2차 세계대전 중 전쟁수행을 위한 군수산업시설의 경비문제를 해결하기 위하여 필요경비를 군수업체가 부담하고 경찰력의 상주파견을 요청하는 '청원순사'제도에서 비롯되었다.[143)]

[표 14] 청원경찰과 특수경비원의 주요 내용 비교[144)]

구분	청원경찰	특수경비원
경비대상시설	국가기관 또는 공공단체와 그 관리하에 있는 중요시설 또는 사업장	공항 등 대통령령이 정하는 국가중요시설
직무 및 권한	경비구역만의 경비를 목적으로 경찰관직무집행법에 따른 직무수행	특별한 권한 없음(시설주의 관리권 행사범위 내에서 업무수행)
결격사유	국가공무원의 결격사유 규정 적용	일반경비원보다 강화된 결격사유 열거적 규정
교육제도	신임교육 76시간(정신교육 8시간, 학술교육 15시간, 실무 44시간, 호신술 6시간, 기타 3시간) 직무교육 매월 4시간 이상	신임교육 88시간(이론 15시간, 실무 69시간, 기타 4시간) 직무교육 매월 6시간 이상
무기사용	무기사용 가능, 무기지급 금지대상 열거적 규정	무기사용 가능, 무기지급 금지대상 예시적 규정
벌칙	1년 이하 징역 또는 1천만원 이하 벌금	5년 이하 징역 또는 5천만원 이하 벌금

143) 김정식, 민간경비와 직무교육, 한국기업인력개발, 2017, p. 33.

144) 노진거 · 이영호 · 최경철, 경비업법과 청원경찰의 비교연구, 한국경호경비학회지 57, 2018, pp. 177-203 재구성

3. 청원경찰의 직무

청원경찰은 지방경찰청장의 배치결정에 따라 관할 경찰서장의 감독을 받아 해당경비구역에 한하여, 경비목적을 위하여 필요한 범위 안에서 경찰관직무집행법에 의한 경찰관의 직무를 행한다.

[PRIVATE SECURITY]

제 2 편

조직형태와 실시과정

민 간 경 비 론

제 5 장

민간경비 조직형태

제 1 절 기업자체경비와 계약경비

1. 자체경비

1) 자체경비의 개념

경비수요가 있는 기업체 등에서 자체적으로 경비인력을 채용 및 조직화하여 운용하는 것을 자체경비 또는 상주경비라고 한다. 따라서 자체경비조직도 그 기업체에 소속된 부서의 일부가 된다.

자체경비는 계약경비에 비하여 상대적으로 신분이 안정적이며 임금이 높기 때문에 이직률이 낮은 편이나, 경비인력의 수급문제 또는 무사안일주의적 타성에 빠져들 가능성이 있는 등 회사 입장에서는 여러 가지 불리한 상황에 노출될 수 있다.

청원경찰과 특수경비의 경우에, 청원경찰은 시설주가 비용을 지출하여 채용하는 제도이니 자체경비라 할 것이고, 특수경비는 용역계약에 의하여 운용하는 제도이니 계약경비의 하나라고 할 수 있다.

2) 자체경비의 결정요인

- 기업체 또는 기관 내의 고유하고 특수한 경비의 필요성이 있을 때(시설 규모나 정보의 가치, 경험, 최고경영자의 의지 등에 따라 필요성이 있을 때)
- 기업체 또는 기관 내의 사정에 의하여 경비가 긴급하게 필요할 때

- 현재까지 실시하여 온 경비형태와 앞으로 요구되는 경비형태를 분석하여 자체경비로의 전환이 필요하다고 판단될 때
- 비용효과 면에서 계약경비보다 자체경비가 유리하다고 판단될 때
- 자체경비를 이끌 만한 적절한 리더가 발굴되었을 때

3) 경비책임자의 권한

경비책임자는 조직 내의 특별한 기능을 수행하면서 인지된 정보를 CEO에게 전달하는 참모기능(The staff)과 경비업무와 관련된 모든 행위에 대한 지휘체계를 유지하는 계선기능(The line)의 성격을 동시에 가지고 있다. 일반적으로 경비책임자에게 부여되는 권한의 수준은 기업체 또는 기관 내의 다른 부서와 조화를 이루어야 한다. 경비부서가 다른 부서의 고유한 업무활동에 대하여 조사를 하거나 위험성을 평가할 수 있는 권한을 소유하는가에 대한 판단은 CEO의 결정에 달려 있다.[1)]

이러한 측면에서 경비책임자는 조직 내에서 부여된 제한된 범위(문서상에 적시된 권한)의 권한을 가지고 있으며, 경비조직을 운영하는 데 있어서 이러한 범위 내에서 소신껏 권한행사를 할 수 있다.

4) 경비책임자의 역할과 책임

경비책임자는 회사경영자(CEO)가 요구하는 수준과 경비부서의 권위 및 책임성과의 사이에서 요구되는 역할이 단순하지 않다고 하겠다. 조직체의 규정이 요구하는 기획 · 조직 · 지도 · 감독 · 직원채용 · 사무행정관리 등의 경영 · 관리에 관련된 일반부서장의 역할에서부터 일반직원들에 대한 안전교육 · 훈련을 계획 · 실시하고 경비직원들에 대한 경비교육 등의 교육에 대한 책임이 주어져 있다.

이외에도 경비시설물에 대한 감독 · 순찰 · 감사와 경비근무자에 대한 감독과 순찰 등을 통한 안전예방확인의 역할과 책임이 주어져 있고, 경찰서 · 소방서 등의 관련 공공기관에 대한 긴밀한 유대관계유지의 책임이 있다. 이러한 여러 가지 역할과 책임 중에

---

1) 이윤근 · 남궁승태 · 김창윤 · 조용철, 민간경비론, 엑스퍼트, 2005, pp. 96-99.

서 관리자로서 가장 역점을 두어야 하는 것이 경비직원들에 대한 안전교육과 신상관리라고 할 수 있다.[2)]

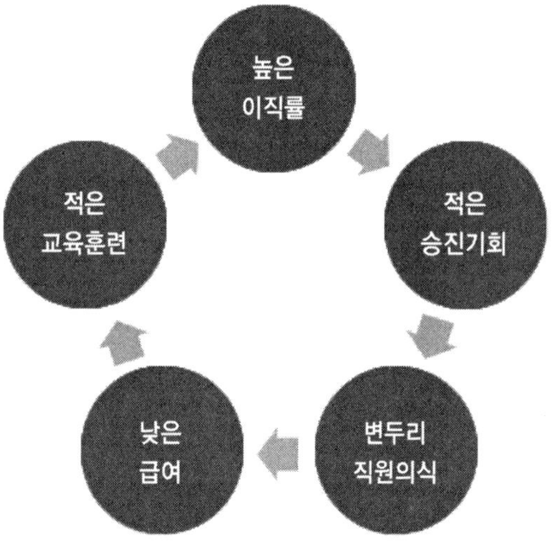

〈그림 5〉 **민간경비의 악순환 고리**[3)]

위의 〈그림 5〉는 각각의 요인들이 서로에게 부정적인 영향을 끼치게 되고 이로 인하여 결국 효과적인 민간경비활동의 수행이 저하되고 있음을 나타내는 것이다. 경비책임자는 이러한 순환고리를 무너뜨리고 근무의욕을 높이는 미시적 차원의 대책을 수립 및 시행하여야 하며, 국가에서도 거시적 차원의 해결책을 제시하고 제도적으로 뒷받침하여 민간경비활동의 수준을 향상시키려는 노력이 필요한 시점이다.

---

2) Kären M. Hess, Henry M. Wrobleski, Introduction To Private Security, 4th Edition, West Publishing Company, 1996, pp. 682-683.

3) Kären M. Hess, Henry M. Wrobleski, Introduction To Private Security, 4th Edition, West Publishing Company, 1996, p. 685 재구성

[표 15] 미시적 · 거시적 차원에서의 민간경비활동 방향

미시적 차원(Micro Dimension)	거시적 차원(Macro Dimension)
• 경비대상 취약요소 분석 및 강화 • 문제상황 통제방법 강구 • 지역사회 소통방법 강구 • 경찰, 소방 등 기관과의 소통방법 강구 • 근무자들의 통제 및 근무의욕 고취방법 강구 • 신입 또는 경력직원들에 대한 교육대책	• 법적 · 제도적 정립(청원경찰과 특수경비원의 벌칙규정 재정립 및 경찰관 직무집행법의 균등한 적용 등) • 민간경비에 대한 사회적 인식 제고 • 경비업법상 용어의 재정립(경비원 → 보안원, 경비지도사 → 보안지도사 등) • 국가공인자격제도 활성화

2. 계약경비

1) 계약경비의 개념

계약이란 두 명 이상의 개인 또는 조직 사이의 합의된 동의로서 특정한 일을 해야 하거나 하지 말아야 할 의무를 가지며, 이러한 내용들이 명시적으로 약관(terms and conditions)에 포함되어 있다.

따라서 계약경비란 경비수요가 있는 기업체 등에서 경비서비스를 전문으로 하는 경비업체와 용역계약을 체결함으로써 계약서상에 명시된 대상과 기간 동안 경비활동을 수행하는 것을 말한다.[4)]

2) 서비스 유형

경비업법에 명시된 업무(시설경비, 호송경비, 신변보호경비, 기계경비, 특수경비) 외에도 민간조사(PI: Private Investigator)서비스, 질서유지(군중통제), 경비컨설팅 등이 있다.

일반적으로 계약경비는 공장, 영업장, 빌딩 등 각종 건축물에 대한 안전 및 건축물 내에 있는 장비 또는 인원에 대하여 안전을 확보하고, 각종 테러 및 화재, 도난, 시설물 파손에 대한 예방업무를 실시한다.

---

4) David A. Maxwell, Private Security Law(Case Studies), Butterworth-Heinemann, 1993, p. 123.

3. 자체경비와 계약경비의 비교

계약경비는 기업체 자체경비에 비하여 비용, 행정관리, 인원관리, 업무전념도, 전문성 면에서 장점을 가지고 있으나, 근무여건, 지휘통제, 충성도 면에서는 자체경비가 유리하다.

[표 16] 자체경비와 계약경비의 장단점

구분	자체경비	계약경비	비고
비용지출		유리	인건비 측면에서 비용이 절감된다.
행정관리		유리	신규모집, 신상관리, 교육 · 훈련 등에 대한 부담이 적다.(경비수요 변화에 따른 인력의 증 · 감축)
인원관리		유리	질병 또는 해임 등의 결원이 발생할 경우에도 행정상의 문제가 발생하지 않는다.(인력공급업체와 연계된 대규모 경비인력 보유, 근무공백 최소화)
업무 전념(專念)		유리	고용주를 의식하지 않고 소신껏 경비업무에 전념할 수 있다.(임금 지급원이 어디인가?)
전문성		유리	전문성을 갖추지 않으면 용역계약 자체가 성립되기 어렵다.(경비업체의 교육프로그램 시행)
근무여건	유리		계약경비원에 비하여 급료가 높고 안정적이므로 이직률이 적다.
통제성	유리		고용주의 직접적인 관리권에 의하여 통제가 유리하다.
충성도 (애사심)	유리		고용주나 회사에 대하여 상대적으로 충성심이 높다.

제2절 인력경비와 기계경비

1. 인력경비

1) 개념

인력경비는 절도, 분실, 화재, 지진, 태풍 등 각종 인위적·자연적 피해로부터 개인이나 기업의 인적·물적 가치(생명, 신체, 시설, 장비, 정보, 환경 등)를 인력을 통하여 확보 및 보호하는 경비형태를 말한다. 인력경비는 근무장소와 근무형태에 따라 경비활동의 방법에 차이가 있으며, 각각의 근무상황에 적용할 수 있는 전문성 배양이 필수적이다.

2) 경비형태

- **상주경비(시설물경비)**: 시설물에서 24시간 상주하면서 실시하는 경비활동이다. 시설물 경비에는 일정한 근무지점을 중심으로 경비활동을 하는 고정식 근무방식과 정하여진 구역 내의 시설물 또는 인원·장비를 대상으로 정기적 또는 비정기적으로 순찰하면서 경비활동을 하는 순찰식 근무방식이 있다.

- **신변보호경비(요인경호)**: 특정 의뢰인에 대한 신체적 안전보장을 우선으로 실시하는 경비형태이다. 이외에도 국내외 유명인사 및 대기업 임원 등에 대한 의전이나, 기밀문서 및 정보에 대한 보호, 영업사 신제품에 대한 보호 등 다양한 분야의 형태가 나타나고 있다. 신변보호경비는 경비요원의 개인적 능력에 의존하는 바가 크므로 전문성이 특별히 요구되어서 교육·훈련의 수준과 강도가 높아야 한다.

- **호송경비**: 현금 등 중요물품의 안전운반에 대한 책임을 지고 행하는 경비형태이다. 호송경비가 인력경비의 범주에 속하는지의 여부에는 논란이 있을 수 있으나, 호송

경비의 활동내용에 있어서 가장 주된 역할이 호송경비요원에 있으므로 이를 인력경비로 보는 것이 타당하다.

기업체의 주요 물품 또는 신제품에 대한 호송, 전국에서 동시에 치러지는 주요 시험지 호송, 세계적 주요 행사 VIP 입장표 호송 등 이동이 필요한 주요 물품의 호송업무 수요가 더욱 늘어날 전망이다.

- **혼잡경비**: 각종 행사, 대회 등 대규모 군중이 운집하는 상황에서의 질서유지와 군중통제를 실시하는 경비형태를 말한다. 이러한 군중운집장소에서의 통제는 사전의 철저한 계획과 예행연습, 그리고 비상상황 시의 대처방법에 대한 대비 및 근무자들의 숙지가 얼마나 잘 되어 있느냐에 따라 그 행사의 성패가 좌우된다.
  오늘날의 혼잡경비는 수익자부담의 원칙에 입각하여 행사 주최 측에서 비용과 책임을 지고 있으나, 별도 요청 시 경찰에서는 비상대기조 또는 교통질서 유지의 차원에서 지원을 하고 있다.

3) 인력경비원의 자세

인력경비원은 부여된 임무수행과 사생활적인 측면 모두에서 최고의 도덕적 원칙을 고수하고, 행동에 있어서는 정직과 성실로 일관해야 한다. 또한 임무수행 중에는 고용주와 경비회사 사이의 신용을 중시하고, 항상 직업적인 신중한 태도를 유지해야 한다.[5)]

2. 기계경비

1) 개념

인력경비와 대비되는 개념으로 절도, 분실, 화재 등 각종 인위적 · 자연적 피해로부터 개인이나 기업의 인적 · 물적 안전을 전자기술을 이용한 기계경비시스템을 통하여 보호

---

5) John L. Coleman, Practical Knowledge for a Private Security Officer, Charles C. Thomas, 1993, p. 3.

하는 경비활동을 말한다. 기계경비시스템은 개인의 가정집에서부터 사무실, 상점, 창고, 은행, 공장, 공공서비스 시설, 정부건물, 군사지역 등 적용할 수 있는 장소가 다양하고 광범위하다.6)

2) 경비형태

- 순수무인경비형태: ATM(현금자동입출금기)에 적용된 것과 같이 감지장치, 경보장치, CCTV 등 순수한 기계장치로만 구성된 경비형태를 말한다. 이 시스템에서 이상상황이 발생하면 경보음이 울리고 무인영업 운영당직실에 자동으로 연락되며, 경찰상황실과도 연락망을 연계하여 적절한 조치를 취할 수 있게 된다.

- 혼합경비형태: 기계장치와 인력이 혼합된 오늘날의 가장 일반적인 경비형태를 말한다. 혼합경비형태는 기계경비 또는 인력경비 각각의 취약성을 보완하기 위하여 전자기술을 활용한 정보통신 또는 정보처리기술을 이용하여 현장상황을 통제하고, 원격감시하면서 필요한 대응을 하게 된다.

3) 분류체계

기계경비시스템은 다음과 같은 세 가지의 시스템으로 구분할 수 있으나, 사용목적과 상황에 따라 단독 또는 복합적으로 활용되고 있고 〈표 17〉과 같이 과학기술의 발달에 따라 시스템 기술도 진화를 거듭하고 있다.7)

- 영상감시시스템(CCTV: Closed-Circuit Television System): 원격상태에서 현장상황의 전송부를 통하여 시각적으로 제공하는 시스템으로 기계경비시스템 중에서 가장 많이 활용된다.

---

6) 정태황, 기계경비원론, 쟁기, 1996, pp. 12-14.

7) 정태황 · 서승영, 기계경비시스템의 기술 변화추세와 개발전망, 한국경호경비학회지 19, 2009, pp. 225-244.

• 출입통제시스템(Access Control System): 경비인력을 대신하여 출입통제기능을 수행하는 것으로, 출입자를 식별하여 통행 허용여부를 결정하고 필요에 따라 문잠금장치를 통하여 출입을 통제하는 방식이다. 인원 통제뿐만 아니라 자동차나 물품의 반입 · 반출, 중요 자산의 반출을 통제하거나 위험한 물품의 반입에 대한 감시 및 통제의 기능도 포함된다.

[표 17] 기계경비시스템의 트렌드 변화(재구성)

구분	1단계	2단계	3단계
CCTV System	• 아날로그 방식의 영상감시 및 저장 • 통신케이블에 의한 영상전송	• 디지털 방식의 영상저장 • 단순한 영상변화 인식 (Motion Detection)	• 디지털기반 + IP기반 영상 전송 • 지능형 영상인식 • DVR[8]의 복합기능화(탐지, 분석, 추적 등)
Access Control System	• 마그네틱 카드 인식	• 스마트카드 적용 및 생체인식 도입 • RFID[9] 인식기능 도입	• 생체인식 적용 확대 • RFID 인식 및 추적기능 적용 확대
Alarm Monitoring System	• 현장경보 수신 • 아날로그 방식의 정보	• 원격지 경보 수신 • 디지털 방식의 경보 송 · 수신	• 영상경보신호 송 · 수신 • 행동패턴 인식

• 침입경보시스템(Alarm Monitoring System): 무단침입과 같은 비정상적인 상황을 감지하여 그 정보를 경보형태로 제공하는 시스템으로, 도난경보시스템(Burglar Alarm System) 또는 전자경비시스템(Electronic Security System) 등으로 불린다. 이와 함께 화재 감지, 가스누출 감지, 지진발생 감지, 시설물 충격 감지 등 다양한 이상 정보를 감지하고 경보하는 기능을 통합적으로 운용할 수 있다.

---

8) DVR(Digital Video Recorder)은 CCTV에 비하여 화질이 뛰어나고 컴퓨터 하드디스크를 저장매체로 사용하여 녹화테이프가 별도로 필요하지 않으며, 인터넷을 통한 실시간 영상 전송 및 원격지 감시기능이 있다. 정부의 각 기관이나 기업체 등에 널리 활용되고 있으며, 홈 시큐리티 등에 확대 보급되고 있다.

9) RFID(Radio Frequency IDentification)은 무선 주파수를 이용하여 물건이나 사람 등과 같은 대상을 식별하는 기술을 말한다. 기존의 바코드(Barcode)와 달리 물체에 직접 접촉하거나 조준선을 사용하지 않고 데이터를 인식한다. 여러 개의 정보를 동시에 인식 또는 수정할 수 있으며, 많은 양의 데이터를 반영구적으로 사용할 수 있다.

4) 경비수준

잠재적인 위해분석의 결과에 따라 단순한 물리적 보안장치에서부터 최고도의 기계경비시스템을 차등적으로 적용할 수 있다. 〈표 18〉은 비교적 세부적으로 구분한 것이고 〈표 19〉는 경비수준을 3단계로 간소화하여 제시한 것이다.

[표 18] 물리적 보안수준(The level of physical security)[10)]

수준	내 용
Minimum Level	1. Simple Physical Barriers(간단한 물리적 장벽) 2. Simple Locks(간단한 잠금장치)
Low Level	3. Basic Local Alarm Systems(기본적 경계경보시스템) 4. Simple Security Lighting(간단한 보안조명) 5. Basic Security Physical Barriers(기본적 물리적 장벽) 6. High Security Locks(높은 수준의 잠금장치)
Medium Level	7. Advanced Remote Alarm System (고급 원격 경보시스템) 8. High Security Physical Barriers at Perimeter, Guard Dogs (경비견들과 같은 높은 수준의 물리적 장벽) 9. Security Officer with Basic Communications (기본 통신장비를 소지한 보안원)
High Level	10. CCTV 11. Perimeter Alarm System(주변 경보시스템) 12. Highly Trained Armed Guards with Advanced Communications (첨단 통신기기를 소지하고 고도로 훈련받은 무장 보안원) 13. Access Controls(출입 통제) 14. High Security Lighting(높은 수준의 보안조명) 15. Local Law Enforcement Coordination (지역경찰과 협력시스템 구축) 16. Formal Contingency Plans(비상대비 계획)
Maximum Level	17. On-Response Force(경보대응 능력) 18. Sophisticated Alarm System(정교한 경보시스템)

10) Lawrence J. Fennelly, Effect Physical Security, Elsevier, 2017.

[표 19] 경비수준[11)]

수준	내 용
Level Ⅰ	창문, 벽 등에 설치하는 물리적 장애물이나 잠금장치와 같이 출입제한을 위한 기본적인 최소한의 안전장치
Level Ⅱ	소규모 가게, 창고, 공장, 사무실 등에 설치되는 침입감지장치와 경보수신장치 등 비교적 안전이 요구되는 곳에 설치하는 일반적인 경비시스템
Level Ⅲ	매우 높은 수준의 안전이 요구되는 곳에 적용된다. 전자통신과 경비조명, 경찰과의 연락망 등이 자동으로 연계되고, 상황실의 모니터링과 지령에 의하여 인력경비가 가동되는 등의 종합기계경비시스템

3. 인력경비와 기계경비의 비교

인력경비와 기계경비는 각각의 장단점이 있으나 이를 바탕으로 상호 보완할 수 있는 체계를 갖추는 것이 중요하다.

[표 20] 인력경비와 기계경비의 장단점

인력경비		기계경비	
장점	단점	장점	단점
• 경비, 질서유지, 안내, 환경미화, 주차통제 등 통합서비스가 가능 • 현장에서의 신속한 조치가능	• 인건비의 부담 • 사건발생 시 인명피해의 가능성 상존 • 통신여건에 따라 사건의 신속한 전파가 어려울 경우가 발생 • 야간에는 경비활동에 제약이 많아 효율성 감소	• 장기적인 측면에서 경비절감 • 넓은 장소를 효과적으로 감시 • 24시간 지속적인 감시(취약시간인 야간에도 효율적으로 감시) • 인명피해를 예방 • 범죄기도자에 대한 경고효과 • 화재예방시스템 등과의 통합운용	• 초기의 시스템 구축비용 과중 • 경비시스템을 잘 알고 있는 범죄자로부터 역이용 가능성 • 오경보 및 오작동에 대한 부담 • 유지보수에 대한 고비용과 시간소요 • 고장 시 신속한 대처 어려움

11) 정태황, 기계경비원론, 쟁기, 1996, pp. 36-37.

제 6 장

민간경비 실시과정

제 1 절 민간경비 실시과정의 의의

1. 민간경비 실시과정의 의의

민간경비의 실시는 일반적으로 경비진단에 의하여 경비계획을 수립하고 이를 바탕으로 조직을 구성하고 경비를 실시한다. 이러한 과정을 세부적으로 평가하여 경비계획 수립에 다시 반영하고 조직을 개편하여 보다 효율적이고 발전적인 경비를 실행한다. 기존의 조직을 활용할 경우에는 조직을 재편성하여 경비실시단계로 이동한다. 이러한 실시과정을 통하여 민간경비활동에 있어서 업무완벽성과 업무영속성 그리고 이윤추구성을 함께 달성하게 된다.

2. 민간경비 실시과정

민간경비 실시과정은 〈그림 6〉과 같은 과정을 밟게 되는데, 최초단계인 경비진단이 매우 중요하다. 경비진단이 부실하거나 잘못된 진단 결과가 도출되면 다음단계에서도 잘못된 방향으로 계획이 수립될 것이고 결국 경비목적을 달성하기가 매우 어렵게 된다. 만약 경비 실시과정에서 비정상적인 흐름이 발견되면, 즉시 신속하게 경비평가를 수행하여 오류를 바로잡아 가야 한다.

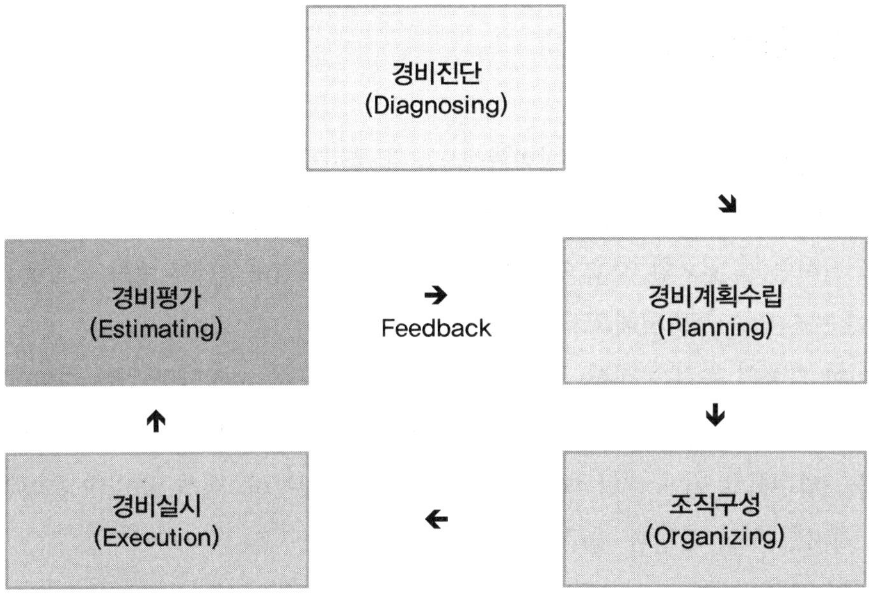

〈그림 6〉 경비계획 및 실행과정

제2절 경비진단

경비진단을 하기 위해 우선, 경비위해요소의 조사를 실시한다. 이러한 조사에는 경비대상(사람, 장비, 시설물 등)의 유무형의 가치에 대한 다양한 정보를 수집하고 물리적 조사를 실시한다. 필요한 경우 경비대상 업무시스템과 업무절차에 대한 조사를 실시하고 이를 바탕으로 경비위해요소를 분석한다.

이러한 활동의 목적은 첫째, 경비예산의 정확한 규모를 파악하기 위한 것이며, 둘째, 종합적인 경비계획 수립의 기반자료를 구성하기 위한 것이고, 셋째, 경비대상에 대한 취약점을 발견하고 이에 대한 대책을 수립하기 위한 것이며, 넷째, 경비대상 인원의 협조 및 지지를 구할 방법을 강구하기 위한 것이다.

1. 경비대상에 대한 정보수집

1) 정보수집

경비위해요소에 대한 정보를 수집하기 위하여 경비대상 인원 · 장비 · 시설 등에 대한 대체적인 내용을 파악한다. 즉, 경비대상의 규모와 함께 물리적 손실이 예상되는 곳과 회계상의 손실이 예상되는 곳을 분리하여 정보자료를 수집한다.

이러한 정보자료는 경비대상기업체의 현장설명회 또는 서면브리핑을 통하여 기초정보를 확보하는 것으로부터 시작하여 현장조사를 직접 실시한다.

2) 정보자료의 척도화

척도화는 경비대상의 속성에 수치를 부여하는 것으로, 위해요소에 대한 정보자료를 주변여건과 취약성을 고려하여 위험도에 따라 순서를 정하거나 도표에 의하여 도식화하는 것이다.

2. 경비대상에 대한 조사

1) 경비대상 시설물

기초 정보자료를 바탕으로 경비대상 내부시설물과 외곽출입구, 담장, 인위적 · 자연적 장벽, 배수로, 하수도 등의 외부시설물 및 내외부와 통할 수 있는 모든 통로, 취약지점 및 지역 등에 대한 조사를 진행한다. 또한 인접한 건축물과의 관계 및 주변생활환경, 보건 및 위생환경 등 비정형적 상황에 대해서도 주의를 기울인다.

2) 경비대상 인원

경비대상 시설물 내의 모든 인원에 대한 각 부서의 활동사항과 규모 및 조직관계 등을 조사한다. 신변보호업무가 발생하면 대인경비를 실시하게 되는 대상자의 활동사항, 친분관계, 친족관계 등 신변주변에 관한 조사를 실시한다.

3) 시설물 내의 서류 · 장비

시설물 내의 서류 · 장비 등 유무형의 가치에 대한 조사를 실시한다.

4) 업무체계의 조사

경비대상 사업주에 의하여 회사 내부의 업무활동을 파악 및 조사하는 것에 대한 허용여부에 따라 필요시 경비업무의 특성상 안정성과 보안성에 초점을 두고 잠재적 손실발생이 예상되는 지점을 파악하기 위하여 인사부, 회계부, 전산부, 구매부, 물품 반출입부서 등의 회사 전반에 걸친 조사를 진행한다.

3. 경비조사의 유형

1) 경비회사 직원에 의한 조사

경비회사 자체 내의 직원(참모)에 의해 이루어지는 형태로서 경비업무의 특성을 바탕으로 경비대상의 조사가 실시되므로 조사내용의 이해도가 빠르며 경비업무와 연관성을 확보하기 용이하나, 조사자로서의 전문성이 떨어지고 경비조직 책임자의 의사에 영향을 받기 쉬우며, 평가기준과 결과가 주관적일 가능성이 있다.

2) 전문조사기관에 의뢰

외부 조사전문가에게 의뢰하는 경우 전문성 측면에서 유리하고 객관적 평가가 이루어져 경비대상 사업주와의 이해와 쉽게 부합될 수 있으나, 경비업무의 특성 또는 경비회사 내부사정을 고려하지 않고 평가결과를 제시할 수 있다.

4. 경비위해요소 분석

경비진단의 가장 핵심적인 사항으로서 경비대상에 대한 인적 · 물적 · 지리적 · 환경적 취약점을 파악하여 범죄, 화재, 인위적 · 자연적 재난, 각종 사고 등으로부터 안전하게 보호하기 위한 계획을 수립하기 위함이다.

1) 경비위해요소 형태

① **자연적 위해요소:** 지진, 폭풍, 홍수, 폭염 등과 같이 자연현상에 의해 야기되는 위해로서 대규모의 인적 · 물적 피해를 발생시킨다. 이러한 자연적 재난 발생에 대하여 대상 시설물의 붕괴 및 도괴, 침수, 감전, 전도, 추락 등의 영향을 받게 되는가에 대한 검토, 정전에 따른 업무 마비 또는 기계설비, 상품생산라인 등에 장애를 초래하는가에 대한 검토가 필요하다.

이를 위하여,

- 대상시설물의 건축구조와 강도를 파악하고, 방법 및 방재설비의 현황을 파악한다.
- 발화가능성이 높은 가연물 또는 화재에 취약한 시설 유무를 파악한다.
- 인접 구조물과의 연관성 또는 화재 전이 방재여부에 대하여 파악한다.

② **인위적 위해요소**: 절도, 강도, 사기, 횡령, 폭력, 방화 등 사람의 고의 또는 실수에 의하여 야기되는 위해로서 신체적 · 정신적 · 재산적 피해를 발생시킨다. 경비대상 시설물 내부 또는 인접한 시설물 또는 지역에서 위험을 야기할 수 있는 특별히 관리 및 주의해야 할 인물의 존재여부, 경비대상 시설물 내부의 중요한 정보서류, 고액의 현금이나 귀중품 취급자의 유무 등을 파악한다.

③ **특정한 위해요소**: 원자력발전소(방사능), 화학공장(화재 또는 폭발), 가스저장시설(폭발), 백화점(절도) 등, 특정 시설물이나 특정 지역에 따라 특정한 유형으로 발생할 가능성이 짙은 위해를 말한다. 이러한 지역 또는 시설물에서는 관련된 특정한 위해의 발생 가능성을 높게 설정하고 대피계획을 세우는 등, 인적 자원의 대피계획에 중점을 두고 조사를 실시한다.

2) 경비위해요소 분석

경비위해요소 분석이란 경비활동의 기준이 되는 것으로, 경비활동의 대상이 되는 위험요소들에 대한 내용을 정보수집 및 정보자료의 척도에 근거하여 구체적으로 인식하고 각각의 성격을 파악한 결과를 가지고 경비진단에 활용하는 것이다. 이 위해요소 분석자료는 경비계획에 있어서 경비조직과 장비의 규모 및 용역비용의 규모를 판단하는 자료가 된다.

① **손실분석**: 자연적 · 인위적 · 특정한 위해발생으로 인하여 손실이 나타날 경우, 경비대상에게 미치는 영향을 분석하는 것이다. 즉 손실에 대한 잠재적 빈도와 크기를 파악하여 손실비용을 결정한다.

② **비용효과분석**: 경비활동을 위하여 투입한 비용 대비 산출규모를 비교하여 적정한 경비수준(경비투입비용)을 결정하게 되는데 절대적 기준이 없는 것이 특징이다.

제3절 경비계획수립

경비계획은 경비조사와 경비위해요소 분석을 통하여 도출된 경비진단을 토대로 경비실시를 위한 구체적 실시계획을 결정하는 과정을 말하는 것이며, 이는 앞으로의 경비업무 수행의 성과를 달성할 수 있을지에 관한 중요한 절차이다.

오래된 시설물이 경비대상인 경우에는 경비목적을 위하여 새로이 증설해야 하는 경비기구 또는 선로가 나타나므로 비용이 추가로 발생할 가능성이 크다. 따라서 신설건축물인 경우에는 시설물 설계의 초기단계부터 안전에 대한 고려가 충분히 반영되어야 하므로, 건축주와 건축가가 경비전문가의 의견을 청취할 수 있도록 하는 제도적 장치가 마련되어야 한다.

1. 경비계획수립 기본원칙

다음은 경비계획을 수립함에 있어서 항상 고려하여야 할 기본적인 요소들이다.

- 건물 출입구 수는 화재 · 지진 · 홍수 · 해일 등에 대한 대피규정의 범위 내에서 최소한으로 제한한다.
- 2층 이내의 저층 유리창은 강화유리, 침입감지기, 유리파손감지기 등을 포함한 안전장치를 강구한다.
- 정상적인 출입구 외에 건물 외부와 연결되는 모든 통로(환풍기 덕트, 상하수도 배관, 쓰레기 배출관 등)에 대한 확보방안을 강구한다.
- 정교하면서도 파손되기 어려운 잠금장치를 설치해야 하며 분실에 대비한 계획이 필요하다.
- 집중관리지역에 대해서는 기존의 전기배선과는 별도의 경비조명을 설치하고, 필요시 전기배선도 분리 또는 예비배선을 고려한다.
- 비상통로 또는 비상출입문에 대한 경보장치 및 경비조명의 설치와 잠금장치의 관리방안 및 인원에 대한 통제방안을 강구한다.
- 경비실은 건물 내부에서 통행이 가장 많은 곳에 설치하고 출입자들의 상황을 육안

으로도 쉽게 파악할 수 있도록 배치한다.

- 회사의 물건을 선적 또는 하역하는 장소는 경비근무자가 용이하게 그 상황을 관리할 수 있는 위치에 배치한다.
- 경비원 대기실은 출입구와 비상구에 인접한 곳에 설치하여 비상시 조치가 용이하도록 한다.

2. 일반시설물 경비계획

경비위해요소 조사, 경비위해요소 분석 및 손실분석 후 경비계획수립의 기본원칙에 입각하여 계획을 수립하되 다음과 같은 점을 중점 확인해야 한다.

1) 기존 시설물

- 모든 출입구의 위치를 파악하고, 사용여부를 확인하며(사용하지 않는 출입구의 잠금장치 확인), 가능한 범위 내에서 출입구를 단일화한다.
- 화재경보시스템 및 화재진압장치를 점검한다.
- 외부에 노출된 낡은 벽, 인접건물과 연결 가능한 옥상 등은 집중관리대상에 포함시킨다.
- 설계도면과 실제 건물을 비교하여 틀린 점이 있는가를 직접 일일이 확인한다.
- 경비도구들의 설치를 위하여 시설물 자체에 개조할 것인지 여부를 확인하고 시설주와 상의한다.

2) 새로운 시설물

새로운 시설물은 설계단계에서부터 경비전문가가 개입되어 기계경비시스템의 구조를 시설물에 자연스럽게 적용하도록 하는 것이 건축물의 완성 이후에 추가로 기계경비시스템을 구축하는 것보다 비용절감 면에서 크게 효과가 있을 뿐만 아니라, 감시시스템 또는 경보시스템을 건축물과 일체화시켜 노출 정도를 유효하게 조절할 수 있으며, 경비활동에 투입되는 비용도 절감할 수 있다.

3. 경비실시방식에 따른 경비수준

1) 1차원적 경비(One-dimentional Security Service)

가장 단순하고 소규모적인 경비형태로 아파트 경비원과 같이 근무자의 독립적인 역량에 의존하는 경비형태이다.

2) 단편적 경비(Piecemeal Security Service)

경비 필요요소가 발생할 때마다 단편적으로 경비조직을 증설해 나가는 경비형태이다.

3) 반응적 경비(Reactive Security Service)

특정한 손실이 발생한 후 그 상황에 국한하여 대응적으로 실시하는 경비형태를 말한다.

4) 종합적 경비(Package Security Service, Total Security Service)

경비진단의 결과를 토대로 인력경비와 기계경비를 종합한 표준화된 경비형태를 말한다. 표준경비 또는 종합보안으로 통용되기도 한다.

4. 경비의 중요도에 따른 분류

1) 최저수준경비(Minimum Security) - Level Ⅰ

일반적 자물쇠 장치를 부착한 출입문, 창문과 같은 단순한 물리적 경비시스템을 말한다.

예) 일반 가정집, 소규모 사무실, 소규모 창고 등

2) 하위수준경비(Low-Level Security) - Level Ⅱ

비교적 복잡한 수준의 자물쇠 장치가 설치된 출입문, 창문과 기본적 경비조명, 경보시스템 등이 보강된 경비시스템을 말한다.

예) 작은 소매상점, 소규모 저장창고 등

3) 중간수준경비(Medium Security) - Level Ⅲ

외부 침입뿐만 아니라 내부의 절도까지 고려한 높은 수준의 경비조명, 경보시스템과 물리적 장벽, 무선통신체계와 기본적 장비를 구비한 경비인력의 조직이 필요한 경비시스템을 말한다.

예) 대규모 물품창고, 제조공장, 대형 판매점 등

4) 상위수준경비(High-Level Security) - Level Ⅳ

일정한 형식이 없는 외부와 내부의 이상행동을 감지하고 저지, 방어하기 위한 첨단시스템 장치를 구비하고, 고도로 훈련받은 무장 경비원이 배치되어 경비하는 시스템을 말한다.

예) 교도소, 제약회사, 전자회사 등

5) 최고수준경비(Maximum Security) - Level Ⅴ

일정한 형식이 없는 외부와 내부의 이상행동 및 침입을 감지하고 저지, 방어 또는 대응공격을 위한 최첨단시스템과 고도로 무장된 경비인력을 구비한 경비시스템을 말한다.

예) 핵시설물, 특별수감교도소, 중요군사시설, 정부의 특별연구기관, 일부의 외국대사관 등

5. 경비계획 수립에 있어 경비관리자의 역할

1) 정보 · 첩보 · 위해상황 예측

복잡한 사회적 분위기에 편승한 다양한 테러위협에 대하여 인지되는 여러 가지 정보와 첩보를 포함하여, 발생가능성이 있는 위협에 대한 광범위한 예측을 한다.

2) 위협에 대한 평가

민간경비의 관리자는 모든 위해가능성을 인지하고 위협에 대한 수준과 범위에 대한 평가를 구체적으로 실시한다.

3) 경비계획 수립

이러한 예측과 평가를 바탕으로 효율적인 경비계획을 수립한다.

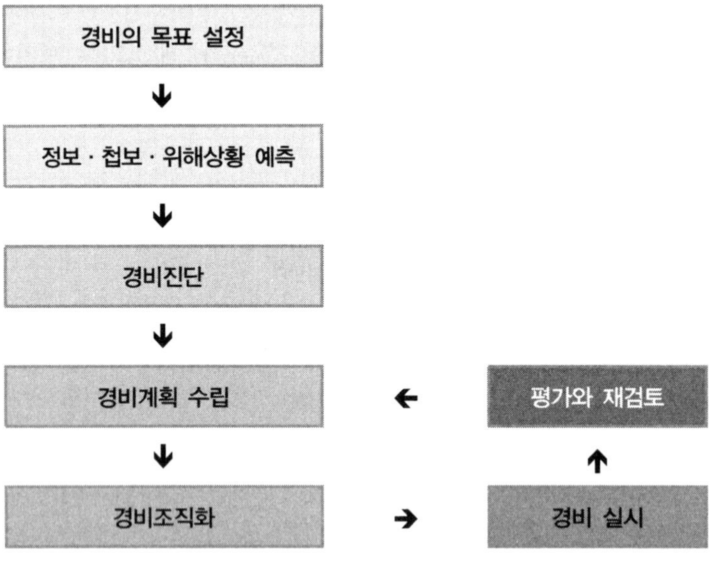

〈그림 7〉 관리자의 경비계획 실시과정

제 4 절 경비조직화

E. Gutenberg가 "조직이란 계획에 의해 정해진 목표를 실현하는 수단이며 설정된 목표를 구체화하기 위한 도구"라고 주장하였듯이 경비활동의 목표를 구체적으로 실현하기 위하여 경비조직이라는 도구가 필요하다. 이러한 경비조직을 구성하는 것을 경비조직화라고 하는데, 이는 조직구성의 동태적 표현으로서 조직구성원 각자가 수행하여야 할 직무를 규정하고 타 직무와의 관계를 설정하는 과정이라고 할 수 있다.[12)]

1. 경비조직화 과정

경비계획이 수립된 이후에는 경비역할과 기능에 따라 필요한 조직체계와 기계시스템을 구축하고 경비요원을 추가로 확보(채용)하거나, 해당조직 운영과 경비활동을 위하여 필요한 교육과 예행연습을 실시하는 등 경비실행을 위한 제반 준비를 한다. 이러한 준비과정 중 경비조직화는 다음과 같은 단계를 거쳐 구성된다.

1) 제1단계: 경비조직의 목표설정

기설정된 경비의 목표를 달성하기 위한 경비조직의 목표와 방침 등을 구체적으로 설정하는데 이는 경비조직화의 중심축이 된다.

2) 제2단계: 제반활동내용 결정

제1단계의 목표에 따라 이를 달성하기 위한 제반활동사항들의 내용을 세밀히 확인하고 분석하여 결정한다. 이러한 내용들에는 직원채용, 훈련 및 경비활동사항 등에 이르기까지 구체화하여 포함되어야 한다.

12) 정종진, 경영학입문, 법문사, 1996, pp. 394-395.

3) 제3단계: 경비활동의 분류와 집단화

경비활동내용의 기능에 따라 분류 및 집단화한다. 즉 행정기능과 현장순찰 및 출동기능, 기계경비시스템 관리기능 등 기능별로 분류하여 집단화한다.

4) 제4단계: 개인별 임무설정 및 권한의 위양

경비제반활동의 기능이 분류되고 집단화가 이루어지면 다음단계로서 각 개인 근무자가 수행해야 할 임무를 정하고 직위별로 적절한 권한을 부여한다.

5) 제5단계: 경비조직의 수직적 · 수평적 통합

경비조직화과정의 마지막 단계로서 조직의 수직적 · 수평적 운영관계를 정립하여 조직의 모든 기능과 역할을 통합적으로 관리하도록 하는 체계를 갖추게 된다. 이러한 조직체계를 강제적 조직으로 만들 것인가, 공리적 조직 또는 규범적 조직[13)14)]으로 만들 것인가는 전적으로 관리자의 판단에 달려 있다.

2. 조직구성 시 고려사항

1) 기능화

업무를 수행할 때 '사람중심'이 아닌 '일중심'으로 업무의 기능주의에 입각하여 조직이 확립되어야 한다는 것이다. 즉, 업무의 기능에 따라 적절한 인원을 배치하면 그 기능이 효율적으로 발휘된다는 것이다.

---

13) 김문성, 행정학의 이해, 전영사, 2001, pp. 114-122.

14) 강제적 조직은 강제를 주된 통제수단으로 하며 구성원이 소외의식을 느끼기 쉽고, 공리적 조직은 경제적 보상을 주된 통제수단으로 하며 구성원이 타산적 성향을 지니기 쉽고, 규범적 조직은 이념, 당헌, 당규, 규칙 등 규범적 권력이 주된 통제수단이 되는 것으로서 구성원이 높은 귀속감을 지니는 종교조직이나 이념정당이 주로 대상이 된다.(오석홍 · 손태원 · 하태권, Etizioni의 복종구조이론, 조직학의 주요이론, 법문사, 2000, pp. 12-17)

2) 권한의 위임

상급자가 하급자에게 업무처리권한의 일부를 위임하는 것으로서 모든 권한과 책임을 위임하는 것이 아니라 업무를 분담한다는 의미에서의 권한의 위임을 말한다. 위임받은 하급자가 독자적 재량권을 가지고 상사의 지시나 명령 없이 업무를 수행하게 되어, 하급자가 창의력을 발휘하거나 상황발생 시에 적절한 결정을 신속히 내릴 수 있는 장점이 있다.

권한을 위임할 경우에는 다음과 같은 두 가지의 원칙, 즉 '책임절대성'의 원칙과 '예외의 원칙'이 적용될 수 있다. '책임절대성의 원칙'이란 권한은 위임할 수 있어도 책임은 위임할 수 없다는 것으로 '책임불가양(責任不可讓)의 원칙'이라 표현할 수 있다.

상사의 업무 중 일부를 하위자에게 위임하였다 하여도 그 업무수행의 결과에 대해서는 상사가 책임을 져야 한다는 것이다. '예외의 원칙'이란 일상적이고 반복적인 업무는 하위자에게 위임하고 상사 자신은 예외적으로 중요한 업무에만 전념한다는 것이다.[15]

3) 통솔범위

통솔범위란 한 사람의 중간관리자가 직접 통솔할 수 있는 하급직원의 합리적인 수를 말한다. 이러한 통솔범위는 '상황적합이론(Contingency Theories)'[16]과 같이 경비활동 상황에 따라 차이가 있다.[17] 일반적으로 상위직의 이상적인 부하의 수는 4명이고 최하위직의 부하의 수는 8~12명이 적합한 것으로 보고 있다.[18] 그 외에 많은 학자들도 비슷한 범위에서 인원구성의 적용을 주장하고 있으나, 이를 참고하여 경비조직의 특성과 경비대상의 경비업무상황에 적합한 유효한 기준을 설정하고 이에 따라 통솔범위의 구성을 결정한다.

---

15) 정종진, 경영학입문, 법문사, 1996, pp. 399-402.

16) 리더십 활동의 성과가 지도자의 특성 또는 자질에 달려 있는 것이 아니라, 지도자가 처한 상황적 여러 요소들에 따라 다르게 나타난다는 이론(F. E. Fielder, A Theory of Leadership, 1967).

17) Richard L. Daft, Organization Theory and Design 7th, Cincinnati: South-Western College Publishing, 2001.

18) H. C. Metcalf, & Lyndall Urwick, Dynamic administration: The collected papers of Mary Parker Follett, Routledge, 2004.

4) 통솔범위의 결정요인

통솔의 범위는 아래와 같이 다양한 상황과 조건들에 의하여 결정된다.

[표 21] 통솔범위의 결정요인[19]

구 분	넓 다	좁 다
시간적 요소(입사기간)	기존조직 책임자	신설조직 책임자
장소적 요소	단일한 장소에 근무	여러 장소에 근무
직무의 성질	단일업무를 수행하는 부하	다양한 업무를 수행하는 부하
부하의 자질	자질이 높은 부하	자질이 낮은 부하
관리자의 자질	관리자로서의 업무수행 능력이 높은 통솔자	관리자로서의 업무수행능력이 낮은 통솔자
참모기능(정보관리능력)	정보확보능력이 우수한 유능한 참모를 둔 책임자	유능하지 못한 참모를 둔 책임자
계층의 수	적은 계층	여러 계층

5) 권한 · 책임의 명확화

개인에게 할당된 업무와 관련하여 책임과 의무와 권한관계를 명확히 해야 한다.

즉 각 근무자에게 주어진 업무에는 반드시 업무수행을 위한 권한이 주어져야 하고, 이 권한을 행사한 이후의 결과에 대한 책임 또한 권한행사자가 회피할 수는 없다는 것이다.[20]

업무의 권한과 책임부여는 그 직무의 수행과정에서 필연적으로 따르게 되어 있는 것으로, 이러한 권한과 책임이 부여된 당사자는 업무수행 결과에 대한 보고의무(report accountability)를 가지고 있다.[21]

19) L. W. Rue & Lloyd L. Byars, Management: Skills and Applications, 7th ed., Homewood, 1995, p. 237 재구성

20) Andrew Halpin, Rights, duties, liabilities, and hohfeld, Legal Theory 13(1), 2007, pp. 23-39.

21) 정종진, 경영학입문, 법문사, 1996, pp. 399-402.

6) 경비인력 규모

경비인력의 규모는 경비시설물 내의 전반적인 요소들에 대한 면밀한 검토 후에 적정하고 효율적인 규모로 결정되는데, 일반적으로 경비시설물의 연면적과 시설물 내에 상근하는 전체 직원의 수에 따라 차이가 있다.

공항 및 항만 등 특수경비가 필요한 지역에 대한 경비는 운영주체(시설주 또는 운영자)가 경비의 주체가 되며, 시설을 임대할 경우에는 임차인이 경비의 주체가 된다. 이러한 지역에서도 청원경찰인력을 활용한 자체경비를 하거나, 용역계약을 통한 위탁계약경비를 선택적으로 실시할 수 있다.[22]

※ Fayol은 조직을 구성하는 데 있어 효과적인 조직화 조건[23]을 제시하였는데, 경비조직화와 경비실행에 좋은 참고가 되고 있다.

- 계획이 효과적으로 수립되고 집행될 수 있어야!
- 회사의 목표와 자원에 부합될 수 있어야!
- 업무추진이 일원화되고 철저하고 효과적이어야!
- 행동을 일치시키고 업무수준의 제시가 있어야!
- 의사결정은 정확하여야!
- 인력의 채용과 배치가 적절하게 이루어져야!
- 업무의 성격을 명확히 정의하여야!
- 자발성과 책임감을 고양시켜야!
- 공정하고 적절한 보상이 이루어져야!
- 부정이나 잘못에 대한 책임규명이 명확하여야!
- 기강이 확립되어야!
- 회사의 이해가 다른 부분의 이해보다 우선되어야!
- 명령일원화의 원칙이 흔들림이 없어야!
- 사회적 질서가 유지되어야!

---

22) 김형태, 한만시설 경비보안체제의 효율화 방안, 월간해양수산 3월호, 2008, pp. 4-30.

23) H. Fayol, Administration Industrielle et Generale, Pasis: Dunod, 1979, pp. 4-7.

- 회사의 모든 부분에 대한 통제력을 갖추어야!
- 규칙과 규정 그리고 서류작업의 남용과 관료적 형식주의를 경계하여야!

3. 경비원 고용절차

경비규모가 결정되면 필요한 수의 경비원을 고용하고 교육과 훈련을 통하여 경비실행의 준비를 마치게 된다. 경비원을 고용할 때에는 다음과 같이 두 가지의 경로를 따라 절차를 밟게 된다.

1) 공개 채용

인터넷 등의 언론매체 광고를 통하여 모집한다. 지원자의 숫자에 따라 우수한 인력을 채용하기 위하여 채용방법을 다양하게 연구한다. 인력공급업체에 의뢰하는 것에 비하여 시간이 다소 지연된다.

2) 인력공급업체 의뢰

필요경비인력을 인력공급업체에 의뢰하여 확보하는 방법이다. 이러한 경우에는 행정절차를 간소화하고 시간소요를 줄이면서 단기간에 필요한 인력을 확보할 수 있으나, 경비원의 자질 면에서는 만족하기 어려운 점이 있다.

인력공급을 받는 방법에는 두 가지가 있는데 다음과 같은 각각의 특징이 있다.

① **인력공급업체**: 업종에 관계없이 인력을 공급하되, 업체의 관리하에 타인 또는 타 사업체와 고용계약을 체결하여 일정기간 동안 인력을 공급한다. 고용된 인력은 인력공급업체의 급료를 받는 직원이지만, 고용계약을 체결한 고객 또는 사업자의 지시 및 감독을 받게 된다.

② **고용알선업체**: 사업주 또는 구직자를 대리하여 인력을 선발 또는 알선하는 일을 한다. 고용된 인력은 고용알선업체가 아니라 취업한 사업장으로부터 급여를 받게 된다.

4. 경비원 및 경비지도사의 채용

경비업법을 기반으로 경비업체의 활동이 시작된 이래 오랜 기간 동안 경비원의 낮은 임금문제는 조직의 목표달성을 저해하고 이직률에 큰 영향을 미치고 있다.[24] 이러한 사실은 경비조직의 전문성을 떨어뜨리고 서비스의 질을 저하시켜 경비원을 바라보는 사회적 시각을 부정적으로 이끄는 역할을 하고 있으며, 이는 다시 경비업계에 대한 잠재적 근무자들의 수준을 낮추게 되는 악순환의 반복으로 이어지고 있다.[25]

1) 일반경비원

① 일반경비원이란 경비업법 제4조 제1항의 규정에 의하여 경비업의 허가를 득한 경비업자(법인)가 채용한 고용인으로서 경비업법 제2조의 시설경비업무, 호송경비업무, 신변보호업무, 기계경비업무를 수행하는 자를 말한다.

② 채용조건으로는 경비업법 제10조 제1항의 결격사유가 없는 자로서 신체건강하고 건진한 정신의 소유자를 채용한다.

2) 특수경비원

① 특수경비원이란 경비업법 제4조 제1항의 규정에 의하여 경비업의 허가를 득한 경비업자(법인)가 채용한 고용인으로서 경비업법 제2조의 특수경비업무(항공기를 포함한 공항 등 대통령령이 정하는 국가중요시설의 경비 및 도난·화재 그 밖의 위험발생을 방지하는 업무)를 수행하는 자를 말한다.

② 채용조건으로는 경비업법 제10조 제2항의 결격사유가 없는 자로서 신체건강하고 건전한 정신의 소유자를 채용한다.

---

24) William C. Cunningham & John J. Strauchs & Clifford W. Van Meter, Private Security Trends 1970 to 2000 The Hallcrest Report Ⅱ, Butterworth-Heinemann, 1990.

25) 박영진, 민간경비원의 직무스트레스가 직무만족 및 이직의사에 미치는 영향, 한국콘텐츠학회 7(1), 2009, pp. 626-632.

3) 청원경찰

① 청원경찰이란 청원경찰법 제1조의 각호에 해당하는 시설 · 사업장 또는 장소(선박 · 항공기 등의 수송시설, 금융 또는 보험을 업으로 하는 시설 또는 사업장, 언론 · 통신 · 방송 또는 인쇄를 업으로 하는 시설 또는 사업장, 학교 등 육영시설, 의료법에 의한 의료기관, 기타 공공의 안녕질서 유지와 국민경제상 고도의 보호를 필요로 하는 중요시설 · 사업체 또는 장소)의 기관장 또는 경영자가 자체적으로 소요경비를 부담하는 조건으로 배치되는 청원경찰을 말한다.

청원경찰법 제4조와 같이 해당기관장 또는 경영자의 신청에 의하거나, 지방경찰청장의 요청에 의하여 청원경찰법 제5조의 각항에 따라 임용될 수 있다.

② 채용조건으로는 청원경찰법 제5조 제2항의 결격사유(국가공무원법 제33조의 결격사유)가 없는 자로서 신체건강하고 건전한 정신의 소유자를 채용한다.

4) 경비지도사

① 경비지도사는 경비업법 제12조 제2항 각호의 직무(경비원의 지도 · 감독 · 교육에 관한 계획의 수립 · 실시 및 그 기록의 유지, 경비현장에 배치된 경비원에 대한 순회점검 및 감독, 경찰기관 및 소방기관과의 연락방법에 대한 지도, 그 밖에 대통령령이 정하는 직무)를 수행하며, 시설경비 · 호송경비 · 신변보호 · 특수경비를 담당하는 일반경비지도사와 기계경비를 담당하는 기계경비지도사로 나누어진다.

② 채용조건으로는 경비업법 제10조 제1항과 제2항의 결격사유가 없는 자로서 신체건강하고 건전한 정신의 소유자를 채용한다.

제5절 경비실시와 종합평가

1. 경비실시

경비진단과 경비계획 수립, 그리고 경비조직화를 마치면 본격적인 경비활동이 이루어진다.[26] 이러한 경비활동은 매우 다양하게 분류되고 있으며, 다음 장의 경비실무과정을 통하여 자세히 다루도록 한다.

2. 종합평가

1) 회계부문

경비실시 이후에는 적절한 기간을 주기별로 설정하여 회계부문에서 이익과 손실 여부 등을 세밀히 평가하고, 경비인력과 조직편제상의 조정이 필요한지를 검토하여야 한다.

2) 경비실행부문

경비실시 중에 발생한 여러 사안에 대한 check-list를 검토하고 발주자 측의 만족도와 외부 출입자(고객 또는 방문객)에 대한 설문조사를 실시하여 종합평가에 반영한다.

3. 교육

정기교육, 수시교육을 통하여 종합평가 결과를 토대로 경비근무자에게 변화된 근무상황에 대하여 주지시킨다.

---

26) 서진석, 민간경비론, 백산출판사, 2008, pp. 121-122.

4. 경비활동의 효율화

이러한 과정을 통하여 경비의 전반적인 효율화를 이루어야 하며, 다음과 같은 효과를 만들어낼 수 있다.

- 경비활동의 목적성을 조직 구성원들에게 지속적으로 부여한다.
- 경비실시 중에도 꾸준히 경비위해정보를 수집하고 예상상황에 대한 매뉴얼을 구축할 수 있다.
- 경비시스템에 대한 보다 효율적인 대안의 개발이 이루어진다.
- 일련의 경비실시과정을 통하여 경비업무를 시스템화할 수 있다.
- 관련 업무에 대한 정보를 경비업무시스템에 보다 효율적으로 적용할 수 있다.
- 이러한 과정을 통하여 위해상황을 최소화한다.
- 경비업무시스템의 효율화를 기하면서 비용의 절감을 가져올 수 있다.

제 3 편

경비실무

제 7 장

시설경비업무

제 1 절 내외곽시설물 경비요소

1. 장벽

1) 자연적 장벽

자연적으로 형성되어 침입이나 도주가 어려운 지형적 특성을 안고 있는 강, 절벽, 협곡, 가시넝쿨지역, 늪 또는 습지(濕地) 등으로 필요시 추가적인 경비장치를 보완하여 설치할 수 있다. 과거에는 이러한 천혜의 위치에 성곽을 구성하여 적의 침입으로부터 보호하고자 하였으나, 내부의 문제 또는 자연적 장벽에 대한 무한 신뢰로 인하여 오히려 적에게 시설물을 빼앗기는 결과를 가져오기도 하였다.

2) 인공적 장벽(구조물 장벽)

인공적으로 만든 물리적 장벽으로서 외벽이나 철조망, 도로상의 횡적인 방책, 외곽 출입구의 차단물 등 가시적으로 노출되는 형태와, 감지기기 등을 설치한 비노출 형태가 있다. 중세시대의 해자(垓字), 목책(木柵), 오늘날의 철책(鐵柵) 등이 이에 속한다.

2. 외곽출입구

출입구의 수가 적을수록 이의 통제를 위한 경비인력 감소 등 경비활동이나 비용절감에는 유리하나, 차량출입구와 상주인원 출입구 또는 방문자 출입구가 중복될 경우에는 오히려 경비활동에 제약이 따른다. 출입량을 고려하여 여의치 않을 경우 시간대별로 개방 또는 폐쇄를 정하여 사용할 수 있다.

1) 폐쇄된 외곽출입구 통제

사용하지 않는 출입구는 잠금장치를 하여 폐쇄하되 순찰근무자가 그 파손이나 사용흔적을 쉽게 알 수 있도록 특별히 제작된 것이어야 하며, 고정 순찰지역으로 분류하여 철저히 점검하여야 한다.

2) 개방된 외곽출입구 통제

차량출입구는 문이나 차단물을 사용하여 시간대별로 일방통행으로 제한하며, 인원이 출입하는 통로는 폭을 적절히 조절하여 통제가 용이하도록 한다.

3) 기타 외곽통로 통제

외부에서 시설물 내부로 통하는 모든 통로를 확인하고 잠금장치와 함께 필요시 감지기 또는 감시장치를 설치하는 등의 통제대책을 세워야 한다.

3. 창문

침입자들이 건축물에 침입하는 빈도수가 가장 높은 것부터 나열하면, 창문, 출입문, 지붕덮개, 천창, 통풍구, 벽이나 마루 혹은 천장의 갈라진 틈을 이용하기도 한다.[1] 창문

---

1) Kären M. Hess, Henry M. Wrobleski, Introduction To Private Security, 4th Edition, West Publishing Company, 1996, p. 108.

에 있어서도 건축물의 설계단계에서부터 창문의 수와 위치, 폭 등이 신중히 고려되어야 한다.

창문은 침입자들에 의해 쉽게 깨지거나 잘라지게 마련이어서 손쉬운 침입지점이 되므로 저층부는 창살이나 금속망으로 보강할 수 있지만, 미관을 고려해야 하므로 오늘날은 내부에 강화필름을 부착하여 보강하고 있다.

1) 유리창문

침입자의 약 50%는 창문을 통하여 침입하며[2] 일반 유리창문은 침입자에 의하여 쉽게 잘라지거나 깨질 수 있으므로 창문이 파손되었거나 열렸을 경우에 작동되는 감지기를 설치한다. 환기용이 아니라면 폐쇄하는 것이 경비활동을 위해서는 효과적이다.

2) 방호창문

강화유리[3]나 안전필름을 부착시킨 방호 또는 방탄 기능을 갖춘 유리를 방호유리라고 한다. 안전필름 부착유리는 건물의 냉난방 효과를 높이면서 자외선 차단기능이 있으며, 강화유리는 내열성이 우수하다.

그러나 이러한 방호창문이 꼭 유리한 것만은 아니다. 고가이거나 화재 등 재해발생 시 비상탈출을 하는 데는 장애요소가 되므로 이를 함께 고려해야 한다. 설계단계에서 창문의 수와 넓이 배치위치 등은 채광과 경관을 고려해야 하지만 범죄에 취약한 시설물임을 감안하여 설계에 반영해야 한다.

---

2) Kären M. Hess, Henry M. Wrobleski, Introduction To Private Security, 4th Edition, West Publishing Company, 1996, p. 108.

3) 일반 판유리를 녹는 온도에 가까운 500~600℃로 가열하고 압축공기에 의해 급랭시켜 만든 유리로서 보통 유리에 비하여 굽힘강도는 3~5배, 충격은 3~8배 강하며 내열성도 우수하다. 차량 또는 항공기와 방범용으로도 사용된다.

4. 출입문

1) 구조

일반 출입문의 취약부분은 자물쇠와 문틀 그리고 경첩이라고 할 수 있다. 그러므로 문틀의 구조 자체는 미관을 고려하되 튼튼한 것을 선정해야 하며, 경첩이 쉽게 해체되지 않도록 견고하게 고정시켜야 한다. 외부로 연결되는 출입문의 일부는 화재, 지진 등으로부터 대피할 수 있는 비상구로 활용할 수 있도록 대책을 강구한다.

2) 비상구

비상구로 활용할 경우에는 비상탈출용 잠금장치를 설치한다. 비상구의 잠금장치는 경보기와 연계하여 열릴 경우에는 자동으로 경보가 울리도록 하고, 경비근무자가 열쇠로 열 경우에는 경보기가 울리지 않도록 한다.

3) 일반 출입문

사무지역 또는 출퇴근 등 평시 출입통로는 사용이 빈번하므로 내구성을 고려하여 설치한다. 필요시 자동으로 잠금 또는 차단될 수 있는 기계식 장치를 갖추는 것이 비상상황에 유리하다. 문 앞은 최소 60와트 이상의 조도를 낼 수 있는 조명기구를 설치하고, 경보기를 설치한다. 출입문의 수와 위치는 물리적 보안에 있어서 매우 중요하다. 출입문의 수는 가능한 줄여서 출입통제를 용이하게 한다. 이는 곧 불필요한 침입자를 효과적으로 제어하는 방법이 된다.

4) 중요지역 출입문

건물 내부라 해도 특수연구개발실, 전산실, 주요 물품보관실 등은 허가된 출입인원만 통행하도록 최상위의 보안대책을 강구하고 생체인식시스템과 연계하여 특수하게 제작한 문을 설치하여 사용한다.

5) 출입문 잠금관리

내부 시설물에 있는 모든 출입문은 보안성과 출입자의 편리성이 상충되어 있으므로 적절한 조화를 이룬 잠금장치와 기능이 갖추어져야 한다.

5. 옥상

일반적으로 건물의 옥상은 외부에서 관찰이 쉽지 않고 순찰차의 시야에 노출되지 않으며, 강한 구조물이 아니다. 또한 채광이나 환기덕트 등 안전장치가 없는 경우가 많고 안전하다는 잘못된 인식으로 경보시스템을 설치하지 않는 경우가 많으므로 외부침입의 손쉬운 목표가 될 수 있다. 그러므로 이를 감안하여 순찰대상지역으로 반드시 포함시키면서 감지 또는 감시장치를 보완하여야 한다.

6. 건물외벽

건물의 측면이나 후면 등 눈에 잘 띄지 않는 건물외벽에는 주기적인 순찰과 함께 CCTV 등 감시장치를 필히 설치하여야 한다. 특히 인접 건축물 사이의 거리가 좁은 외벽은 잠재적인 범죄자의 침입통로가 되고 있다.

7. 외곽경계구역 감시

외곽경계구역은 경비요원이 육안이나 CCTV 모니터화면으로 경계구역을 직접 확인할 수 있어야 하며, 단절된 구역이 있어서는 안 되므로 이를 고려하여 CCTV의 방향이나 수를 결정해야 하며, 사각지대가 생기지 않도록 한다.

8. 주차장 경비

침입자나 범죄인의 입장에서 주차장은 손쉬운 범죄활동의 이용수단이 될 수 있으므로 주차장의 위치는 신중히 고려하여 설치하고, 건축물과 인접하거나 내부에 설치된 주차장은 인원출입을 가능한 단일화하도록 한다. 필요시에는 주차구역을 위한 별도의 담장을 설치한다.

9. 내부경비

외곽지역에 대한 경비시스템이 잘 갖추어져 있다 할지라도 내부출입통제시스템이 원활하게 가동되어야 경비의 목적을 유효하게 달성할 수 있다. 외곽(外廓)과 내곽(內廓) 경비의 목적이 외부침입의 방지라면, 내부경비의 주요한 목적은 건축물 내의 침입이나 절도행위 또는 물품의 부적절한 반출행위 등의 차단이라 할 수 있다.

건물 내부경비는 공용구역, 일반구역, 안전구역으로 구분된다. 공용구역은 내부 또는 외부의 모든 사람에게 공개된 곳으로서 출입문, 로비, 대기실, 엘리베이터 등을 말한다. 공용구역 경비대책으로는 인원 출입통제시스템과 내부의 물품 반출입을 통제하는 반출입관리시스템, 그리고 출입자의 확인을 위한 화상감시시스템이 갖추어져야 한다. 일반구역은 출입이 허가된 인원에 한하여 공개된 곳으로서 사무실이나 회의실 등을 말한다. 일반구역 경비대책으로는 ID 카드 등을 활용한 출입통제시스템, 출입확인을 위한 화상감시시스템 등이 필요하다.

안전구역은 전기실, 기계실 등 시설물 내부의 업무를 지원하는 중요 설비가 있는 지역이나, 특수과제 연구실, 중요 물품 보관창고, 컴퓨터 메인 서버실 등 침입 또는 유출되었을 경우에 회사의 운영과 안전에 치명적인 영향을 주는 장소를 말한다. 안전구역의 경비대책으로는 인원과 물품을 통제하기 위하여 출입통제시스템과 화상감시시스템을 설치하는 것은 물론 필요에 따라 도청방지 및 전자파 차폐시스템을 갖출 수 있다.

제 2 절 CPTED

CPTED(Crime Prevention Through Environment Design)의 개념은 1991년 미국 플로리다주의 학교지역에 대한 보안성 평가를 기초로 하여 Tim Crowe가 제창(提唱)하였는데, 이는 1961년 Jane Jacobs의 "건조(建造) 환경이 비공식적인 사회통제에 영향을 미친다."고 하면서 이것이 '거리 감시(Street Surveillance)'에 영향을 미친다고 주장한 것을 바탕으로 하고 있다.4)

이러한 개념은 오늘날에도 인간의 행동과 환경설계와의 관계를 통하여 범죄를 예방하는 데 상당한 영향을 끼치고 있으며, 범죄에 대한 두려움뿐만 아니라 범죄의 욕구를 감소시켜서 물리적 보안환경을 다루는 데 매우 유용한 접근방법이다.5)

민간경비활동은 범죄예방 자체만을 위한 것이 아니라 인위적 · 자연적 · 특정한 재해로부터 손실을 예방하는 등의 광범위한 영역에 대한 포괄적 활동이라고 할 수 있다. 범죄와 손실 가능성을 사전에 예방하기 위한 다양한 통제대책이 필요하다고 하겠다.

범죄와 손실의 예방을 위한 접근방법에 있어서 CPTED의 배경이론으로 들 수 있는 것이 '범죄예방 구조모델론'이라고 할 수 있다. 이 이론은 일반시민과 잠재적 범죄자, 그리고 범죄자를 단계별로 설정하고 여기에 따른 대책을 세우는 데 매우 적절하다.

---

4) 강은영, 범죄예방을 위한 환경설계의 제도화 방안 총괄보고서, 한국형사정책연구원, 2010, p. 43.

5) Lawrence J. Fennelly, Effective Physical Security, Fifth Edition, Butterworth-Heinemann, 2017, p. 1.

1. 범죄예방 구조모델론

[표 22] 범죄예방을 위한 접근방법

구 분	1차적 범죄예방	2차적 범죄예방	3차적 범죄예방
대상	일반시민	우범자 및 우범집단	범죄자
인식방향	불특정 다수인 모든 시민을 양면적으로 바라봄	범죄를 일으키기 쉬운 잠재적 범죄자로 인식	범죄경력이 있는 사람, 동기화 수준이 높은 사람
대책	일반시민들의 감시기능 활성화	잠금장치, 경보기, 감시장비 설치	경비인력 배치

출처: 강은영, 범죄예방을 위한 환경설계의 제도화 방안 총괄보고서, 한국형사정책연구원, 2010.

1) 1차적 범죄예방

불특정 다수인 모든 시민을 성악설적 관점에서 특정 상황에 따라 잠재적인 범죄자로 규정하고 경비목표 시설물 또는 공간에 대한 접근을 통제하고 관리함으로써 범죄기회를 제거한다. 범죄현상은 일반적으로 거시적 관점과 미시적 관점에서 이해되고 있는데, 거시적 관점은 정치적 · 사회적 · 경제적 구조 결함으로 인하여 발생하는 실업, 교육제도, 주거환경, 노동문제 등을 원인으로 삼고 있으며, 미시적 관점은 개인의 심리적 · 생리적 · 사회적 특성 또는 속성 등 행위자에게 초점을 맞추어 범죄현상의 원인을 찾고자 하는 것이다.

양면적인 시각에서 한편으로는 일반시민을 감시자로 규정하고 가능한 많은 시민이 감시기능을 활용할 수 있도록 하는 것이다. 따라서 구조모델이론의 1차적 범죄예방 방안은 시설물 또는 공간의 환경 개선을 통하여 감시기능을 확대함으로써 잠재적 범죄자가 될 가능성을 원천 차단하는 것이다.

2) 2차적 범죄예방

어떤 개인은 특별한 상황에 따라 쉽게 동기화되어 범죄를 저지르고자 하는 욕구가 발생할 수 있다. 따라서 2차적 범죄예방 방안은 동기화된 잠재적 범죄자들의 범죄의도 및 욕구를 감소 또는 차단시키는 데 초점을 두고 강구하게 된다.

이 방안 역시 개인인 행위자를 대상으로 잠금장치, 경보기, 감시장치 등의 경비기기를 설치함으로써 범죄예방효과를 가져올 수 있다.

3) 3차적 범죄예방

이미 범죄경력이 있거나, 정신이상 또는 물질남용 등에 의하여 동기화 수준이 매우 높은 사람을 대상으로 경비목표 시설물 또는 공간에 경비인력을 배치하여 고정 또는 순찰식 근무를 통하여 범행의 기회를 차단하거나 즉시 대응하도록 대책을 강구하는 것이다.

2. 환경설계를 통한 범죄예방전략

CPTED는 기본적으로 인간의 생활환경이 지각과정을 통하여 정서적 반응을 이끌어내고 이는 다시 인간의 행동에 영향을 미친다는 가설을 바탕으로 출발하였다.[6] 이는 이미 고대부터 현재의 건축물에 이르기까지 다양하게 반영되어 왔으며, 오늘날의 환경설계는 범죄예방 차원에서 긍정적인 많은 효과를 나타내고 있다.

3. 제1세대 CPTED

Jane Jacobs는 1961년 그의 저서 *The Death and Life American Cities*를 통하여 도시지역에서 물리적 환경이 범죄현상과 연관성이 있음을 시사하였는데, 이후 C. Ray Jeffrey가 1964년부터 1968년 사이의 미국 도시에서 발생한 폭력범죄와 인종차별에 대한 연구결과를 담아 저서를 편찬하였는데, 이 저서의 제목으로 'Crime Prevention Through Environment Design'을 사용하면서 CPTED가 최초로 사용되었다. 그 이듬해인 1972년 Oscar Newman이 '방어공간(Defensible Space)'이라는 개념을 사용하면서 CPTED가 실무에 적용할 수 있는 실질적 범죄예방 방안으로 인식되기 시작하였다.[7]

방어공간의 기본개념은 주거공간에 대한 건축설계가 범죄를 예방할 수 있다는 것인데, 거리에 조명을 설치하거나 감시효과를 극대화하거나 물리적 수단을 통하여 범죄자

---

6) 함정도, 시각환경과 인간심리의 관계성, 대한건축학회 45(6), pp. 49-53.

7) 강은영, 범죄예방을 위한 환경설계의 제도화 방안 총괄보고서, 한국형사정책연구원, 2010, p. 40.

의 침입 또는 도주를 어렵게 하도록 건물구조를 설계함으로써 범죄감소에 기여한다는 것이다.[8] 이 방어공간의 구성요소는 목표물 강화(Target Hardening), 접근통제(Access Control), 감시(Surveillance), 영역성(Territoriality), 이미지 유지관리(Image Maintenance), 활동지원(Activity Support)이라고 할 수 있다.[9]

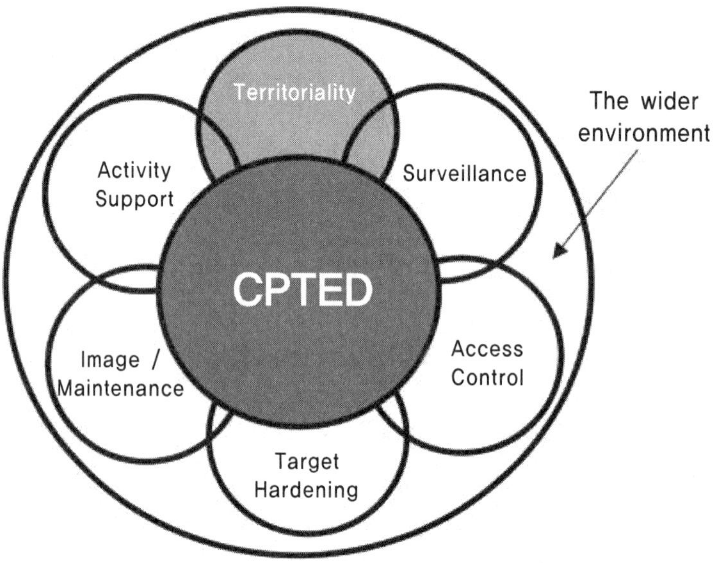

〈그림 8〉 방어공간의 구성요소[10]

4. 제1세대 CPTED의 한계성

1) 비이성적 범죄자(irrational offender)에 대한 적용의 한계

술이나 마약과 같은 물질사용(substance use)자는 범죄예방대책에 대하여 예측 가능한 행동의 가능성이 적다. 즉, 물질사용으로 정신이 혼미한 상태에서는 범죄예방 시스

---

8) Ronald V. Clarke, Improving Street Lighting to Reduce Crime in Residential Areas, Response Guide 8, The U.S.: Center for Problem-Oriented Policing, Inc., 2008, pp. 15-20.

9) Lawrence J. Fennelly, Effective Physical Security, Fifth Edition, Butterworth-Heinemann, 2017, pp. 2-15.

10) Moffatt, Crime prevention through environmental design-A management perspective, Canadian Journal of Criminology 25(4), 1983, p. 23.

템에 대한 인식력 자체가 떨어진다.[11]

2) 부정적인 사회-경제적 그리고 인구통계학적 역학관계(negative socio-economic and demographic dynamics)

특정한 사회적 환경은 범죄의 두려움을 상승시켜 CPTED 내의 공간에 있는 사람이라도 가정 내에 갇히도록 한다는 것이다. 문화적·사회적 요인이 거주자의 행동과 그 자신의 자기정치(self-policing)[12] 성향에 영향을 미쳐서 CPTED의 효용성에 대한 부정적 시각을 초래한다는 것이다.[13]

3) 변위(變位, displacement)

CPTED가 기존의 모든 범죄대책인 위치, 시간, 전술, 표적 등의 방향성을 변위시켜 범죄예방을 위한 여러 시책을 긍정적인 방향으로 바꾸기에는 역부족이라는 것이다.[14]

4) 생태학적 한계점(ecological threshold)

일반 자연생태계와 마찬가지로 특정 활동과 기능은 제한된 수용력을 가지고 있어서 이 제한된 수용력이 정점에 도달하게 되면 주민과 사회 자본 및 경제자원의 이탈이 발생하고 하락의 악순환을 초래하게 되면서 CPTED의 기능을 무력화시킬 수 있다는 것이다. 이는 티핑 포인트(tipping point)[15]와 같이 어떤 정점에서 일시에 엄청난 변화를 가져오기도 한다.[16]

---

11) Paul Michael Cozens, Greg Savill, & David Hillier, Crime prevention through environmental design: A review and modern bibliography, Emerald, 2005, pp. 341-342.

12) 자기 정치란 주변의 입장과는 관계없이 자신만의 독특한 생각과 표현 및 행동을 나타내는 것을 말한다.

13) R. Atlas, The other side of defensible space, Security Management, March, 1991, pp. 6-63.

14) S. Hakim & G. F. Rengert, Crime Spillover, Beverly Hills, CA: Sage, 1981.

15) 1970년대 미국 북동부 도시에 살던 백인 주민이 다른 이주민의 인구가 20%에 달하였을 때, 일시적으로 그 도시를 이탈한 현상을 두고 이 용어를 사용하기 시작하였다.

16) G. Saville, New tools to eradicate crime places and crime/niches, paper presented at the "Safer Communities; Strategic Directions in Urban Planning" Conference, Melbourne, 1998.

5) 요새심리(fortress mentality)[17)]

충분한 커뮤니티 참여 없이 CPTED를 적용하고 범죄예방목표 강화에 지나치게 의존하면, 시민과 이웃이 오히려 CPTED에 대한 거부감이 작용하여 범죄예방효과를 감소시킨다는 것이다. 이는 사회적 상호작용을 강조한 것으로서 제2세대 CPTED를 촉진시키는 계기가 되었다.[18)]

5. 제2세대 CPTED

제2세대 CPTED는 제1세대 CPTED의 한계성에서 출발하여 1997년 Gregory Saville과 Gerard Cleveland에 의하여 주창되었다. 제1세대 CPTED가 영역성과 방어공간 강화에 초점을 두었다면 제2세대 CPTED는 개념을 보다 확장하여 지역사회 내의 긍정적 행동방식과 이웃공동체라는 의식을 공유하기 위하여 사회적 · 문화적 특성을 강조하고 활성화시키는 데 중점을 두고 있다.

제2세대 CPTED는 사회적 응집(social cohesion), 연계성(connectivity), 지역사회 문화(community culture), 한계 역량(threshold capacity) 등 4가지의 핵심적인 전략을 바탕으로, 지역의 규모 · 밀도 · 거주지의 차별화(size of the district, density, and differentiation of dwellings), 도시의 만남 공간(urban meeting places), 청년 클럽(youth clubs), 거주자의 참여(residents' participation), 거주자의 책임감(residents' responsibility) 등 5가지 구성요소로 나타낼 수 있다.[19)]

1) 지역의 규모 · 밀도 · 거주지의 차별화

공간의 크기가 거주자들의 인지도와 친밀감에 영향을 미쳐서 일정한 규모 이내의 지

---

17) 자신이 공격받고 있다고 인식하면, 타인의 비판이나 견해에 귀를 기울이지 않는 사람들이 집단을 이루는 행위를 말한다.

18) Paul Michael Cozens, Greg Savill, & David Hillier, Crime prevention through environmental design: A review and modern bibliography, Emerald, 2005, pp. 341-342.

19) G. Saville & G. Cleveland, An introduction to 2nd Generation CPTED: Part 1, CPTED Perspectives 6(2), 2003, pp. 4-8.

역에서 CPTED를 실행해야 한다는 것인데, 국가 또는 지역에 따라 범죄율에 차이가 있으므로 균등하게 적용하기에는 무리가 있다.

2) 도시의 만남 공간

건축가 또는 도시계획 설계자가 아닌 지역공동체 구성원이 중심이 되어 주민들이 서로 만날 수 있는 공간을 만들어야 하고, 이 공간이 부족할 경우 빈 공간이 발생하여 이것이 위험한 공간으로 탈바꿈함으로써 오히려 범죄행위를 조장할 수도 있다는 것이다.

3) 청년 클럽

젊은 청년들이 서로 만나 다양한 활동을 하는 클럽이 활성화되면 범죄예방에 긍정적 영향을 미친다는 것인데, 이는 지역사회 또는 국가기관의 관심과 후원 등이 매우 필요한 사항이다.

4) 거주자의 참여

거주자 스스로가 지역공동체 사회생활에 적극적으로 참여하는 것을 말한다. 그러나 개인 심리적 또는 사회적 이유로 이러한 공동체 참여가 어려운 경우가 있으므로 전략적으로 접근할 필요성이 제기된다.

5) 거주자의 책임감

이는 제1세대 CPTED의 '영역성' 및 '방어공간' 형성과 밀접한 연관성을 가지는 것으로서 그 지역 거주자 모두가 범죄방어의 책임이 있는 것으로 인식하고 범죄예방에 관심을 기울이는 것이 중요하다.

제3절 주택경비(Home Security)

1. 사회적 배경

여성 사회진출의 증가와 초고령사회의 진입을 앞두고 날로 흉포화되는 사회구조로 인하여 보금자리에 대한 안전욕구가 갈수록 높아지는 실정이다. 이에 따라 가정의 안전을 보장받을 수 있는 경비시스템의 필요성도 더욱 높아지고 있다.

대검찰청의 범죄분석 자료에 의하면, 2008년도부터 2017년 사이인 10년 동안 교통범죄를 제외한 전체범죄의 발생비는 6.9% 감소하였다. 그러나 지난 10년 사이의 강력범죄(흉악)의 발생비는 43.5%나 증가하였다. 성폭력범죄의 발생장소는 주거지가 16.1%로 가장 높았고 발생 시간대는 밤 10시부터 새벽 4시 사이가 40.9%로 가장 높았다.

절도범죄에서는 침입절도가 15.2%로 가장 높았으며 주거지가 8.7%에 달하고 있다. 절도범죄 발생시간은 오후 12시부터 오후 6시까지가 31.7%로 가장 높았다. 이처럼 주거는 인간생활에 가장 밀접하면서도 외부침입에 대하여 매우 취약하고 밤과 낮의 구분이 없다. 최근에는 각 가정마다 무인경비시스템 확보율이 증가하고 있음에도 아직 침입절도가 근절되지 않고 있다.

2. 주택경비시스템의 발전과정

시스템에 의한 경비가 1980년대에 우리나라에 도입되었고, 1990년대에는 인력경비와 무인경비가 결합된 혼합경비시스템이 본격적으로 가동되었으며, 오늘날에는 유비쿼터스[20]에 의한 토털경비시스템이 도입되기에 이르렀다.

이 토털경비시스템의 한 영역인 CCTV에 의한 영상보안은 화면의 고해상도뿐만 아니라 인터넷을 통한 원격감시, 동작탐지 및 분석까지 가능한 수준을 확보하고 있다.

---

20) 유비쿼터스 컴퓨팅(Ubiquitous computing) 또는 퍼베이시브 컴퓨팅(pervasive computing)이라고 하며, 시간과 장소, 컴퓨터나 net work 여건에 구애받지 않고 자유롭게 net work에 접속할 수 있는 정보기술(IT) 환경 또는 그 패러다임(브리태니커 백과사전, 2019 검색)

3. 홈 시큐리티 기능

홈 시큐리티는 기계경비에 의존하여 실시되는 서비스가 주를 이루고 있으며, 외부의 침입방지 기능뿐만 아니라 화재, 가스누출 등 안전관리 측면, 그리고 식사준비, 목욕온수기능, 건강체크 등 재택의료서비스(Home Doctor System)와 같은 편의와 웰빙 시스템에 관한 내용을 포함한 종합적인 시스템을 갖춘 종합서비스 시스템이다.

우리나라에서는 미국 CATV(Continental Cable Vision) 업체가 1994년부터 최초로 서비스를 개시하였으며, 이는 동축 및 광케이블을 사용한 CATV(Cable Television) 회선을 통하여 각종 생활정보와 함께 안전서비스를 제공받게 된다.

4. 주택경비를 위한 대비책

주택의 안전을 위하여 건축 자체를 더 안전하게 설계하고 안전을 위한 레이아웃을 시도할 수 있지만, 필요한 몇 개의 설비와 주의만으로 주거범죄의 기회를 크게 줄일 수 있다.[21]

1) 침입자가 노리는 집[22]

- 대문이 열려 있는 집
- 자물쇠가 밖으로 채워져 있는 집
- 초인종을 눌러도 대답이 없거나 전화를 걸어도 받지 않는 집
- 초저녁에 불이 꺼져 있는 집
- 대문 또는 출입문에 정기 배달물(우유, 신문 등)이 쌓여 있는 집

21) Kären M. Hess, Henry M. Wrobleski, Introduction To Private Security, 4th Edition, West Publishing Company, 1996, pp. 537-538.

22) 사이버경찰청 생활치안자료, 2019.

2) 장기간 외출(휴가, 주말여행 등) 시 지켜야 할 사항

- 자물쇠의 잠금장치를 반드시 확인한다.
- 여행계획을 노출시키지 않는다.
- 집에 없다는 것을 표시하는 메모 등을 출입구 주위에 놓지 않는다.
- 귀중품(귀금속, 현금 등)은 가급적 은행에 보관하고, 집안에 두게 될 경우에는 분산하여 보관한다.
- 전등이나 오디오에 자동 타이머를 설치한다.
- 평상시처럼 커튼이나 블라인더를 위치시킨다.
- 정기 배달물은 휴가기간 동안 중지하도록 미리 연락하여 두거나, 이웃집에 일시적 보관을 부탁한다.
- 경비원이나 파출소에 연락하여 둔다.

3) 주택경비 대비책

- 동사무소, 우체국, 전세구입자 등을 가장하여 침입하는 경우가 있으므로 낯선 자에 대하여는 집안으로 들이지 않도록 한다.
- 개인주택인 경우에는 방범등을 설치하고, 주택 주위를 밝게 하여 침입의도를 사전에 제거한다.
- 이웃집과 서로 비상벨을 연결하여 유사시 상호 협력하여 침입자를 체포하거나 경찰에 신고하는 체계를 갖춘다.
- 전문용역경비업체를 통하여 방범기기를 설치한다.
- 경찰서나 파출소와 연결된 비상연락망을 설치한다.

5. 지역단위 경비(Town Security)

단독주택이나 단위 건물의 경비가 아닌 단위지역의 경비를 말하며, 경비기능은 홈시큐리티 기능과 유사하나, 단지단위계획의 종합적인 프로그램에 따르므로 경비절감(經

費節減) 면에서 효과가 있다.

재개발지역이나 조합개발 또는 국가의 주거보급계획에 따라 신도시가 새로이 확대되고 각 지역마다 단위별로 단지가 구획되면서, 단지 내의 전 가구에 각종 방범 시스템(침입감지 및 경보기, 방문자 녹화 등)과 방제 시스템(가스누출 감지, 화재 감지 등), 출입문 개폐, 각종 생활정보 등을 제공하는 형태가 이미 정착되어 있다.

지역단위 경비는 일정규모 이상[23]의 의무관리대상 공동주택인 경우에 자치관리기구를 구성하여 운영해야 하는데, 운영의 주체가 관리사무소가 되므로 방범의 개념보다는 시설관리 또는 환경관리 측면에 중점을 두고 있다.

6. 고층빌딩 경비

고층빌딩은 건물의 특수성으로 인하여 건축물 안전관리, 화재예방 감지시스템, 무단침입차단, 지진이나 화재 등에 대한 대응시스템 등 특별한 안전관리시스템이 수립되어야 하는데, 건물의 규모에 따라 실치 내용이나 방법, 비상상황에 대한 대응시스템 등이 구별된다.

1) 주차장

도심에 위치한 고층빌딩은 일반적으로 주차장이 건물의 지하에 설치되어 있으므로 차량에 의한 테러 등에 대비해야 한다. 일단 주차장에 진입하면 건물 내부로 쉽게 접근할 수 있고, 차량에 의한 테러에도 무방비로 노출되어 있으므로 이에 따라 출입인원에 대한 적절한 통제대책과 함께 주차장에 대한 감시기능이 활성화되어야 한다.

---

23) 50세대 이상으로서 승강기가 설치되었거나, 지역난방방식 또는 중앙집중식 난방방식의 공동주택으로서 「공동주택관리법」과 「공동주택관리법 시행령」, 「건축법」 등을 적용받는다.

2) 주 출입구

외부 방문객과 내부 상근자에 대한 출입통로를 구분하고, 내부 상근자는 보안시스템을 갖춘 신분증명카드를 필히 부착하도록 하며, 외부 방문객에 대하여는 방문객 출입절차 매뉴얼에 따라 조치한다(본서의 "제8절 시설경비실무"의 1. 출입통제 참조).

3) 순찰

정기 또는 수시 순찰을 통하여 화재예방을 도모하고, 무단침입자 유무를 살피며 각종 경비기기에 대한 작동여부와 비상구 등 외부로 연결되어 있는 모든 출입구에 대한 안전확인을 실시한다.

4) 감시 · 경보 시스템

건물 내외부의 취약요소에 대하여 감시장치, 침입경보장치 및 화재경보장치 등을 설치하고 이를 통제하는 중앙관제실을 둔다.

제4절 금융시설경비

금융기관은 고액의 현금과 필요에 따라 고가의 귀중품을 보관하고 있으므로 상시적으로 범죄의 표적에 노출되어 있다. 따라서 금융기관 자체의 보유재산뿐만 아니라 이를 이용하는 고객들의 안전관리를 위해서도 금융시설에 대한 경비체계가 중요하다고 하겠다.

1. 위해요소

금융기관에 대한 위해요소는 타 기관에 비해 너무 많은 것이 특징이라고 할 수 있다. 이러한 위해요소에는 강도, 절도(고객에 대한 절도, 현금자동지급기 절도, 업무시간 이외의 야간 절도 등), 고객의 현금 또는 소지품에 대한 강탈, 납치강탈, 사기(신용카드, 통신망, 대출 등에 의한 사기) 등이 있다.

최근에는 전자금융거래 또는 사이버 거래의 비중이 높아져 금융시설물에 대한 이용인구가 줄어들고 있으나, 외환업무, 대출상담업무 등 많은 부분에서 현장이용이 당분간은 불가피한 실정이다.

2. 안전관리대책

1) 경비책임자의 역할

각 금융기관에는 시설 면에서 금고의 안전성이 우선적으로 확보되어야 하며, 안전관리수행을 위하여 경비책임자는 다음과 같은 사항을 계획하고 실행하여야 한다.

- 방범체계에 대한 계획수립 및 지도
- CCTV, 경보체계 등 방범시스템의 점검 및 지도
- 현금수송업무에 대한 계획수립 및 지도

- 경찰 및 소방소와 연락체계 강구
- 직원에 대한 방범시스템 교육

2) 경비담당자의 근무내용

- 모든 출입자에 대한 감시가 용이한 위치에서 근무한다.
- 교대근무 시에는 인수인계를 철저히 하고 경계의 공백에 주의한다.
- 다량의 현금이 이동하는 시간대에는 특히 경계를 늦추지 않는다.
- 의심이 가는 자에 대해서는 시선의 공백이 생기지 않도록 한다.

3) 의심이 예상되는 이상거동자에 대한 경계방법

이상거동자라 하더라도 일단은 고객으로 간주하고 본인이 불쾌감을 느끼지 않는 범위 내에서 주의 깊게 감시(관찰)해야 하며 다음과 같은 사항을 의혹을 가지고 예의주시한다.

- 금융기관 출입구 주변 도로에서 자동차 엔진 가동상태로 주차한 차량
- 창구 앞을 반복적으로 배회하는 고객
- 예금의 입출금을 반복적으로 하는 고객
- 전혀 모르는 사이인데도 아는 것처럼 위장하여 출입하는 고객
- 행동이 어색하고 초조해 하는 고객
- 본인의 용무가 끝난 이후에도 계속 객장에 머무는 고객

4) 현금자동인출기(ATM: Automatic Teller Machines)

ATM은 현금수송업무가 잦은 것이 특징이며, 독립적으로 설치되어 있거나 금융기관에 있다 해도 야간에는 무인점포의 형태이므로 별도의 안전관리시스템이 구축되어 있어야 한다.

- 고화질의 CCTV시스템 구축
- 비상전화 설치
- 정기 및 수시 순찰
- 출입구 폐쇄장치 설치 등

제5절 의료시설경비

1. 의료시설의 특징

의료시설은 일반 건축물에 비하여 상대적으로 많은 첨단 의료장비가 설치되어 있다. 병원의 의료진, 원무과의 직원, 환자, 방문객 등 병원을 출입하는 대부분의 사람들은 강도 높은 스트레스에 노출되어 있다. 사소한 일에 있어서도 격한 심리적 상황에 빠져들기 쉽고, 이에 따라 부적절한 결과를 초래할 가능성이 상존하여 있다. 이러한 의료시설의 긴장된 분위기는 또 다른 위험을 가져올 수 있다. 특히 환자들은 모든 인위적 · 자연적 위해요소에 절대적으로 취약하기 때문에 이에 대한 안전관리대책이 매우 중요하다.[24)]

2. 안전관리대책

1) 출입통제대책

의료시설은 중환자실을 제외하고는 주간에는 매우 개방된 공간이며 관리대상지역이 넓은 것이 특징이다. 특히 최근에는 커피점, 선물판매점, 꽃가게, 24시간 운영되는 편의점, 다양한 레스토랑 등 직접적인 연관성이 없는 사람들의 이용이 다수를 차지하고 있다. 여기에다 의료시설 고유의 외래환자와 입원환자, 면회객, 방문객, 직원, 의사, 간호사 등 지속적인 유동인원이 상존하기 때문에 출입에 제한을 둘 수 없는 특수한 사정이 있으며 경비근무상황이 어려운 측면이 있다.

통제가 필요한 시간대 또는 장소에는 의료시설 내부의 인원도 필요에 따라 통제해야 하나, 극도의 스트레스에 노출되어 있는 진료진들은 근무자 통제에 우호적이지 않을 수 있다. 응급환자의 보호자나 의료사고로 인한 분쟁에 따른 보호자의 개인별 또는 집단항의에도 능숙하게 대처해야 한다.

---

24) Kåren M. Hess & Henry Wrobleski, Introduction to Private Security, New York, 1996, pp. 567-576.

의료기관도 하나의 영업행위 공간으로 간주되고 있으므로 진료시간 또는 방문객의 면회시간에는 친절한 태도를 견지하면서 안내와 감시에 집중해야 한다. 야간에는 입원환자의 안정과 보호 그리고 시설물의 안전관리를 위하여 출입통로를 단일화하고 허가 또는 인가된 사람만이 출입할 수 있도록 통제가 필요하다.[25)]

2) 조명계획

주차장이나 산책로 등 병원건물 주변의 조명을 밝게 유지한다. 특히 응급실의 입구는 조도를 일정 수준 이상으로 밝게 유지한다. 입원실이 있는 건물에서 조명의 방향은 입원환자들이 방해받지 않도록 해야 하며 경관조명과 같은 시스템은 의료시설에는 적합하지 않다.

3) 주차계획

외래환자 또는 면회객의 주차구역과 직원들의 주차구역을 구분한다. 주간 진료시간 이후에는 여성근무자(간호사)가 90%에 달하므로 이에 대한 주차장 안전구역을 설정하여 보안성을 높인다.

4) 진료구역과 행정구역의 분리

약품저장실, 기계실, 전산실, 원무행정실, 연구실, VIP 진료구역, 임상실습실, 고위관리자실 등은 입원환자 또는 방문객 동선과 분리하거나 부득이한 경우에는 출입통제시스템을 갖춘다.

5) 출입카드

주간 진료시간대 외에는 외부방문객에게 출입을 허용하는 임시출입카드를 패용하도록 한다. 입원병실의 외부출입은 시간대를 설정하고 허용된 시간대 외에는 출입을 엄격

---

25) Clifford E. Simonsen, Private Security in America, Prentice-Hall, 1998, pp. 123-132.

히 제한한다. 응급진료실의 보호자 또는 외래인의 출입은 허용된 사람(일반적으로 환자 보호자 1명)만 출입이 가능하도록 하며 카드출입통제 시스템을 설치하는 것이 근무에 유리하다. 중환자인 경우에는 면역력이 매우 약한 상태이므로 출입자들의 호흡기 및 피부접촉에 대한 대책(마스크, 손 세정기 등)도 함께 수립해야 한다.

6) 응급실

1990년 필라델피아 한 병원의 응급실에서는 장전된 권총, 칼, 상자를 자르는 데 쓰는 커터칼, 피아노 줄, 청동 너클, 면도칼, 심지어 수류탄까지 압수한 적이 있다. 우리나라의 경우에도 응급실에서의 주취자 난동, 의료진 폭행 등이 다반사로 일어나고 있다. 또한 의료시설은 강도나 성폭행에 취약한 여성이 전체 의료시설 상근자의 70%를 차지하고 있으므로 불안전한 환경에 직면해 있다고 볼 수 있다.[26)]

의료시설 중에서 응급실은 24시간 개방이 불가피하며, 구급환자와 보호자들의 첨예한 긴장상태로 인하여 폭력과 고성 등 항의가 빈번하고 의료시설 근무자(의사, 간호사, 원무직원)들이 위해에 노출될 확률이 높은 곳이므로 경비근무자의 집중 안전관리가 필요하다.

7) 재해 및 재난 안전대책

의료시설에는 의료용 산소를 비롯한 많은 가연성 물품이 비치되어 있어 지진이나 화재 또는 붕괴에 매우 취약하며, 특히 환자들은 이러한 재해 또는 재난[27)]에 대하여 거의 무방비상태로 노출되어 있다. 따라서 소화기, 소화전, 소화호스 등을 철저히 점검하고, 환자들이 비상통로를 쉽게 찾을 수 있도록 동선을 배치하며, 정전에 대비한 비상발전 또는 비상전등 시스템을 갖추어야 하고, 소방서와의 연락체계를 철저히 갖추어야 한다.

---

26) Kären M. Hess, Henry M. Wrobleski, Introduction to Private Security, 4th Edition, West Publishing Company, 1996, p. 125.

27) 「재난 및 안전관리 기본법」에서는 지진, 태풍, 홍수, 폭풍, 해일, 폭설 등 자연현상으로 인하여 발생하는 피해를 자연재난이라 하고, 화재, 붕괴, 폭발, 교통사고, 화생방사고, 환경오염사고 등 주로 인위적 요인에 의하여 발생하는 피해를 사회재난이라고 한다. 「자연재해대책법」에서는 「재난 및 안전관리 기본법」의 자연재난을 자연재해로 정의하고 있다.

제 6 절 숙박시설경비

1. 숙박시설의 특징

1) 특징

호텔 등의 숙박시설은 투숙을 위한 객실뿐만 아니라 업무를 위한 Business Center, 수영과 헬스 등의 Sports Fitness Center, 레스토랑, 카페 등 내외국인의 투숙 · 방문객을 위한 다양한 시설이 구비되어 있는 복합 문화공간이며, 24시간 출입자의 제한 없이 출입이 빈번한 곳이다. 따라서 내외부의 도둑, 반달리즘, 매춘, 화재 등의 문제가 상존하는 장소이다. 또한 현금, 신용카드, 귀금속, 속옷, 중요문서 등의 탈취가 빈번하게 이루어지는 장소이다.[28)]

2) 내외부의 문제

내부적인 문제는 주로 현금취급, 하우스 키핑, 검수, 세탁물 서비스, 음식물 서비스 등에서 발생하기 쉽다. 숙박시설에서 근무하는 많은 직원들은 그들의 업무수행을 위하여 마스터 키 혹은 보조 마스터 키를 보관해야 하므로 투숙객이나 숙박시설 이용자들의 사유재산에 접근하기가 용이하다.

또한 외부의 범법자가 이러한 키를 확보하였을 경우에는 보안에 매우 취약할 수밖에 없는 것이다. 특히 휴양지에서의 숙박시설은 전형적인 보안문제에 직면하게 되는데, 이는 숙박시설 이용객들이 레크리에이션에 참가하거나 관광을 위하여 많은 시간을 외부에서 보내면서, 그들의 현금다발, 비행기 티켓, 스포츠 장비, 카메라, 신용카드, 귀금속, 값비싼 의류 등을 객실에 남겨두기 때문이다. 또한 대형 행사나 회의에 참석하게 되는 경우에는 이러한 일정이 모두 노출되므로 이에 대한 문제 발생의 여지가 많다.

---

28) Gion Green, Introduction to Security, 4th ed, Revised by Robert J. Fischer, MA: Butterworth Publishers, 1987, p. 29.

3) 이용객 문제

숙박시설에서는 손님들만 희생양이 되는 것이 아니라 오히려 범법자로 둔갑하는 경우가 종종 발생한다. 미국에서는 숙박시설의 집기류(재떨이, 수건 등) 혹은 기념품을 도난당하여 매년 수백만 달러의 손실이 발생하고 있다. 반달리즘에 의한 숙박시설의 가구 혹은 시설물의 파괴는 수백만 달러 이상의 손실을 가져오고 있다.[29)]

4) 화재

숙박시설에서의 또 다른 중요한 문제는 바로 화재이다. 1994년 미국의 통계자료에 의하면, 1992년에는 숙박시설에서 6,000건의 화재가 발생하였고, 5천6백만 달러 이상의 재산손실을 초래하였다고 보고되었다. 우리나라에서는 2017년 숙박시설의 화재는 320건으로 54명의 사상자가 발생하였다.[30)]

다음과 같은 경우에 화재로 인한 손실발생을 초래한다.[31)]

- 최초 발견이 늦은 경우
- 화재경보가 늦은 경우
- 투숙객들의 신고가 늦은 경우
- 내부 디자인을 위하여 인화성물질을 사용하는 경우
- 직원들에 대한 소방훈련이 부족하거나 부적절한 경우
- 투숙객들의 숙박카드 서명 시 주의사항 설명이 없는 경우
- 서비스를 제공할 직원들의 수가 부족한 경우

---

29) Kären M. Hess, Henry M. Wrobleski, Introduction To Private Security, 4th Edition, West Publishing Company, 1996, pp. 538-546.

30) 소방청 국가화재정보센터, 2017년 화재통계연감.

31) Johnny R. May, Hotel Liability: Dealing with Fire Prevention and Alcohol Serve Liability, Security Concepts, 1994, pp. 11-18.

5) 기타

상기한 여러 문제 외에도 공조기의 독가스 살포, 전기누전 등의 위험요소를 안고 있다.

2. 안전관리대책

1) 출입통제

호텔의 출입구는 가능한 많은 유동인구를 확보하기 위하여 다수의 출입동선을 두고 있으므로 단일한 지점의 출입통제를 실행하기는 어려운 점이 있다. 따라서 주 출입구에는 안내를 겸한 근무자가 필요하고, 기타 출입구에는 순찰근무동선에 포함시키는 것이 효율적이다.

2) 경비순찰

일반적으로 숙박시설은 객실을 제외한 전 지역에 CCTV카메라를 설치하고 특히 지하층과 1 · 2층 등 방문객이 많은 지역은 사각지대가 없도록 카메라를 배치해야 한다. 그러나 시설의 규모에 따라 2인 1개조의 순찰을 실시해야 하며 다음 사항들을 준수한다.

- 비상계단, 화물 출입구, 종업원 동선 등 이용객이 적은 지역을 순찰동선에 포함시킨다.
- 유동인구가 많은 로비 등에 대한 거동수상자에 대하여 집중 감시를 실시한다.
- 소화설비의 이상유무와 인화물질에 대하여 점검한다.
- 폭발물 테러에 대비하여 방치되어 있는 수상한 물품을 점검하고 분실물 처리대책을 강구한다.
- 숙박시설 기물 자체에 대한 절도와 투숙객 또는 시설이용객이 소지하고 있는 귀중품에 대한 절도행위 가능성을 항상 주의 깊게 유의한다.

3) 화재 안전관리대책

숙박시설에 있어 화재에 의한 손실은 막대한 인명손실뿐 아니라 회복 불능의 경영상태를 가져올 수 있으므로 철저한 예방을 아무리 강조해도 지나침이 없다. 일반적으로 화재발생 시에는 다음과 같은 경우에 그 피해가 확산되므로 이러한 점에서 점검표 작성의 기준을 삼아야겠다.

- 화재의 발견이 늦는 경우
- 소방서에 연락이 늦는 경우
- 손님들에게 경보가 늦는 경우
- 실내장식이나 디자인에 인화성이 높은 물질을 사용한 경우
- 소방법을 충실히 이행하지 않은 경우
- 화재 시 안내 또는 대피를 주도할 직원을 충분히 보유하지 못한 경우 등

또한 경비관리자는 건축물의 초기설계 또는 설비 시에 화재예방시설과 관계되는 내용들이 적용되도록 관여하는 것이 좋다. 일반적으로 소방법을 적용하여 건축설계 도면을 작성하고 있으나, 소방전문가의 의견을 적극적으로 반영할 필요성이 더욱 요구된다고 하겠다.

다음의 사항들은 건축설계 시에 반영하거나 본격적인 경비업무를 인수할 시점에 점검할 내용들이다.[32)]

- 전 지역에 스프링클러와 화재경보기가 설치되어 있는가?
- 화재경보기를 정기적으로 시험하여 보는가?
- 화재 시 비상계획이 수립되어 있는가?
- 직원들에 대한 피난절차가 교육되어 있는가?
- 각층에 경보스위치가 설치되어 있는가?
- 경보기가 소방서에 연계되어 있는가?

---

32) Successful Meeting Magazine 재구성, Bill Communications, 1991.

- 비상탈출구가 시야에 잘 들어오거나 장애물은 없는가?
- 비상문이 도로에 접하여 있는가?
- 각층의 벽에 외부나 지붕으로 통하는 창문이 있는가?
- 각 객실에 외부로 통하는 창문이 있는가?
- 비상등이 설치되어 있는가?
- 소방서가 얼마나 떨어져 있는가?
- 소방기관에 의한 소방점검이 언제 이루어졌는가?
- 소방서의 전화번호를 인지하고 있는가?
- 경비실의 연락처를 인지하고 있는가?
- 소화기 등 소화설비의 위치는 적절한가?
- 화재예방이나 화재진압에 위배되는 규정은 없는가?
- 복도나 출입구를 차단하는 물건은 없는가?
- 비상구가 명확히 잘 표시되었는가?

4) 풀장(수영장) 안전관리대책

대형 숙박시설의 경우에는 대부분 실내 또는 실외 수영장을 갖추고 있으므로 이에 대한 안전관리도 중요한 부분을 차지한다. 개장시간대의 안전사고뿐만 아니라 폐장된 시간대에도, 출입문 관리를 엄격히 하지 않거나 통제 자체를 하지 않아서 발생한 안전사고에 대해서는 경비부서에 책임이 따르게 되어 있으므로 이에 대한 안전관리도 철저히 해야 한다. 일반적으로 다음과 같은 점에 주의해야 한다.

- 수영장 물의 히팅시스템을 위한 전기적 장치는 안전한가?
- 수영장 주변의 바닥은 너무 미끄럽지 않은가?
- 수영장의 출입시간대는 잘 지켜지고 있는가?
- 출입문의 잠금장치는 문제가 없는가?
- 수영장의 안전요원은 확보되어 있는가?
- 화재발생 시에 대비한 비상통로는 확보되어 있는가?

제7절 판매시설경비

1. 판매시설의 특징

백화점 등의 판매시설은 소득수준의 향상과 소비욕구의 증가로 인하여 날로 대형화되는 추세이다. 이에 따라 판매시설 내부의 범죄욕구의 증가, 다량의 유동인구와 교통밀집, 구급상황 대비책, 재해로 인한 비상사태 대비책 등 많은 숙제를 안고 있다.

2. 판매시설의 범죄발생요소

1) 임대 입주자들에 대한 강탈이나 성폭행

판매시설에는 다양한 상품들과 이에 관계되는 전산시설, 또는 흉기화될 수 있는 많은 물품들이 진열되어 있다. 범행을 목적으로 하는 침입자들은 진열품들을 폭행의 도구로 사용하거나, 한적한 시간대에는 입주자들에 대한 성폭행을 일삼기도 한다.[33)]

2) 납치 · 갈취

중역이나 임원들을 납치 또는 갈취하여 금품을 요구할 수 있다.

3) 절도 · 소매치기

판매시설은 현금 또는 신용카드 거래가 활발한 장소이므로 단순절도, 소매치기, 강탈 등의 범죄 확률이 높다.

---

33) Clifford E. Simonsen, Private Security in America, Prentice-Hall, p. 139.

4) 폭발물 · 방화에 의한 테러

판매시설에는 많은 유동인구가 있으며, 정신이상자, 상대적 빈곤감과 허무주의에 몰입된 자, 전형적인 테러리즘, 판매물품과 종업원에 대한 불만 등에 의한 다수희생을 노린 다양한 테러가 상존해 있다. 국가정보원의 자료에 의하면 국내테러 혹은 테러협박 중에서 백화점, 대형마트, 호텔, 병원, 역, 공항 등 다중이용시설에 대한 테러위협이 가장 큰 비중을 차지한다고 하였다.

2019년 6월에만도 학원이 밀집한 상가건물에 '폭발물 설치' 협박전화가 경찰서에 걸려와 군과 경찰이 수색에 나서기도 하였으며, 하루 전날에는 상업시설이 다량 입점한 국내 최고층 빌딩에 폭발물이 설치되어 있다는 협박전화가 112로 접수되기도 하였다. 한 달 전에는 서울 00공항 국제선 입국장 화장실에 유사 폭발물을 설치하여 경찰에 체포되기도 하였다. 이처럼 판매시설이 밀집하여 군중이 많이 집결되는 지역 또는 시설물을 중심으로 폭발물 협박과 시도가 끊이지 않고 있다.

5) 주차장

주차지역에 대한 분쟁, 접촉사고, 차량절도 등이 일어날 가능성이 많다. 특히 어두우면서 넓은 주차장에서의 사고는 밤과 낮의 구별이 없으며, 그러한 곳은 범죄자들의 범죄의지를 높이는 역할을 한다.[34] 또한 조명이 약하거나 어두운 주차장은 차량 이용자들이 자신의 차량에서 내려서 또는 타기 위해서 이동할 경우, 어둡고 위험한 골목길을 가는 것처럼 느낀다고 하여 범죄 두려움을 일으킨다고 하였다.[35] 따라서 주차장의 조도를 적정한 수준으로 유지하고 감시기능을 노출형태로 갖춰둬야 한다.

6) 내부손실

물품의 반입 · 검수과정과 매장 내 내부 고용인에 의한 재산손실 가능성이 있다.

---

34) Joel Konicek, Reserve Space for Parking Lot Security, Security Management, 1992, pp. 50-57.
35) Bryan Viau, Parking Garage Security, Security Technology and Design, 1994, p. 63.

3. 안전관리대책

판매시설의 다양하고 복잡한 내외부의 범죄양상에 대하여 다음과 같은 점에서 철저한 대비를 한다.

1) 감시 및 순찰

판매시설에서의 범죄는 충동적인 경우가 많으므로 과시적인 면에 주안점을 둔 기계적인 방법의 감시 및 경비인원의 순찰이 필요하다. 그러나 현실적으로 정복을 착용한 보안요원의 존재가 일반인들에게 거부감을 일으켜 매출에 영향을 줄 수 있다는 이유로 근무자의 배치를 꺼리는 경우가 많다. 따라서 기계적 감시기능을 노출형태로 최대한 확대하고 문제 발생 시에 즉각 투입하는 형태가 바람직하다.

2) 매장카운터 · 현금보관소

각 매장의 카운터와 현금보관소에는 감시카메라를 노출 집중배치하고, 경보기 스위치는 비노출로 설치하되 영업활동에 지장을 초래하지 않도록 한다.

3) 비상사태 대비 직원교육

매장 오픈시간을 제외하고 수시 또는 정기적으로 예상응급 또는 비상사태에 대비한 훈련과 교육을 실시한다.

4) 내부손실대책

내부손실은 외부 범죄에 의한 손실 못지않게 경영에 악영향을 미치므로 이에 대한 평소의 교육과 병행하여 감시대책이 강구되어야 한다.

제8절 시설경비실무

1. 출입통제

출입통제 업무는 시설물 내의 인적·물적 또는 유형·무형의 자산을 보호하는 시설경비에 있어서 시작이자 마무리업무로 보아야 할 것이다. 이러한 출입통제 업무는 출입하고자 하는 자가 고유하게 소유하고 있는 ① 암호, 암구호 또는 PIN(개인식별번호, Personal Identification Number)과 같은 인간의 기억에 의존한 정보, ② 신임장, 열쇠, 스마트 카드 등의 소지품, ③ 지문, 홍채 또는 안면, 목소리, 손바닥 등의 신체적 특징과 같은 정보를 확인하여 출입 허용여부를 결정하고 이에 따라 필요한 절차를 진행하는 업무라고 할 수 있다.

출입통제 업무에 있어서 첫 번째 위험성은 합법적인 고유한 정보를 가장한 출입자이다. 이러한 위험성은 시설물 내 전 인원에 대한 보안의식의 강화로 최소화할 수 있다. 두 번째 위험성은 파업 등 내부적인 요인에 의한 출입구의 개방상태 또는 출입기계 시스템의 작동미숙에 의한 오작동이다. 이러한 위험성은 근무자의 사명감과 기계시스템의 숙달로 줄일 수 있다. 세 번째 위험성은 자연재해에 의한 기계시스템의 고장 또는 오작동이라고 할 수 있다. 시설물의 견고한 구조는 이러한 위험성을 감소시킬 수 있다.

[표 23] 출입통제를 위한 기본적 식별방식[36)]

구 분	내 용
식별 (Identification)	• 출입을 요하는 인원이 자신임을 확인하는 방법 • 이름, ID, 개인식별번호(PIN), 스마트카드, 전자서명, 계좌번호 등

36) 하경수·조철규·김평수, 시스템경비 관제시설의 구축과 보안 및 경영대책, 한국컴퓨터정보학회 20(5), 2015, pp. 113-121.

인증 (Authentication)	• 인증을 요하는 인원이 출입허가 가능한 본인임을 증명하는 과정 • 지식기반 신원확인: 패스워드, 암호 키 등 • 소지기반 신원확인: IC카드, 배지, key 등 • 생체특성기반: 지문, 홍채, 안면윤곽, 음성 등
권한부여 (Authorization)	• 출입을 요하는 인원이 그 목적을 달성하도록 허용할 것인가를 결정하는 과정 • 기본적으로 '접근금지'로 설정하고 출입조건에 부합되는 인원만 허용

1) 방문객 통제

외부방문객은 경비근무자에게는 두 가지의 상반된 목적 달성을 위한 어려운 요소가 된다. 대부분의 시설물에 있어서 방문객은 일단 '시설주(소유자) 또는 회사에 이익이 되는 자'로 간주하고 우호적인 선입견을 가지도록 할 필요성이 있다. 그러나 경비목적 달성을 위해 시설물의 성격에 따라 때로는 철저한 검색과 감시 또는 통제가 수반될 수 있다. 이 두 가지의 목적을 동시에 달성하기 위해서는 고도의 훈련과 경험이 요구된다. 경비근무자가 두 가지 중 한 가지에만 집중할 경우 경비조직 자체가 위태로울 수 있다. 일반적으로 출입자에 대한 통제는 다음과 같은 과정을 기준으로 하여 실행한다.

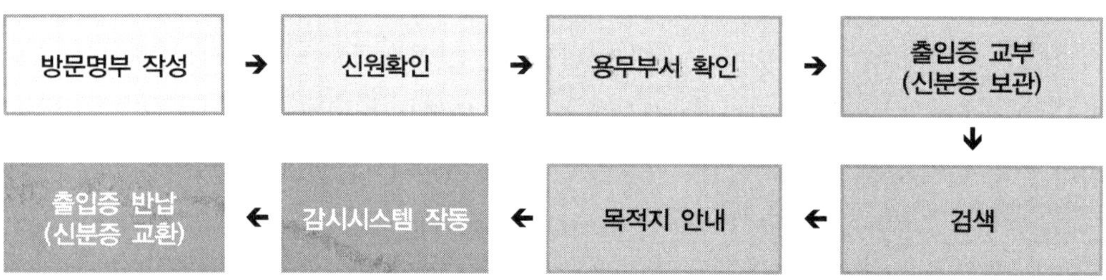

〈그림 9〉 출입자 통제절차

2) 직원 통제

출입지역이 구분된 신분증을 발급하고 갱신이나 분실에 대비한 철저한 관리가 필요하다. 현재 보급·확산되고 있는 스마트카드의 기능을 활성화시켜 출입구 통제와 제한구역에 대한 통제, 그리고 보안장비 활용과 기밀문서 유출방지를 위한 방안을 연구해야 한다.

[표 24] 출입증 종류에 따른 인원출입통제 방법(예)[37]

대상자	입장 시		퇴장 시
	자동화시스템 설치	자동화시스템 미설치	
상시출입증 발급자	• 출입증 바코드 인식 • 휴대품 검사 • 문형탐지기 통과	• 출입증(ID카드)패용 입장 • 출입증 사진과 본인 대조 • 문형탐지기 통과 입장	역순 통제
임시출입증 발급자	• 지정장소 출입허가서 및 신분증 제시 → 출입증 교부 • 휴대품 검사 • 바코드 인식 • 문형탐지기 통과	• 지정장소 출입허가서 및 신분증 제시 • 신분확인 및 인적사항을 출입기록부에 작성 • 신분증 보관 및 임시출입증 교부 • 문형탐지기 통과	역순 통제
미발급자	출입제한	출입제한	

3) 화물 통제

- 일반 주차구역과 화물 하역구역은 가능하면 분리하도록 한다.
- 반출입 화물은 태그를 부착한 RFID 시스템을 적용하여 물품관리가 철저히 이루어지도록 한다.
- 허가되지 않은 차량이나 화물은 초기단계(외곽출입구)에서 통제를 실시하고, 필요 용무에 대하여 상세하게 확인절차를 거치도록 한다.

[표 25] 차량출입증 종류에 따른 차량출입통제 방법(예)[38]

대상차량	입장 시		퇴장 시
	자동화시스템 설치	자동화시스템 미설치	
상시출입증 발급차량	• 지정차선 서행진입 및 일단정지 • 차량출입증 바코드 인식 • 운전자 외 탑승자 전원 하차 및 임시출입증 교부 • 차량 내외부 검문검색(선별적) 후 입장	• 출입증(스티커)을 차량 전면 지정 부위에 고정 부착 • 지정차선 서행진입 및 일단정지 • 출입증 육안 확인 및 차량출입대장 기록 • 검문검색 후 입장	역순 통제

37) 김형태, 한만시설 경비보안체제의 효율화 방안, 월간해양수산 282, 2008, pp. 4-30 재구성
38) 김형태, 한만시설 경비보안체제의 효율화 방안, 월간해양수산 282, 2008, pp. 4-30 재구성

임시출입증 발급차량	• 서행진입 및 대기지역 일단정지 • 탑승인원 하차, 임시출입증 교부 • 임시출입증 바코드 인식 • 차량 내외부 검문검색(선별적) 후 입장	• 신분확인 및 인적사항 차량출입대장 기록 • 검문검색 후 이상이 없을 경우 입장조치	역순 통제
미발급차량	출입제한	출입제한	

2. 순찰활동

1) 순찰형태

일반적으로 순찰의 형태는 순찰지역의 지형적 특성, 회사의 경제적 상황, 고객의 요구에 따라 여러 가지가 있다.[39)]

① 도보순찰: 도보순찰은 가장 오래된 이동감시의 한 형태로 순찰장비의 기술적 진보에 의해 간과되기 쉽지만, 민간경비에 있어서 가장 기본적이고 빈번한 순찰형태이다. 특히 사람들이 빽빽하게 밀집된 지역이나 건축물 내부의 순찰에는 도보순찰이 필수적이며, 직접적인 대인접촉으로 적극적인 경비인상을 심어줄 수 있다. 도보순찰의 방법은 다음과 같다.

- 단독순찰과 복수순찰(Single patrol or multiple patrol): 1인 순찰이냐 2인 이상 순찰이냐를 나타내는 말로서 각각의 장단점이 있다. 단독순찰인 경우에는 인원의 경제적 배치가 가능하고 여러 지역을 분산하여 순찰할 수 있으나 긴급상황에서의 조치능력이 떨어진다. 이와는 반대로 복수순찰은 긴급상황에서의 문제해결 가능성은 높아지겠으나 경비인력의 효율적 운용 또는 순찰지역 이외의 장소에 대한 경비공백 우려가 있을 수 있다.

---

39) John L. Coleman, Practical Knowledge for a Private Security Officer, Charles C. Thomas, Publisher, 1993, p. 121.

- **규칙적 순찰**(Pre-set route patrol, Regular patrol): 사전에 정해진 노선에 따라 규칙적으로 순찰하는 방법으로서, 충분히 숙고한 순찰노선이 되어 사각지역을 줄일 수 있으나, 범죄자에게 노출될 경우 범죄에 역이용당할 수 있다.
- **불규칙적 순찰**(Irregular patrol): 순찰의 노선, 순찰지역의 순서 또는 순찰 지점 등을 사전에 정해두지 않고 불규칙적으로 순찰하는 방법으로서, 범죄자가 예측하기 어려우며, 여러 상황에 따라 필요한 취약지점을 집중적으로 살필 수 있으나, 순찰지역에 공백이 발생할 가능성이 있다.
- **중요지점 순찰**(Critical point patrol): 취약하다고 판단되는 중요지점을 사전에 정하여 그 지점을 중심으로 순찰하되 기타 지역은 현장에서 판단하여 순찰하는 방법으로 규칙적 순찰과 불규칙적 순찰의 단점을 보완할 수 있다.

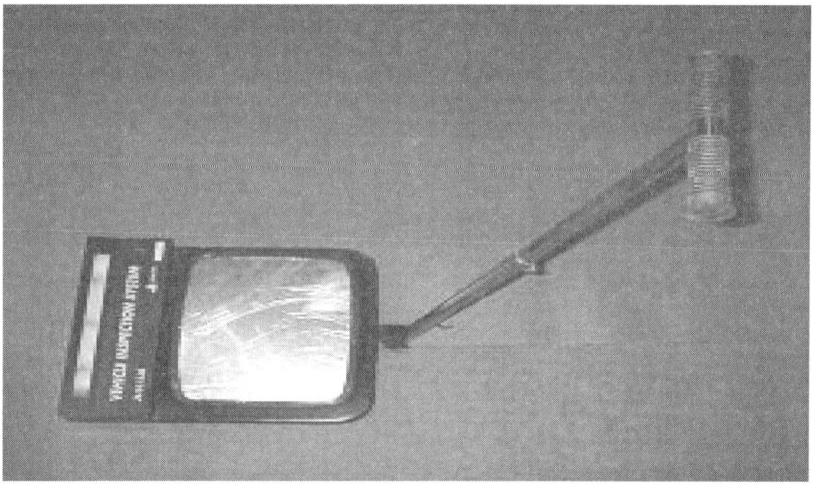

주: 차량 하부 검색 시 아랫부분을 조명 · 확대하여 검색한다.

〈사진 3〉 **차량용 검색경**

② **자동차 순찰**: 대형창고나 대형빌딩 등 넓은 지역을 순찰하기 위하여 사용되는 순찰형태이다. 넓은 지역을 신속하게 순찰할 수 있으며, 순찰차량의 과시로 인하여 범죄의도를 단념시킬 수 있고, 악천후 등의 기상조건에서 순찰자를 보호할 수 있으며, 비교적 무거운 경비장비를 지참할 수 있는 장점이 있다.

③ 기마 순찰: 두 번째로 오래된 순찰형태이다. 주로 가파른 지역이나 거친 지역 또는 숲속의 전원지역과 같은 곳에서 효과적으로 순찰할 수 있다.

④ 순찰견 대동: 순찰견을 대동한 순찰은 동물의 감각기능에 대한 믿음, 순찰지역의 선택, 적절한 개의 훈련에 의해 성공이 보장된다. 또한 순찰견은 공격 또는 방어 양쪽을 활용할 수 있는 장점이 있다.

⑤ 기타: 이외에도 항공 순찰, 보트 순찰, 모터사이클 순찰, 미래형 순찰기계 활용 등이 있으나 비용과 지형 등을 고려하여 효율적인 순찰형태를 선택한다.

2) 순찰내용

순찰은 경비활동에 있어서 매우 중요하다. 순찰근무자는 비용 측면과 위해요소 정보 자료 분석의 두 가지를 고려하여 효과적으로 배치한다. 특히 일과시간 이후의 순찰과정에서 침입흔적을 확인하고, 시설물에 대한 집중적인 안전관리가 가능하다.

- 비상출입구의 침입흔적을 확인한다.
- 정상적인 출입구가 아닌 통로(창문, 환기구, 설비구 등)의 잠금상태를 확인한다.
- 화재예방을 위하여 발화성 또는 가연성 물질에 대한 점검을 철저히 한다.
- 시설물 내의 기존 물품이라 해도 원래의 자리에 있지 않다면 의혹을 가지고 점검한다.
- 감시카메라의 표면상태를 검사한다.
- 화재예방을 위하여 시설물 내의 주방설비시설을 필히 확인한다.
- 비상사태에 대비하여 시설물의 동선이나 위치를 세세히 파악하여 둔다.

3) 순찰근무자의 자세

- 효과적이고 철저한 순찰방법에 대한 지식을 습득한다.
- 특별한 주의가 요구되는 지역이나 관찰되는 사람을 집중 순찰 또는 감시한다.
- 평상시 순찰에서 이상이 없었다는 이유로 안일하게 생각하지 않는다.

- 순찰지역에 대한 지형 및 특이사항을 완전히 숙지한다.
- 순찰 중 발생할 수 있는 문제를 해결할 수 있는 능력을 함양한다.
- 근무시간 중에는 신중하면서도 활기차게 행동한다.
- 침입자나 공격자를 제압할 수 있다는 자신감을 함양한다.

3. 폭파위협 대응

오늘날 복합적 사회구조 특성과 세계 정치 · 경제적 질서 재편에 의한 부산물로 나타나는 각종의 위협, 특히 무차별적 대량학살방식에 의한 테러리즘의 확산은 국가적 차원뿐만 아니라 민간영역에 있어서도 예외 없이 그 해결책을 찾도록 강요받고 있다. 따라서 테러위협은 언제 어느 곳에서도 상존할 수 있으며, 경비근무자는 이러한 위협에 대한 대비태세를 항시 유지하여 비상시의 피해를 최소화하도록 한다.

1) 대응방법

- 폭파위협의 진위를 판단하여 대피여부를 결정한다.
- 경찰서와 소방서에 즉시 신고한다.
- 대피결정 후에는 모든 인원을 건물 밖으로 대피시키고 폭발물 설치가 예상되는 지역을 좁혀나가면서 수색한다.
- 폭발물이 확인되면 그 지역을 봉쇄한다.
- 초기단계에서는 방폭함이나 방폭담요를 활용한다.
- 폭발상황에 대비한 비상계획을 수립한다.

2) 협박전화

- 전화로 폭파협박을 받았을 때 가장 중요한 사람은 최초로 협박자와 통화하는 사람이다. 따라서 전화교환원을 포함한 모든 근무자는 협박전화에 대한 통화방법에 대하여 평시 훈련되어 있어야 한다.

- 통화과정에서 느낄 수 있는 모든 상황(잡음, 현장소음 등)과 협박자의 어투나 특성을 자세히 기록하며 필요에 따라 녹음을 한다.

3) 폭발물 탐지활동

경비근무자는 경비담당구역의 세부위치에 대한 숙지가 잘 되어 있다고 보기 때문에 폭발물을 적극적으로 탐지해야 하지만, 폭발물 처리에 있어서는 전문가에게 의존하는 것이 현명하다.

4) 폭발물 수색 시 유의사항

- 이동하면서도 귀는 항상 모든 소리에 집중한다.
- 제한된 공간에서는 좌측에서부터 우측으로 바닥에서 천장으로 주시한다.
- 두 명 이상이 조사할 경우에는 중첩하여 실시한다.
- 폭발물로 간주되는 물체가 발견되면 그 물체를 이동시키지 말고 발견된 위치에 그대로 두면서 즉시 통제실에 보고한다.
- 필요시 이동시키지 않는 선에서 방폭담요 또는 방폭바구니 등을 활용하여 선조치할 수 있다.

〈사진 4〉 2001년 9월 11일 항공기에 의한 테러현장: World Trade Center

5) 위기상황관리

일단 상황이 발생하면 막대한 인명피해가 발생하게 되므로 발생지점의 접근통제, 긴급환자 병원이송, 교통통제 등 초기대응이 가장 중요하다.[40] 따라서 평상시 위기관리 절차를 수립하고 이에 따른 가상대피훈련 및 초기대응훈련을 통하여 비상상황에 대처하는 능력을 배양해야 한다.

- 폭파 위협이 있을 시 진위여부를 가리기 전에 우선적으로 시설물 내의 인원에 대하여 대피를 시킨다.
- 폭발물 설치가 확실한 상황으로 판단되면 오히려 혼란 방지와 공포감 확산방지를 위하여 신중하고도 조용히 폭발물 설치사실을 숨기면서 대피시키도록 한다.
- 동시에 많은 인원이 출입구에 몰릴 경우 경비근무자는 냉정한 상황에서 노약자부터 대피시키도록 한다.
- 폭발물이 폭파될 시의 폭파위력을 약화시키기 위하여 모든 출입구와 창문을 개방한다.

4. 화학테러 대응

화학테러란 화학물질을 이용하여 국가사회나 사람에게 인위적으로 위험을 가하여 피해를 일으키고 공포심을 조장하는 행위를 말한다.[41] 최근 발생하는 테러는 특별한 요구조건 없이 불특정 다수를 대상으로 무차별적인 공격을 감행하고 있으며, 공격의 대상을 국가 주요 시설이 아닌 무고한 민간 밀집지역으로 하는 이른바 소프트 타깃(Soft Target)의 형태로 전개되고 있다.[42] 2017년 세계 테러리스트 타깃 현황에 의하면 군 또

---

40) 김두현 · 안광호, 다중이용시설의 대테러 안전대책, 한국경호경비학회지 제22호, 2010, p. 53.

41) J. H. Jeong and S. W. Ji, The Basic Understanding of Legal System Against Cyberterrorism in the U.S.—Focused on Patriot Act and Homeland Security Act—, Study on The American Constitution Institution of American Constitution 20(2), 2009, pp. 213-254.

42) B. Park and S. G. Ha, Countermeasures in Prevention of Soft Target Terrorism, Korean Terrorism Studies Review 11(2), 2016, pp. 29-50.

는 정부를 목표로 한 테러가 1,376건이었고, 일반시민 또는 개인에 대한 공격이 3,422건으로 2.5배나 높게 나타났다.[43)]

이러한 상황에서 화학테러는 원료의 가공이 비교적 쉬운 물질을 사용하여 짧은 시간에 대규모 피해를 일으키는 특성이 있으며, 앞으로도 이러한 화학물질을 이용한 테러는 현대사회에서 더욱 증가할 것으로 예상하고 있다.[44)]

1) 국내 유통상황

국내에서 유통되는 화학물질 중에서 유해성 및 위해성이 인정되어 유독물질, 허가물질, 제한물질, 금지물질, 사고대비물질 등으로 구분된 물질들은「화학물질 관리법」에 의하여 관리되고 있다. 환경부의 화학물질 통계조사 결과에 따르면, 2010년 대비 2015년 화학물질의 제조량은 11.9%, 수입량은 27.9%, 수출량은 39.5%, 국내 유통량은 14.9%로 증가하였으며, 이러한 유해한 물질들을 제조 · 사용 · 취급하는 시설이 전국적으로 널리 분포되어 있어서 이에 대한 접근이 용이한 측면과 함께 화학물질에 대한 지식이 널리 보급되어 있고, 특히, 무해한 일반 화학물질을 원료로 하여 유해한 화학물질로 변환 제조하는 방법이 인터넷 등에 공개되고 있어서 이를 이용한 테러 가능성이 높아지고 있다.[45)]

2) 시설물과 화학테러

현대의 다중이용시설은 갈수록 대형화되는 추세에 있으며, 이에 따라 유동인구가 증가하여 밀집화되는 양상을 나타내고 있다. 이러한 장소는 상업시설이 대부분을 차지하고 있고 버스 또는 지하철 등 대중교통을 통하여 누구든지 자유로이 접근할 수 있으므로 군사시설 또는 정부시설과는 다르게 테러에 매우 취약한 구조적 특성이 있다.

---

43) Jewish Virtual Library, A Project of AICE, Reports on International Terrorism: Statistics on Incidents of Terrorism Worldwide, 2019.

44) 윤성용 · 김시국 · 홍성철, 다중이용 화학테러에 대비한 관리방안 연구, 한국화재소방학회 33(2), 2019, pp. 68-78.

45) Y. Yoon, J. H. Eun and S. T. Jeong, Study on Regulatory Measures of Terror Usable Chemicals in Korea—Focus on Examples in USA—, Crisisonomy 8(1), 2012, pp. 109-126.

화학테러 발생 시, 시설물의 입구나 창문 등 외부와 연결되는 개구부가 많은 곳은 독성의 농도가 비교적 빠르게 낮아질 수 있으나, 폐쇄적인 시설물은 큰 피해로 이어질 가능성이 크다.[46)]

3) 화학테러 대응방법

다중이 이용하는 시설물에서의 화학테러는 단시간에 심각한 인명피해를 일으킬 수 있기 때문에 최대한 신속하고 정확한 현장대응이 필요하다. 따라서 화학테러에 대비한 현장대응 매뉴얼을 반드시 갖추고 있어야 하며, 경찰청 또는 소방청 등 관계기관과의 연계방안도 강구해 놓아야 한다. 화학테러 발생 시 가능한 빨리 외부로 탈출해야 하고 자연환기 및 강제환기가 필수적이다. 이를 위하여 다음과 같은 대책이 따라야 한다.

- 항상 최신의 실제 도면을 비치해야 한다.
- 비상구는 상황 발생 시 순식간에 많은 인파가 몰려들어 오히려 대피를 지연시키는 경우가 있으므로 유도 대책을 강구한다.
- 정전에 대비하여 비상구의 비상조명설비를 수시로 확인한다.
- 시설물 내부의 안전구역을 확보한다.
- 환기공조시설의 점검을 주기적으로 실시한다.
- 화학테러의 유형에 따른 특성과 대처방법을 보드 패널형태로 구비하여 교육하고 경비관계자가 언제든지 볼 수 있도록 한다.

---

46) 윤성용 · 김시국 · 홍성철, 다중이용 화학테러에 대비한 관리방안 연구, 한국화재소방학회 33(2), 2019, pp. 68-78.

5. 노사분규 대응

1) 노사분규의 특징

자유시장경제체제를 표방하는 국가에 있어서 노동자권익운동 또는 노사분규는 노동자와 기업주 상호 간 이익분배의 과정 속에서 언제라도 발생할 수 있는 여지를 내포하고 있다. 한국에서는 1987년 '정치적 기회구조'의 변화라는 정치 · 사회적 상황변화에 따라, 노동집회참가 비용부담의 저하와 노동투쟁 성공가능성의 기대치 상승으로 본격적인 노동운동이 시작되었다.[47] 일단 노사분규가 발생하면, 기업도 어려움을 겪을 수 있지만, 노동자와 부양가족의 생계에도 악영향을 미치기 때문에 최대한 신속히 분규조정이 이루어져야 한다.

2) 경비원 역할

경비근무자는 기업이나 시설물을 보호하는 책임이 있으므로 분규발생 시에는 사측의 입장(안전관리 측면)에서 다음과 같은 사항들을 고려한다.[48]

- 분규가 발생하고 파업이 이루어지면 모든 출입구를 봉쇄한다.
- 분규기간 중에는 감정이 쉽게 격해질 수 있으므로 폭력적 돌발행동을 할 가능성이 크다. 따라서 가연성 물질이나 무기로 사용될 수 있는 것은 모두 제거한다.
- 평소에 출입하던 문의 열쇠는 분규에 참가하는 직원이 소지할 수 있으므로, 출입문 잠금장치는 새로운 것으로 교체한다.
- 배수탑, 소화전, 소화기 등의 소화 방재시설을 철저히 점검하여 비상상황에 대비한다.
- 중요물품은 이동시키거나 특별한 보호조치를 한다.
- 분규에 참가하는 직원들과 언행에 주의하여 적대감 발생소지를 가능한 차단한다.

---

47) 이종선, IMF 경제위기와 한국의 노사관계 변화, 한국사회 제4집, 2001, pp. 173-203.
48) 이윤근 · 남궁승태 · 김창윤 · 조용철, 민간경비론, 엑스퍼트, 2005, pp. 189-190.

6. 비상사태 대응

1) 비상사태

비상사태는 예측 불가능한 상황이 대부분이다. 따라서 매뉴얼화된 비상대처계획서에 적시한 상황별 모의훈련을 통하여 비상상황 시 대처하는 방법을 충분히 숙지하도록 한다.

2) 경비부서 역할

경비부서는 일반적으로 시설물에 대한 보호와 경비구역 내의 인적·물적 안전에 대한 책임을 지게 되므로, 비상사태 발생 시 일차적인 책임과 아울러 비상발생지역의 질서유지와 대피, 화재진압, 응급환자의 구조 및 처치 등의 모든 조치를 주도적으로 실시하거나 경찰이나 소방관의 보조역할을 충실히 하여야 한다.

3) 비상사태 유형

① 건물 붕괴

건물 붕괴는 막대한 인명과 재산의 손실을 초래하므로 경비근무자의 순찰대상에 (건물의 균열 여부, 지반 침하 등) 포함하여 이를 면밀히 확인토록 해야 한다. 또한 주기적으로 전문가의 안전진단을 의뢰해야 한다.

② 비행기 사고(충돌, 추락)

일반적으로 항공사고는 관제실 및 조종사 또는 정비사 등의 인적 요인에 의한 원인, 기체의 기계적 결함, 기상악화, 사보타주 등을 항공사고의 원인으로 보고 있다. 미국 연방항공국에 따르면, 조종사의 실수 또는 조종사와 관제사의 의사소통 미숙으로 인한 항공사고가 전체의 53%에 달하고 있으며, 이에 더하여 정비사의 정비불량, 관제사의 실수 등에 의한 사고가 8%에 달하고 있어 결국 인적 요인에 의한 항공사고가 전체의 65%에 육박한다고 발표한 바 있다.

이러한 항공사고는 항공기 자체의 인적 · 물적 피해도 엄청나지만, 민간 또는 공공 시설물에 추락 또는 충돌할 경우 그 피해는 매우 심각하다. 따라서 이러한 비상사태에 대비하여 평시 인명대피훈련, 정보자료 백업 등을 관리 및 실시하는 것이 바람직하다.

③ 지진

▶ 지진의 종류

- 단층지진(Dislocation Earthquakes): 지각변동(압력 또는 인장)으로 지반에 축적된 힘이 지각의 균열을 일으켜 나타나는 지표현상이며 대규모 지진은 대부분 단층지진으로 볼 수 있다.
- 화산지진(Volcanic Earthquakes): 화산 폭발로 인하여 발생하는 지진
- 함락지진(Downfall Earthquakes): 지하의 큰 공동(석회동굴 등)이 무너지면서 생기는 지진
- 인공지진(Man-made Earthquakes): 대규모 공사로 지하에서 화약을 폭발시키거나 지하 핵실험 등으로 나타나는 지진과 유사한 현상

〈사진 5〉 규모 7.0의 강진으로 파괴된 아이티 대통령궁(2010년 1월 12일)

▶ **지진파의 종류**

- S파(상하지진): 자연지진인 경우 S파가 P파보다 크다.
- P파(종횡지진): 지하 핵실험인 경우 P파가 S파보다 크다.

▶ **대응방법**

- 지진이 발생하면 다수의 사상자가 생길 확률이 크다. 부상자와 사망자가 동시에 발생할 경우에는 부상자의 치료가 우선이 된다.
- 지진으로 인하여 공공치안이 공백상태가 되면 약탈과 방화행위가 발생할 소지가 크므로 경비구역 내의 근무상태를 최고의 단계로 높여서 임무를 수행해야 한다.

④ 수해

장마철에는 침수예상지역에 대한 배수설비와 하수구 등 수해대비시설을 점검하고, 습기로 인한 기기의 오작동에 대비해야 한다.

⑤ 반달리즘(Vandalism)

자신과 다른 문화나 종교·예술 또는 가치관 등에 대하여 무차별적으로 파괴하거나 훼손시키는 행위를 반달리즘이라고 한다. 이러한 형태의 반사회적 행위는 조직적으로 이루어지기도 하며, 개인적인 반감으로 사전 예고 없이 자행되기 때문에 경비근무자는 평상시의 근무태세를 철저히 해야 한다. 벽, 울타리, 차량, 광고판이나 기타 건축물의 표면에 낙서를 하는 것도 반달리즘의 한 형태로서 많이 이루어지고 있다. 이는 때에 따라서 기업주에게 심각한 피해를 주기도 하므로, 이러한 경우에는 발견 즉시 경찰에 신고하여 추가적인 범행을 막도록 해야 한다.[49)]

4) 비상계획 수립

비상계획을 수립하기 위해서는 다음과 같은 사항들을 고려하여 비상계획서를 작성한다.

---

49) Clifford E. Simonsen, Private Security in America, Prentice-Hall, pp. 282-283.

- 비상업무를 담당할 부서를 설정한다.
- 신속하고 일사불란한 행동을 위한 지휘체계와 보고체계를 수립한다.
- 비상상황 종류별 매뉴얼을 체계화한다.
- 비상상황 종류별 훈련계획을 수립한다.
- 응급구조활동에 대한 조치사항을 수립한다.
- 비상용 보호 또는 구조장비 보관위치를 지정한다.

5) 비상상황 시 경비근무자의 역할

- 단일 지휘 · 보고체계를 습성화하여 어떠한 상황에서도 적용할 수 있도록 한다.
- 탈출을 위한 무질서한 혼란상황을 막기 위하여 출입구와 비상구를 경비근무자가 확실하게 장악하고 통제한다.
- 비상시에는 상황 판단력이 흐려지게 되므로 통로나 탈출구를 찾지 못하고 오히려 위험지역으로 이동하는 등, 우왕좌왕하는 경우가 많으므로 적절한 안내와 통솔을 통하여 질서를 도모해야 한다.
- 상황에 따라 필요시 보호 우선순위에 의한 안전을 확보한다.
- 자체 연락망을 항상 유지하고 외부(경찰, 소방서 등)에 대한 연락망을 강구한다.

제 8 장

호송(호위 · 현송)경비업무

제 1 절 개념과 조건

1. 개념

운반 중에 있는 현금 · 유가증권 · 귀금속 · 상품 그 밖의 물건에 대하여 도난 · 화재 등 위험발생을 방지하는 업무를 호송경비업무라 한다.(경비업법 제2조) 즉, 운반 중인 위의 물건에 대하여 여러 호송방식을 동원하여 도난 · 화재 등 각종 위험으로부터 안전하게 보호하여 목적지까지 운송하는 업무의 전부 또는 일부를 도급받아 행하는 영업을 말한다. 각종 선거의 투표함, 대학수학 능력시험지 등과 같이 국가 또는 사회적으로 매우 중요시하는 호송대상물에 대해서는 경찰이 담당하고 있으며, 귀중품이나 현금 등은 용역계약관계를 통하여 호송경비업체가 담당하게 된다.[50)]

2. 특성

호송경비는 동서양을 막론하고 과거로부터 오늘에 이르기까지 상존해 온 보호활동이다. 운송이라는 수단을 이용하여 호송 대상물품을 출발지점부터 목적지에 이르러 인수인계가 완료되는 시점까지 유동적 상황을 관리해야 하는 시간적 · 공간적 · 수단적 특성을 가지고 있다.

---

50) 이삼기 · 김건희, 호송경비 현금수송 사례분석을 통한 개선방안, 한국국가안보국민안전학회 5, 2017, pp. 59-83.

즉, 시간계획과 이동거리에 따라 일정한 시간이 반드시 소요되어야 하고, 어떠한 한 지점에서 다른 지점으로 인원과 장비를 동원한 수단의 활용을 통하여 공간적 이동이 필요하며, 이러한 시간적 · 공간적 배경하에서 인적 · 물적 수단(호송경비원, 호송차량 등의 호송장비)이 견고하게 가동되어야 한다.

호송경비업무는 현금, 귀금속, 고가의 미술품 또는 문화재, 어음이나 수표의 수송, ATM인출기의 보충 및 관리뿐만 아니라, 고가의 경제적 가치가 있는 다양한 종류의 물품도 호송대상이 될 수 있다.

3. 호송경비업무의 기본조건

1) 호송경비업 기준

무술유단자 5명 이상과 경비지도사 1명 이상을 확보해야 하고, 1억 원 이상의 자본금을 갖추어야 하며, 호송용 차량 1대 이상, 호송용 백이 1개 이상 구비되어야 한다. 또한 5명 이상이 동시에 교육받을 수 있는 교육장이 있어야 하며, 이들 인력 이상이 착용할 수 있는 경적, 단봉, 분사기 등을 구비해야 한다.[51)]

2) 무술유단자

「국민체육진흥법」 제33조에 따른 대한체육회에 가맹된 단체 또는 문화체육관광부에 등록된 무도관련 단체가 인정한 무술유단자여야 한다.

3) 호송용 차량

현금이나 그 밖의 귀중품의 운반에 필요한 구조적 안정성과 경보시설 등 호송업무에 필요한 내부시설이 구비되어야 한다.

- 운전석과 보관실이 분리되어 있어야 한다.

---

51) 경비업법 시행령 별표 1, 경비업의 시설 등의 기준

- 외부의 물리적 공격에 대비한 견고한 차체와 타이어 구조를 갖추어야 한다.
- 엔진은 항상 최상의 상태로 유지하고, 엔진결함에 대비한 운전자의 숙련된 기술이 요구된다.
- 실시간 위치확인 및 송수신 외부연결 통신장비를 구비한다.
- 운전석과 보관실을 연결하는 내부연결 통신장비를 구비해야 한다.
- 높은 강도와 내화력을 갖춘 금고를 구비한다.
- 침입에 대비한 경보장치와 최기경찰서에 대한 연결망을 강구 및 구비한다.
- 구급장비를 비치한다.

4) 현금호송백

'현금호송백'이란 현금이나 그 밖의 귀중품을 운반하기 위한 이동용 호송장비로서 경보시설을 갖춘 것을 말한다.

- 이동용 호송장비로서 견고하게 제작된 것이어야 한다.
- 강탈과 분실에 대비하여 위치추적시스템을 적용한다.

4. 호송경비현황 및 사건현황

1) 호송경비현황

2017년 현재, 호송경비업체의 수는 42개로 전체 경비업체의 0.9%에 불과할 정도로 양적인 면에서 적은 숫자가 특징이고, 2010년 52개 업체보다 오히려 10개 업체나 줄어들었으며, 몇몇 대규모 호송경비업체가 전체 도급에서 많은 우위를 점한 실정이다. 또한 업무대상의 다양성에도 불구하고 실제 업무영역은 매우 제한적이다. 일본의 경우 기존의 호송경비업무 이외에 위험물 운반경비업무를 포함시켜 더 포괄적인 호송경비업무를 실시하고 있는 점[52]은 우리나라에서도 참고할 만한 일이다.

---

52) 김일곤, 호송경비 및 신변보호콘텐츠 연구동향, 한국콘텐츠학회지 8(3), 2010, pp. 30-34.

2) 호송경비 사건현황

호송경비 사건들은 출발 직후 또는 목적지 도착 직후, 경비원이 승하차하는 순간이나 금고실을 열고 작업하는 순간, 또는 근무자가 차량과 이격하여 다른 작업을 하는 중에 많이 발생한다.[53] 또한 사건의 대부분은 내부 사정을 잘 알고 있거나, 내부 근무자와 연관된 지인인 경우가 많다. 〈표 26〉은 대부분의 사건이 호송차량이 정차하여 있을 때 발생한다는 취약성을 보여주고 있으므로 이에 대한 대비가 매우 절실하다.

[표 26] 국내 호송경비 사건사례 분석[54]

연도	지역	범인	문제점	비고
2014	부산	전직 직원	경비원 모두 차량이탈, 부적합한 현금호송차량, 차량 관리소홀, 직업의식 부족, 2인 1조 근무	차량도난 (정차 중)
2011	천안	미제	일반 화물차로 현금호송, 경비원의 전문성 부족	강도 (정차 중)
2010	구미	현직 직원 공모	경비원 모두 차량이탈, 부적합한 현금호송차량	차량도난 (정차 중)
	용인	외부자	전문 호송경비원 아님, 차량 관리소홀, 2명 근무	현금절도 (정차 중)
	서울	외부자	경비원 전문성 부족, 2인 1조 근무	차량도난 (정차 중)
2009	청원	외국인 (검거 ×)	경비원 직업의식 부족, 2인 1조 근무	현금도난
2008	서울	전직 직원	허술한 경비원 채용과정	차량도난 (정차 중)
2003	포항	외부자	항상 같은 코스 주행, 직업의식 부족, 경비원 모두 차량이탈	차량도난 (정차 중)
	대전	미제	차량 관리소홀, 경비원 차량이탈	차량도난 (정차 중)
	대전	미제	전문 호송경비원 아님, 전문 호송차량 아님, 잠금장치 부재	현금도난 (정차 중)

53) 김두현 · 김정현, 민간경비론, 백산출판사, 2002.

54) 이삼기 · 김건희, 호송경비 현금수송 사례분석을 통한 개선방향, 한국국가안보국민안전학회지 5, 2017, p. 71 재구성

제2절 호송방법

호송방법에는 다음과 같이 여러 가지가 있으나 기본적으로 내구성과 내화력 등 호송장비가 잘 구비된 호송차량을 활용하여 업무를 수행해야 한다. 호송대상물의 크기 등으로 인하여 호송차량에 적재할 수 없는 부득이한 경우에는 그에 적합한 다른 차량을 활용할 수 있다.

1. 단독호송

일반적으로 호송경비방법에서 가장 많이 행해지는 방법으로 호송경비회사의 차량으로 호송경비원이 탑승하여 호송업무를 실시하는 방법을 말한다. 현금, 귀금속 등 비교적 소형호송물품인 경우에 사용된다.

2. 분리호송

분리호송은 운송업자가 호송물품을 운송회사의 차량으로 운송하면서, 호송경비회사의 경비차량과 인원이 이를 호위 호송하는 것을 말한다. 일반적으로 전시 미술품, 유물 등 대형호송물품을 운송하는 경우에 사용된다.

3. 동승호송

호송경비회사의 경비원이 운송업자가 운송하는 차량에 동승하여 운반하는 방식을 말한다. 비교적 간단한 휴대물품을 운반할 경우에 사용된다.

4. 복합호송(편대호송)

운반조와 수행조 또는 경호조 등을 편성하여 복합적으로 호송업무를 실시하는 방식을 말한다.

제3절 호송경비 계획수립

1. 호송경비계획 고려사항

이동도로 환경과 목표지역의 구조적 · 사회적 환경 그리고 운송시간대를 고려하여 호송방법과 무장의 수준을 선택한다. 즉 공격에 취약한 야간인 경우, 우범지역 내의 이동, 탈취행위가 예상되는 지역이 운송경로에 포함되어 있을 경우에는 차량과 인원, 장비의 선택이 보다 강도 높게 이루어져야 하며, 이러한 계획에 의거하여 고객과 협의하게 된다.

1) 도로 취약요소 분석

공사현장, 신호교차로, 일방통행도로, 산악지형의 굽은 도로 등 공격에 쉽게 노출되는 이동로상의 취약요소를 정밀히 분석한다.

2) 취약시기

호송물품을 탑재하는 시간대가 언제인지는 매우 중요하다. 특히 야간에 탑재하거나 운송하는 경우에는 이를 충분히 고려하여 호송계획을 구성한다.

- 호송경비원이 차량에 승차하는 순간
- 호송물품을 차량에 적재하거나 내리는 순간
- 호송물품을 적재한 차량이 출발 직전이거나 도착한 직후
- 운송담당자와 경비담당자가 분리되어 있는 상태
- 호송차량의 뒷문 또는 차량 내의 금고를 개방한 순간

3) 인적 취약요소 분석

호송경비원은 경비업법상 일반경비원에 속하므로 일반경비원의 결격사유에 해당되

지 않는 자여야 한다. 고가의 현금이나 고가물품을 취급 운반해야 하는 호송경비업무의 특성으로 볼 때, 호송경비원의 철저한 인성교육과 직업의식 함양이 중요하며, 외부운전자는 반드시 신원을 확인해야 한다. 질병, 부상 또는 급작스런 신체 부작용 등은 호송경비업무의 기능을 현저히 떨어뜨리게 되므로 신체적 적합성을 고려해야 한다.

4) 교통사고 및 차량 기능고장 대비

예비차량의 준비 등 차량운송 도중에 발생할 수 있는 교통사고나 예상치 않게 발생할 수 있는 호송차량의 기능고장에 대한 대비책을 강구한다.

2. 호송경로 선택 시 고려사항

1) 회피해야 할 경로

- 상습적인 정체구간
- 공사구간
- 화물하역이 많은 지역의 도로
- 교차로 등 보행자가 많은 도로
- 사고다발지역
- 좁은 일방통행 도로
- 학교 주변 등 서행해야 하는 도로
- 재래시장의 통로

2) 사전 점검사항

- 호송경비통지서 제출 여부(「경비업법 시행규칙」 제2조)
- 출발지점, 경유지점, 도착지점과 주변현황
- 출발시간, 경유시간, 도착시간
- 호송경비 구간 내의 교통사고 및 정체구간

- 기상상황 등

호송경비통지서

<table>
<tr><td colspan="2">접수번호</td><td colspan="2">접수일자</td><td colspan="2">처리기간 즉시</td></tr>
<tr><td rowspan="2">통지인</td><td colspan="3">법인명칭</td><td colspan="2">허가번호</td></tr>
<tr><td colspan="5">소재지</td></tr>
<tr><td rowspan="8">통지
내용</td><td>출발지</td><td colspan="4"></td></tr>
<tr><td>종착지</td><td colspan="4"></td></tr>
<tr><td rowspan="2">중간기착지</td><td colspan="2">도내(지명)</td><td colspan="2">관할경찰서</td></tr>
<tr><td colspan="2">도외(지명)</td><td colspan="2">관할경찰서</td></tr>
<tr><td>도급자(회사명)</td><td colspan="4"></td></tr>
<tr><td>주요 호송품명</td><td colspan="4"></td></tr>
<tr><td>경비업무의 기간</td><td colspan="4">. . .부터 . . .까지 (일간)</td></tr>
<tr><td>호송횟수</td><td colspan="4">월 회</td></tr>
<tr><td rowspan="5">경비원
명단</td><td>성명</td><td>직책</td><td>성명</td><td colspan="2">직책</td></tr>
<tr><td></td><td></td><td></td><td colspan="2"></td></tr>
<tr><td></td><td></td><td></td><td colspan="2"></td></tr>
<tr><td></td><td></td><td></td><td colspan="2"></td></tr>
<tr><td></td><td></td><td></td><td colspan="2"></td></tr>
</table>

「경비업법 시행규칙」 제2조에 따라 위와 같이 통지합니다.

제4절 호송경비 실시과정

1. 사전준비과정

1) 인원 편성

호송대상물의 성격 또는 개인의 건강상태 등을 고려하여 임무를 수행할 경비요원들에 대한 인원편성을 한다. 장거리의 이동인 경우에는 교대 운전자를 확보 배치한다.[55)]

2) 인원 점검 및 업무 브리핑

편성된 인원에 대하여 신분증, 운전면허증 등 임무수행 중에 지참해야 할 각종 증명서와 호송 및 호신 장구류에 대한 점검을 실시한다. 또한 장소 및 일정 등 업무내용에 대한 브리핑을 실시하고 개인별 행동지침을 구체적으로 제시한다.[56)]

3) 차량 및 장비 점검

운행될 차량에 대한 제반상태를 점검하고, 통신상태, 구급장비, 경보기 등 차량에 기본적으로 갖추어야 하는 방범장비를 점검한다.

4) 연락체계 점검

호송경비원 상호 간, 운전자와 호송경비원, 출발지점, 도착지점, 경찰서, 운전실과 보관실 등의 연락체계를 점검한다.

5) 인성교육

호송경비는 경비원의 업무능력도 중요하지만, 현금이나 귀금속 등 고가의 물품을 취

---

55) 서진석, 민간경비론, 진영사, 2010, pp. 249-253.
56) 안황권, 민간경비론, 진영사, 2009, pp. 321-346.

급하기 때문에 경비원의 도덕성과 사명감이 매우 중요하다. 따라서 수시교육과 출반 전 특별교육을 통하여 이를 각인시키는 것이 필요하다.

2. 호송물품의 인수와 양도

1) 인수 및 양도방법

- 호송물품을 인수하거나 양도할 경우 문서상에 사전 명기된 자인가를 반드시 확인해야 한다.
- 호송물품의 수량과 봉인상태를 확인하고 인수자 및 인계자에게 서류상으로 확인서명을 받도록 한다.
- 물품의 특징에 관한 사항을 체크하여 서류에 기입하여 둔다.

2) 인수 및 양도장소

- 현금이나 귀중품 등 부피는 작으나 고가의 호송물품은 차량 내부에 설치된 금고를 활용한다.
- 외부차량이나 외부인원의 접근이 제한되는 지역을 선택한다.
- 가급적 호송차량과 가까운 지점을 선정한다.
- 호송물품의 인수장소 및 양도장소와 호송차량과의 동선은 단순한 통로로 한다.
- 호송물품의 적재 또는 하역은 경계가 이루어지는 가운데 신속하게 실시한다.

3. 경계요령

1) 제한구역 설정

호송물품을 인수 · 양도하는 장소는 특별히 인가된 인원과 차량을 제외하고는 일시적 또는 제한적으로 통제를 실시하고 불필요한 이동을 금지하도록 한다. 그러나 다중이 운집한 시설에서의 금융 호송업무에 있어서는 인원통제가 곤란하므로 경계를 철저히 하면서 업무에 임한다.

2) 경계대상

- 호송차량 주위에 시동을 켜고 정차하여 있는 차량
- 호송차량 주위에서 배회하는 사람
- 호송차량 이동 경로상에 장애물이 설치 또는 방치되어 있는 경우
- 호송차량 이동 시, 호송차량 주위로 단독 또는 편대형태로 미행한다고 판단되는 차량
- 호송차량 이동 중, 오랫동안 휴대폰을 사용하며 주시하는 차량
- 호송차량 이동 중, 여러 명이 승차하여 가까운 거리에서 이동하는 차량

3) 호송경비 중 주의사항

- 호송차량이나 운송차량에는 지정된 자만이 탑승한다.
- 임무가 종료될 때까지 호송차량이나 호송물품에서 이격되지 않도록 유의한다.
- 임무 수행 중에는 단독행동을 삼간다.
- 편대 이동 시 외부차량의 끼어들기를 방지한다.
- 장시간의 이동 시 운전자가 과도하게 피로하지 않도록 교대로 하거나 휴게소를 이용한다.
- 휴게소 이용의 경우, 상호연락을 통하여 사전에 정차위치를 확인하고 정차 후에는 교대로 용무를 보도록 하며, 사주경계를 게을리하지 않는다.
- 이동 중에는 상황본부와 수시로 연락을 취하면서 특이상황을 보고하고 도로의 전방상황을 점검한다.

4. 비상상황 대처요령

1) 기본 조치사항

- 정차 중 공격해위가 발생한 경우에는 사고발생 사실에 대하여 큰 목소리, 차량용 확성기, 경보기 등을 통하여 주변에 알리는 동시에 가스총 등 자체의 방범장비를 동원하여 공격을 차단하면서 주위에 도움을 요청하고 상황본부에 연락한다.
- 이동 중 공격행위가 발생할 경우에는 상황본부와 경찰에 즉시 연락하고 현장을 신속히 이탈하여 안전하다고 판단되는 장소에서 대기한다.

2) 공격 이후의 조치사항

- 호송차량이나 호송물품을 탈취당하였을 경우에는 범인의 인상착의, 차량번호 및 특징, 도주방향 등을 침착하고 냉정하게 숙지 또는 기록하여 둔다.
- 경찰신고내용: 회사명 및 근무자명, 공격발생 시각 및 장소, 기록하였던 사건상황 내용 등
- 호송물품이 탈취되지 않았을 경우에는 상황본부의 지시에 따라 호송경비원 보강 또는 대체, 호송차량 대체 등이 이루어질 수 있다.
- 경찰에 연락하였을 경우에는 경찰관이 도착할 때까지 현장보존에 노력한다.

3) 교통사고 발생 시의 조치사항

- 인명과 신체의 보호를 우선적으로 고려한다.
- 상황본부와 경찰에 연락하고 주위에 도움을 요청한다.
- 차량 안에서 주위의 상황을 파악한 후 필요시 주위를 경계하면서 하차한다.
- 도로의 안전한 곳으로 대피할 경우에는 반드시 안전표지판을 설치한다.
- 사고처리가 지연될 경우에는 상황본부에 연락하여 대체운송을 건의한다.
- 부상자 발생 시에는 구급차가 도착할 때까지 주변을 경계하면서 구호 또는 응급 조치를 실시한다.

- 상황본부 또는 경찰에 전달할 내용: 사고의 종류(가해, 피해, 자차손, 쌍방손 등), 발생시각 및 장소, 부상자의 유무, 구급차 필요 유무, 호송차량의 기능상태 등

4) 경찰관의 정지명령에 대한 대응

「도로교통법」 제6조 '통행의 금지 및 제한' ④와 제58조에서 경찰공무원은 도로의 파손, 화재 또는 교통사고의 발생이나 그 밖의 사정으로 인한 도로에서의 위험을 방지하기 위하여 긴급히 조치할 필요가 있을 때에는 필요한 범위에서 보행자, 차마 또는 노면전차의 통행을 일시 금지 또는 제한하거나 그 자동차의 운전자에게 필요한 조치를 명할 수 있다.

또한 「경찰관 직무집행법」 제3조 '불심검문'에서 경찰관은 수상한 행동이나 어떤 범죄를 범하였거나 범하려 하고 있다고 의심할 만한 상당한 이유가 있을 경우이거나 이러한 범죄행위에 관한 사실을 안다고 인정되는 사람에 대하여 정지시켜 질문할 수 있다. 이처럼 경찰관이 도로에서 정차를 명하는 경우에는 위의 내용과 같은 이유라고 인정하고 그에 따라야 한다. 그러나 호송경비원 업무 중에는 그와 같은 명령에 순응하면서도 신중을 기해야 한다.

- 경찰관의 지시에 정차하는 경우에는 가급적 주의의 교통상황을 고려하여 장소를 선정하되 경찰관이 정차위치를 지정한 경우에는 그에 따른다.
- 「경찰관 직무집행법」 제3조 ④에 따라 경찰관이 질문을 하거나 동행을 요구할 경우에는 경찰관 자신의 신분을 표하는 증표를 제시하면서 소속과 성명을 밝히고 질문이나 동행의 목적과 이유를 설명해야 한다. 따라서 호송경비원은 정차를 명한 이유가 판명될 때까지 경계를 유지하면서 절차에 따른다.
- 차량 탑승상태에서 면허증을 요구할 경우에는 즉시 이에 따른다.
- 정차를 명한 이유를 확인하고 즉시 상황본부에 연락한다.
- 하차를 명할 경우에는 「경찰관 직무집행법」 제3조 ④에 따라 경찰관의 신분증 제시를 요구하고 소속과 성명을 확인한 다음, 상황본부에 연락하고 그에 따른다.

제 9 장

신변보호업무

제 1 절 신변보호업무의 특징

1. 개념

「경비업법」 제2조에 의하면 신변보호업무는 사람의 생명이나 신체에 대한 위해의 발생을 방지하고 그 신변을 보호하는 업무라고 정의하였다. 이러한 신변보호업무는 현대사회의 복잡성으로 인하여 갈수록 다양화되는 실정이다. 납치, 암살, 폭행 위협 등 신체적 위협으로부터의 예방은 물론 폭언, 스토킹에 대한 심리적 안전 등 다양한 신체적·심리적 위해상황을 예방하는 업무로서 많은 수요가 예상된다. 또한 이러한 위협에 대하여 가해자를 특정하거나, 피해상황을 채증하여 법적 증거자료로 제시하는 업무를 하기도 한다.

신변보호 대상자는 매우 광범위하며, 일반인, 연예인, 정치인, 외국인, 민사분쟁·형사사건·이혼소송 등으로 인한 법정 출석인의 동행 및 보호업무, 청소년 학교폭력피해예방, 가정폭력으로부터의 보호, 여성안심귀가 등 신체적 위협에 대한 예방뿐만 아니라 심리적 불안감 해소 등 업무내용이 매우 다변화되고 있다.

2. 목적

- 신변보호 대상자의 생명 및 신체보호
- 신변보호 대상자의 권위 및 명예유지
- 신변보호 대상자 주변의 질서유지
- 신변보호 대상자의 심리적 불안감 해소

3. 특성

민간경비에 있어서 신변보호업무는 공경비에 비하여 활동범위, 보호구조, 보호기능 등 많은 면에서 매우 제한적이다. 이러한 여러 가지 불리한 여건 속에서 업무수행을 해야 하며 다음과 같은 특징을 고려해야 한다.

1) 공간적 제한성

공경비인 경우에는 3선 경호(3중 경호) 개념에 의하여 원거리부터 최근거리까지 매우 넓은 공간적 범위를 확보 또는 통제하면서 신변보호업무를 수행하는 데 반하여 민간경비의 신변보호업무는 일반적으로 소규모로 업무수행이 이루어지므로 공간적인 제한성을 갖는다.

2) 법적 제한성

신변보호근무자는 민간인 신분으로서 신변보호 대상자 주변을 통제할 수 있는 법적 지위가 없기 때문에 인적 위해요소를 사전에 차단한다는 것이 사실상 어려운 일이다. 그러나 신변보호 대상자를 중심으로 인적 정보를 수집하고 이를 바탕으로 신변보호 대상자 주변의 철저한 경계를 통하여 주요 감시대상자를 파악하고 중점 감시하면서 돌발적 공격행동을 차단할 수 있다.

3) 원점 이동성(1차원적 이동성)

공경비의 3선 개념에 의한 지역적 범위가 시간의 흐름에 따라 이동하는 3차원적 이동과는 달리 민간경비의 신변보호업무는 그 대상자를 중심으로 작은 원점을 중심으로 하여 1차원적 이동이 이루어지므로 중심성이 강하다고 할 수 있다.

4. 위해요소

〈표 27〉은 국가 주요 신분을 가진 개인에 대한 위해기도의 변천양상을 위해기도 원인 및 배경으로부터 범행준비상황에 이르기까지 다양하게 분류하여 살펴본 것이다.

[표 27] 위해기도 변천양상

연대	17세기	18~19세기	20세기	20세기 말~ 21세기 초
원인 및 배경	자기보존 정적 간의 대립 개인적 원한	정치 · 사회적 혼란 정적 간의 대립 개인적 원한	이념 · 종교 국가 간의 분쟁 식민지 정책	이념 · 종교 국가 간의 분쟁 정신분열자
경호형태	의전 위주형태	의전과 경호의 혼합형태	실질적 요인보호형태	실질적 요인보호형태
범행규모	단일범	단일범	다수범	혼합
위해도구	短刀 및 흉기	短刀 및 흉기	短刀, 총기류, 폭발물	권총, 저격용 총기, 플라스틱 흉기, 가스류
공격방법	저돌적 · 물리적 공격	복합형태	파상적 · 연쇄적 공격	파상적 · 연쇄적 공격
범행준비	감정적 · 즉흥적	지능적 · 과학적 방법의 부분적 출현	치밀한 지능적 공격	과학화 · 치밀화된 계획적 공격

출처: 대통령경호처 교육자료(1995) 재구성

17세기의 범행원인은 개인적 원한이 주를 이루었고 20세기에 들어서는 이념 및 종교 또는 국가 간의 분쟁이 원인 또는 배경이 되었다. 범행규모로 보면 단일범이었던 것이 다수범 또는 혼합범의 형태로 변화되었고, 위해도구는 단도 및 단순 흉기에서 저격용 소총 등 첨단무기가 사용되고 있었다. 공격방법으로는 초기의 저돌적 · 물리적 단순 공격에서 파상적 · 연쇄적 공격으로 바뀌었고, 범행준비는 갈수록 치밀하고 지능화 되고 있음을 보여주고 있다.

신변보호업무에 있어서 위해요소는 잠재적 위해기도자뿐만 아니라 시설물이나 자연적 현상 등 수많은 요소를 그 대상으로 보아야 한다.

1) 인적 위해요소

- 신변보호 대상자에 대한 개인적 원한관계에 있는 사람
- 신변보호 대상자가 속해 있는 조직에 대해 원한관계를 가진 외부인
- 신변보호 대상자가 속해 있는 조직에서 파면 또는 해임된 전직 직원 또는 임원
- 극단적 민족주의자
- 정신 분열자
- 극렬 이념 또는 종교추종자
- 무차별 테러 또는 반달리즘을 추종하는 사람
- 전문킬러, 마피아, 야쿠자 등 범죄조직원
- 인명경시자
- 배금주의자
- 급진적 이상주의자
- 파파라치
- 극렬한 호의적 군중
- 비호의적 군중

2) 물적 위해요소

- 각종 폭발물, 총기 · 도검류, GAS, 화학적 · 생물학적 위해물질 등
- 수도, 전기 등 건축물 내의 시설물
- 위해도구로 활용될 수 있는 자연물 및 인공물

3) 지리적 위해요소

- 감제건축물, 공사장, 감제고지 등
- 열차의 건널목, 교량 등
- 심하게 굽은 도로, 일방통행 도로, 공사구간 도로 등 이동로상의 취약요소

4) 환경적 위해요소

- 급격한 기온 또는 기상변화
- 지진, 해일, 태풍, 우박 등의 천재지변
- 해외여행에 따른 시차

5. 위해행위의 특성

1) 정보수집

위해기도자는 위해대상자(신변보호 대상자)에 대한 정보를 수집하기 위하여 대상자의 일정, 개인적 습관, 위해기도장소의 특성 등을 파악하려는 습성이 있다.

2) 기습공격

위해기도자는 신변보호요원이라는 장애물을 극복하고 위해목적을 달성하기 위하여 그 신변보호요원이 미처 인지하기 전에 기습적으로 행동을 가한다.

3) 계획성

위해기도자는 위해기도에 유리한 상황조성을 위하여 목표지역에 장애물을 설치하거나 무질서를 유발시키는 방법을 고안한다. 또한 무기숙달훈련, 위해대상지역의 답사, 예행연습 등을 치밀하게 계획 및 실행한다.

4) 연속성

위해기도자는 위해목표를 달성하기 위하여 신변보호요원의 1차 제지에 포기하지 않고 계속적으로 기회를 포착하기 위한 노력을 한다.

5) 다양성

위해기도자는 양동작전이나 기만전술을 등을 시도하거나, 신변보호요원의 시선을 다른 곳으로 집중하게 하는 등의 다양한 방법을 연구한다.

제 2 절 신변보호업무 기본요소

1. 기본원칙

1) 예방작용

신변보호는 공격이 아닌 방어개념으로서 일단 위해상황이 발생되면 신변보호업무는 실패로 이어질 가능성이 매우 높다. 따라서 사전의 치밀한 계획과 정보수집 및 철저한 안전활동으로 위해요소를 사전에 제거하거나 최소한의 수준으로 감소 또는 무력화시켜 위해상황 자체가 발생되지 않도록 사전에 예방하는 것이 중요하다.

2) 두뇌작용

오늘날의 신변보호업무는 호위의 개념에 의전적 요소를 가미한 복합적 형태를 가지고 있다. 따라서 단순히 과시형직 업무형태보다는 과학적 사고를 수반하는 지능적 두뇌활동이 필수적 요소가 된다. 사전의 치밀한 신변보호계획에도 불구하고 다양한 업무현장에는 매번 같은 상황이 존재할 수 없으므로 신변보호요원들은 두뇌활동을 배가하여 이에 효율적으로 대처해야 한다.

3) 보안유지

위해자의 입장에서 볼 때 신변보호요원이나 위해대상자의 행동을 예측하지 못하도록 행사일정 또는 이동로 등에 관한 정보가 누설되지 않도록 각별히 유의한다. 이러한 정보가 위해기도자에게 노출됨으로 인하여 위해성공 가능성을 높이는 결과를 초래하기 때문이다.

4) 담당구역책임

근무자가 부여받은 담당구역에 대해서는 모든 상황에 대하여 자신만이 책임을 진다는 원칙이다. 특히 선발활동에 있어서 자신이 부여받은 임무와 관계되는 모든 사항은 다른 근무자에게 의존하지 말고 자신이 직접 점검 및 확인해야 한다.

5) 단일출입통로

신변보호 대상자에게 접근할 수 있는 모든 출입구와 통로를 단일화함으로써 감시 또는 경계에 유리하도록 한다.

6) 자기희생

신변보호 대상자가 위기에 노출되었을 경우에는 자신의 생명을 초개와 같이 여기면서 그 대상자를 보호해야 한다. 이는 생명방어본능에 반하는 인간만의 고유하고도 고귀한 희생정신으로서, 바로 이러한 점으로 인하여 경호요원이 사회로부터 존경받게 되는 것이다.

7) 목표물 보전

신변보호 객체[57]를 위해기도자와 철저히 분리시켜야 한다는 원칙이다. 이에 따라 행사의 시간과 장소, 행차로 등의 보안이 준수되어야 하며, 신변보호 객체와 위해기도자 사이에는 신변보호 주체가 원점을 보호하는 형태로 공간을 점유하고 있어야 한다.

8) 유무선 통신지휘체계의 일원화

업무실시간에는 업무와 관계되는 일체의 유무선 통신이 업무수행을 위하여 임시로 설치되는 상황본부(CP)를 중심으로 단일화되어야 하며, 업무의 현장 지휘자 중심으로 일원화되어야 한다.

---

57) 신변보호의 주체는 신변보호요원이고, 신변보호의 객체는 신변보호 대상자를 말한다.

2. 기본원리

1) 3중 경호원리

신변보호 대상자를 중심으로 안전구역(내부핵심구역: 제1선), 경비구역(제2선), 경계구역(외곽: 제3선)으로 구역을 구분하여 임무를 설정하고 인원을 배치한다.

① 제1선(안전구역: Inner Ring)

신변보호 대상자가 정지 또는 이동하는 동선의 바로 인접한 주변구역으로, 위해자가 흉기 등으로 신변보호 대상자에게 직접 접촉할 수 있는 거리이며, 수류탄 투척거리 또는 권총의 유효사거리 이내의 구역을 말한다. 실내행사장은 행사장 내부, 실외행사장은 행사장 반경 50m 내외를 말한다.

② 제2선(경비구역: Middle Ring)

신변보호 대상자가 정지 또는 이동하는 동선이 포함된 시설물, 혼잡행사인 경우 일반참석자가 참석하는 행사구역 전체 또는 소총유효사거리로서 반경 600m 내외를 말하며 안전구역을 보호하는 역할을 한다.

③ 제3선(경계구역: Out Ring)

제3선은 안전 및 경비구역을 보호하는 개념으로서 신변보호 대상자가 정지 또는 이동하는 동선이 포함된 시설물 전체 또는 행사장의 외곽지역을 말한다. 실내행사인 경우 행사장 반경 600m 내외, 실외행사인 경우에는 저격용 소총유효사거리를 고려한 1.5km 내외를 말한다.

2) 자연적 방벽효과의 원리

3중 경호원리에 의하여 필요한 안전조치가 되었다 하여도 경호대상자의 최종적인 보호는 결국 근접신변보호요원에 의하여 실행된다고 볼 수 있다. 근접신변보호근무자들에 의한 인적인 방벽은 위해기도자의 시각을 수직적 · 수평적으로 차단하여 위해기도를 무력화시키는 효과를 일으킨다.

3) 대응시간의 원리

일반성인의 경우 외부의 자극(위해상황 인지)에 의하여 신체적 반응(방호돌입)을 개시할 때까지의 신체감응시간은 평균 0.3초가 소요된다. 근접경호요원이 정지상태에서 1초 동안 질주하여 이동할 수 있는 평균거리는 약 5m이다. 따라서 0.3초 동안에 이동할 수 있는 최대거리는 약 1.5m이므로, 위해기도가 1.5m 이내에서 기습적으로 이루어진다면 이를 방어하기가 불가능한 것으로 볼 수 있다.

이에 따라 경계 대상 군중과 근무자와의 거리는 최소 2m의 안전거리가 확보되어야 한다.[58)]

58) 대통령경호처 교육자료 재구성, 2004.

제3절 신변보호업무의 수행절차

1. 기본계획 작성

지휘부로부터 신변보호임무에 관한 지침이 정해지면, 다음과 같은 사항을 고려하여 경호기본계획을 수립한다.

- 행사명, 일시, 장소
- 행사일정 및 세부진행순서
- 일반인 참석범위
- 행사장 및 이동로상의 특성
- 선발근무자의 출동시간
- 신변보호 대상자의 출동시간
- 이동방법 등

2. 행사장 답사

기본계획서를 바탕으로 현지 행사장을 답사하여 행사실시계획을 준비하고 주최 측과 세부적인 일정, 참석자의 범위, 통제계획, 의전계획 등을 협의한다.

3. 위해요소 분석

정보 · 첩보 수집을 통하여 해당 행사에 관한 전반적 위해요소를 분석하여 경호실시계획에 반영한다.

4. 신변보호 실시계획

행사장 현장답사와 주최 측과의 협의를 바탕으로 신변보호 실시를 위한 세부적인 지침이 마련되고 각 근무자에게 부여할 구체적인 임무사항이 결정된다.

5. 행사브리핑

의전사항을 포함한 신변보호 실시계획을 바탕으로, 각 근무자에게 부여되는 세부적인 행사실시사항을 전달하고, 지휘자 또는 신변보호 대상자가 요구하는 특별한 지침사항을 하달한다.

6. 선발활동

행사브리핑이 종료되면 모든 장비를 갖추고 행사장으로 출동하게 된다. 이동 중에는 원점(신변보호 대상자)의 이동경로상의 특이사항을 관찰하면서 필요시 지휘부에 보고한다. 행사장에 도착하면 행사내용에 따라 신변보호 대상자의 동선을 확인하고, 비상상황에 대한 대비책을 강구하며, 영접자를 확인하는 등 근무자 각각의 임무별로 안전활동을 실시한다.

7. 신변보호업무 실시

신변보호 대상자가 도착하면 사전에 준비된 계획서를 바탕으로 안전하면서도 자연스럽게 신변경호업무를 실시한다.

8. 업무평가

당해 신변보호업무의 수행절차 전반에 대한 점검과 특히 신변보호업무 실시간에 미흡하였던 점을 평가하여 다음 업무수행에 보완 또는 반영토록 한다.

제 4 절 신변보호업무의 유형

1. 선발업무

1) 예방경호작용(신변보호 안전작용)

미국 인권운동의 대명사 'Martin Luther King'과 케네디 前 미국대통령의 동생인 'Robert Kennedy' 암살 등을 분석하여 화제를 모았던 Melanson은 경호활동은 공격이 아닌 방어개념으로서 예방경호의 중요성을 역설하였다. 이와 같이 선발업무자는 신변보호 대상자가 행사장에 도착하기 전에 현장답사를 실시하고 효과적인 행사협의와 업무협조체제를 구축한다. 이러한 예방경호작용에는 정보수집, 보안활동, 안전대책활동 등이 포함된다.

2) 근접수행 보조작용

신변보호 실시 준비를 하는 선발업무는 세밀한 선발활동을 통하여 근접수행업무의 눈과 귀가 되어야 한다. 따라서 선발활동 간의 핵심사항을 근접수행요원에게 사전에 통보하고 신변보호 대상자와 함께 근접수행요원이 도착하면 필요에 따라 근접수행업무(목표물보존)가 원활히 수행되도록 보조한다.

3) 안전활동

① **정보활동**: 신변보호 대상자의 신변을 위협할 수 있는 인적 · 물적 위해요소를 파악 및 탐지하여 수집된 정보를 정확성과 적시성에 입각하여 신변보호 실시계획에 반영토록 하며 인적 · 물적 위해요소를 관리한다.

② **보안활동**: 행사와 관련된 시간과 장소에 대한 보안은 물론이고, 관련문서, 각종경호장비 등 경호계획 전반에 관한 내외부의 보안유지활동을 말한다.

③ 검측활동: 행사가 이루어지는 시설물 내에서 폭발물 등의 각종 위해물을 은닉하거나 설치 가능한 지역을 탐지 또는 제거하고 필요시 검측스티커를 부착한다.

④ 안전유지: 검측활동이 종료된 지역에 대한 출입을 차단하고 필요한 인원과 장비 또는 물품에 대한 통제를 실시하면서 안전상황을 유지한다.

4) 배면경호

신변보호 대상자가 행사장에 도착한 후 신변보호 근무자의 담당구역을 도보 또는 차량으로 통과할 시에는 신변보호 대상자가 위치한 반대방향의 전반적 취약요소에 대한 배면사주경계를 실시한다.

2. 근접수행

1) 근접수행업무의 특성

① 근접호위작용

근접수행업무는 신변보호 대상자에게 발생하는 각종 위해상황을 최근접에서 방호·처리하는 최후의 방벽이다. 따라서 기동간, 행사실시간에 끊임없는 집중력을 발휘하여 위해상황발생에 효과적으로 대비한다.

② 대피우선작용

돌발상황이 발생하면 대적(對敵)보다는 신변보호 대상자의 대피를 우선으로 하여 신속히 행동한다. 상황 발생 시에는 가장 먼저 큰 소리로 경고를 하고, 신변보호원에 의하여 방벽을 형성하면서 대피를 하고, 그 다음으로 공격자를 제압하는 것이 순서이겠으나, 이와 같은 일련의 과정이 사실상 순간적으로 동시에 이루어져야 한다.

③ 방벽(防壁)작용

수직적·수평적·인위적 방벽을 형성하여 위해기도자의 시선과 공격을 차단한다.

동일한 평면상에서는 수평적 방벽을 위주로 수행하고, 개활지 등에서 고층건물 또는 감제지점이 있다면, 수평적 방벽과 함께 수직적 방벽을 형성하여 신변보호업무를 수행한다.

④ 노출작용

업무의 특성상 노출이 불가피하므로 근접수행활동에도 최선을 다해야 하지만, 신변보호 대상자로부터도 신뢰받을 수 있도록 모든 행동에 신중을 기해야 한다.

⑤ 기동성 확보

비행기, 열차, 차량 등 이동을 위한 기동성을 확보하여 안전하고 원활한 이동을 도모하며, 비상상황 시의 탈출에 대비하여 최적의 기동성을 유지해야 한다.

2) 근접수행업무자의 요건

- 단정한 외모
- 기품 있는 태도
- 예리한 판단력
- 신속하고 과감한 대처능력
- 선발업무 유경험
- 우수한 신체적 능력과 부단한 자기관리

3. 숙소경비

신변보호 대상자가 유숙하는 시설물에 대한 경비활동을 말한다.

1) 차량동선 분리

단독주거시설인 경우 신변보호 대상자 또는 초청자의 차량 입출입 동선과 근무자 또는 화물차의 동선을 분리한다.

2) 출입자 통제

사전에 통보된 자에 대하여 확인한 후 필요시 검색을 실시하고 안내하며 접견자 명부와 일반출입자의 명부를 작성한다.

3) 외부시선의 차단

객실 또는 거실의 창문은 외부의 저격 등에 의한 공격을 예방하기 위하여 커튼을 닫는다.

4) 안전유지

주야간 안전유지를 위하여 사각지대가 없도록 근무자를 적절히 배치한다.

제 5 절 신변보호 업무기법

1. 사주경계

사주경계는 신변보호 대상자를 중심으로 모든 방향에 대하여 전반적(인적 · 물적 · 지리적 · 환경적 위해요소)으로 예상되는 위해대상을 감시하거나, 직접적인 위해기도나 자연발생적인 위해요인을 사전에 인지하기 위한 경계활동이다.

1) 사주경계 요령

사주경계는 "위해기도가 현재 내 앞에서 이루어질 수 있다!"고 하는 위기의식 아래, 육감을 활용하여 위해기도를 사전에 포착하여 무력화시키겠다는 직업적 사명감을 가진 감시활동이다.

- 이러한 확고한 사명감을 바탕으로 머리는 긴장하되 몸은 유연하게 행동할 수 있는 자세를 견지해야 한다.
- 신변보호 대상자 주변의 부자연스러운 행동을 하는 자를 중점 감시한다.
- 사전 계획된 절차와 상반된 행동을 하는 자를 중점 감시한다.
- 양동작전과 기만작전에 대비하여 중점 감시대상을 한 지점 또는 한 사람에게만 국한해서는 아니 된다.

2) 사주경계 대상

① 인적 경계대상

신변보호 대상자를 중심으로 주변의 모든 사람을 대상으로 하며, 신분이나 외양과는 무관하게 동일한 경계심을 가져야 한다.

② 물적 경계대상

신변보호 대상자 주변의 모든 인위적 시설물과 자연적으로 형성된 주변의 모든 물체가 물적 경계대상이 된다. 물적 위험요소라고 예상되는 시설물이나 물체는 상황을 고려하여 사전에 주변근무자에게 인지시키는 것이 좋다.

③ 지리적 경계대상

위해기도자가 은폐(隱蔽) 또는 엄폐(掩蔽)[59]하기 쉬운 장소 또는 감제고지 등에 대한 경계를 말한다.

④ 환경적 경계대상

직접적인 위해보다는 간접적인 위해요인을 제공할 수 있는 것으로서 신변보호업무의 혼란을 초래할 수 있고 이와 함께 신변보호 대상자의 심리적·신체적 부담을 유발시키는 결과를 가져올 수 있다. 이러한 환경적 경계대상에 대해서는 사전의 충분한 정보파악을 통하여 예방 또는 변경 등의 조치가 가능하도록 하며 신변보호 대상자에게도 정보를 제공할 필요가 있다.

3) 시각 활용

일반적으로 사주경계의 대부분은 시각에 의존하게 된다. 이러한 시각 활용의 경계방법을 알아본다.

① 시각범위

사람의 정면시각의 한계는 횡으로 약 135°이며, 위로는 30°, 아래로는 15°의 범위를 가지고 있다. 따라서 과도하게 얼굴을 돌리지 않아도 시각을 활용한 경계는 문제가 없다고 할 수 있다. 위해대상을 응시할 경우에는 곁눈으로 하지 말고 항상 목표지점을 정면으로 바라본다.

---

59) 은폐는 주변의 지형지물을 이용하여 자신을 숨기는 것이고, 엄폐는 지형지물 중, 직사화기로부터 자신을 보호할 수 있는 바위나 견고한 벽 등에 의지하여 자신을 가리는 것을 말한다.

② 부단한 집중력

눈을 부릅뜨고 있어도 집중력을 잃게 되면 사주경계의 의미는 사라지게 되므로 집중력을 감소시키지 않도록 정신력 배양이 필요하며, 과음 또는 과식에 의한 신체적 기능 저하가 발생하지 않도록 주의해야 한다.

4) 시각 활용의 대상

① 손

위해기도자는 총기나 흉기 등 위해도구를 사용하기 위하여 대부분 손을 사용하게 되므로 사전 예비동작이 나타나게 된다. 따라서 손을 대상으로 중점 감시하되, 경계대상자가 손에 물건을 들고 있거나, 손이 호주머니 안에 있거나 또는 손을 호주머니로 집어넣는 상태를 예의 주시하며 필요시 즉각적으로 대처한다.

② 눈

눈은 사람의 심리상태를 표현하는 마음의 창(窓)이라고 할 수 있다. 눈을 필요이상으로 자주 움직여 좌우를 살피거나 근무자의 시선을 회피하는 등 어색하고 불안한 상태를 나타내는 사람을 중점 감시한다.

③ 외모 및 신체적 조건

사람의 외모와 신체적 조건은 남 · 여 · 노 · 소, 인종, 체격 등 매우 다양한 분포를 지니고 있다. 따라서 시각의 활용에 있어서 이러한 다양성을 인식하고 특별히 험상궂은 사람, 날카로운 사람 등에 대해서만 집중 감시하는 것은 부적절하다. 오히려 위해기도자는 내 앞의 평범한 사람일 수 있기 때문이다.[60]

---

60) **사례1)** 1960년 7월 14일, 일본 수상관저에서 발생한 '키시' 일본수상의 암살미수사건에서는 65세의 노인에 의하여 단도로 여섯 군데나 자상을 입도록 근접수행요원이 제지하지 못한 사례가 있었다. 리셉션이 종료되어 '키시' 수상이 근접경호원 2명과 퇴장하던 중, 범인이 가까이 접근하여 수상에게 인사를 하였고, 수상이 걸음을 멈추고 답례하던 찰나에 범인이 소지하고 있던 단도로 수상의 하복부와 대퇴부 등 6군데를 찌른 뒤 경호원에 의해 체포되었다. 리셉션 중에 이미 범인을 주목하였으나 65세의 노인인 점을 감안하여 경계를 소홀히 하였던 것이다.

사례2) 1901년 9월 5일, 미국 뉴욕주 아메리칸박람회장에서 '매킨리' 미국 대통령의 서거사건에서는 행사

④ 행동

예기치 않은 소란이나 소음유발 행위는 위해자의 예비동작일 가능성이 높다. 또한 질서정연한 대열을 순간적으로 이탈하거나, 군중 속에서 필요 이상으로 헤치고 나오는 경우, 또는 주변상황에 부적절한 신체적 행동을 하는 경우에는 중점 감시대상이 된다.

5) 청각 활용

시각기능과 함께 주요한 사주경계 요소로 작용하는 것이 청각기능이라고 할 수 있다. 위해상황은 신변보호요원의 시선 방향이 아닌 곳이나 직접 보이지 않는 위치에서도 발생할 수 있으므로, 청각기능을 최대한 활용하여 즉각 반응상태를 유지해야 한다.

① 청각기능의 유지

공연장, 연설장, 예포 발사장, 고산지역 등 신변보호업무 활동 장소의 성격이나 이동상황에 따라 청각의 기능이 일시적으로 마비되거나 둔화될 수 있으므로, 이러한 때에는 신속하게 청각기능을 회복하기 위해 침을 삼키거나 코를 막고 부는 등 적극적인 노력을 해야 한다.

② 정신집중

정신집중이 되지 않은 상태에서 청각기능은 숙면상태의 소음과도 같이 소리의 특성을 구별할 수 없게 된다. 특히 청각기능에 의해 인지된 위해가 의심되는 소리는 이미 상황이 발생한 후가 되므로 정신집중이 되어 있지 않다면 즉각적 반응은 기대할 수 없게 된다.

장에 도착하여 군중들로부터 열렬한 환영을 받으며 군중들과 악수하면서 이동하던 중, 위해자로부터 2발의 권총사격을 받아 치명상을 입고 서거하게 되었다. 근접수행요원은 범인 '스졸고조'의 순진한 인상에 감시하지 않았다가 범행의 기회를 주게 되었다.

③ 순간적 판단력

과도한 긴장으로 사소한 소음에도 과잉반응을 일으키는 것은 문제가 있으므로 예리한 판단력을 수반하는 반사행동을 해야 한다.

6) 청각 활용의 대상

① 이상음

신변보호업무 중 특히 집중해야 할 소리는 굉음, 폭발음, 균열음 등과 같은 높은 데시벨의 소리이며, 행사장의 성격과 어울리지 않는 소리도 청각활용의 대상이 된다.

② 경고신호

위해상황이 발생하면 가까이에 있거나 먼저 본 근무자가 경고신호를 보내게 되므로 이에 대한 청취와 반사적 행동이 중요하게 요구된다.

③ 행사진행 관련음

행사에 관한 전반적인 진행상황을 정확히 숙지하고 있어야만, 이와는 구별되는 위해 관련 소리를 판별해 낼 수 있으며 반사적 행동으로 쉽게 나타낼 수 있다.

2. 차량경호

차량 기동간에 이루어지는 신변보호활동으로 도로교통상황에 따라 유기적으로 차량 대형이 형성된다. 또한 선발경호가 미흡한 상황에서 한정된 공간의 기동수단에 의지해야 하므로 여러 가지 제한점이 있다.

1) 차량경호의 특성

- 승하차 시의 취약점을 노출시킬 수 있다.
- 정지상태에서 속도를 올리기까지는 일정 시간이 소요된다.
- VIP차량과 경호차량 및 수행원차량과의 대형유지가 필요하다.

- 장거리 이동 시에는 기동수단이 노출된다.
- 비교적 제한된 기동로를 이용한다.
- 빠른 속도하에서 제한된 근접경호를 제공한다.
- 선발경호 제공이 미흡하다.
- 속도를 높일 수 없는 지역을 통과할 시에는 공격의 기회를 제공할 수 있다.
- 기동간 기능 고장 시에는 위험에 노출되기 쉽다.
- 차량의 내부기능에 대한 완벽한 숙지와 고도의 운전 숙련도가 요구된다.

2) 기동로 선정 시 고려사항

- 최단거리 코스를 우선적으로 고려한다.
- 기동로 주변의 구급병원을 확인한다.
- 비상상황에 대비하여 예비기동로를 선정한다.
- 혼잡한 지역이나 공사구간 또는 굴곡이 심한 도로는 가급적 배제한다.
- 교통정체상황을 수시로 파악한다.

3) 차량 이동 시 고려사항

- 기만경호기법을 활용하여 차량대형의 위치를 수시로 변화시킨다.
- 경호대상자와 같은 차량을 경호차량으로 활용한다.
- 차량 간 유무선 연락체계를 유지한다.
- 다양한 비상상황 발생에 대한 대비를 하면서 이동한다.

4) 기동방법

① 교차로 앞 정지 시

- 정지선과 VIP차량 사이에 외부차량이 없을 때는 정지선과 일정거리를 이격시켜 정차하여 보행자와 거리를 둔다.

- 정지선과 VIP차량 사이에 외부차량이 있을 때는 VIP차량의 바로 앞차와 일정거리를 유지하여 공간을 확보한다.

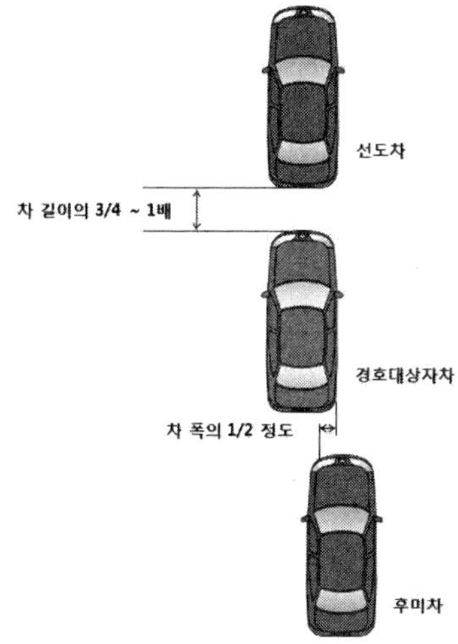

〈그림 10〉 **기본 차량 대형(3대 운용 시)**

② 코너 접근 시 차량대형(후미차만 운용 시)

- 방향전환 시 후미차를 차선 쪽으로 약간 이동시켜 다른 차들이 신변보호 대상자의 차량에 너무 가까이 근접하는 것을 막아준다.

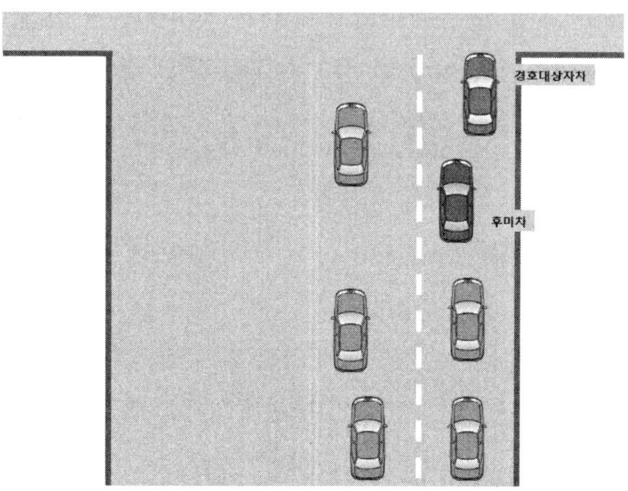

〈그림 11〉 **코너 접근 시 차량대형(후미차량만 운용 시)**

③ 차선 변경 시

• 신변보호 대상차량이나 선도차가 차선 변경 신호를 하면 후미차는 즉시 이동하고자 하는 차선 방향으로 이동하여 뒤에서 오는 차를 막아주어 나머지 차가 안전하게 차선 변경을 할 수 있도록 한다. 가능하면 무전기를 이용하여 차선 변경 의사를 전달한다.

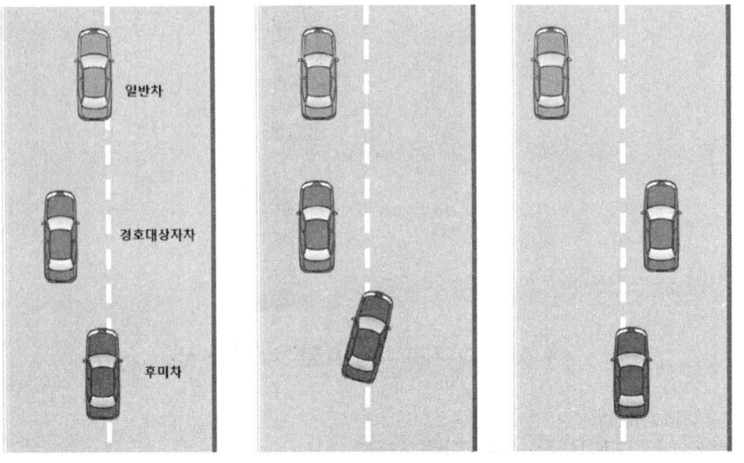

〈그림 12〉 **차선 변경**

④ 일시정지 시

• 운전 중 차를 정지할 때 문이나 창문이 다른 차의 창문과 직접 마주보게 정지하지 않고, 옆에 정지한 차 길이의 반 정도 여유를 두고 정차한다. 차가 서서히 움직이거나 사람들이 오랫동안 신변보호 대상자를 보고 있을 경우에도 이러한 방법을 적용한다.

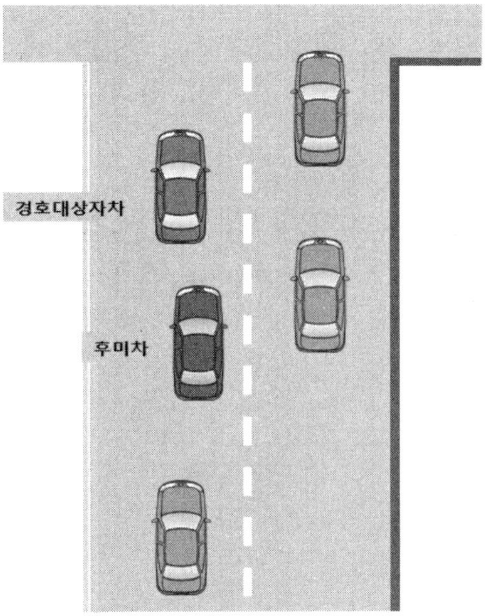

〈그림 13〉 **일시정지**

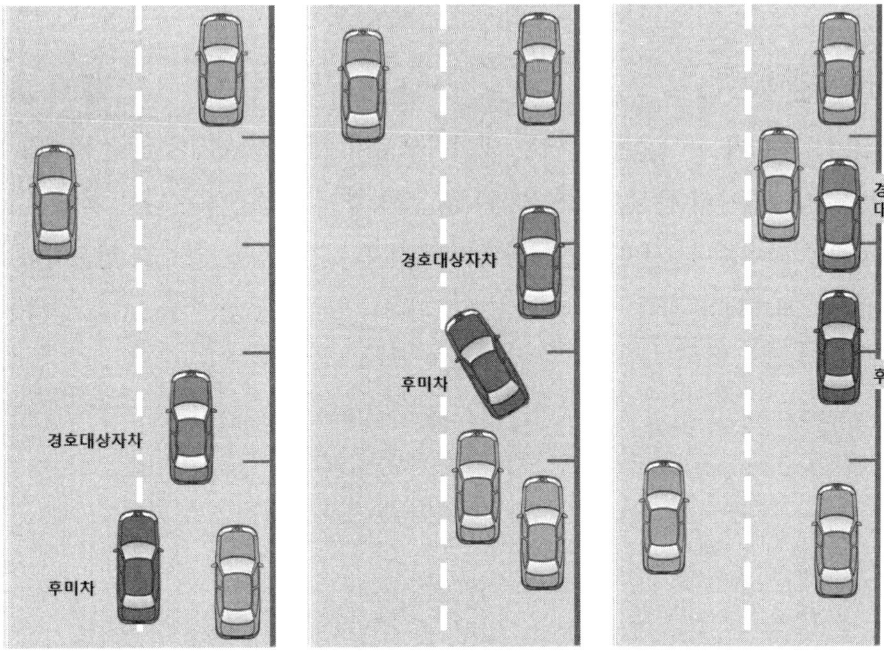

〈그림 14〉 **노상주차 시 대형**

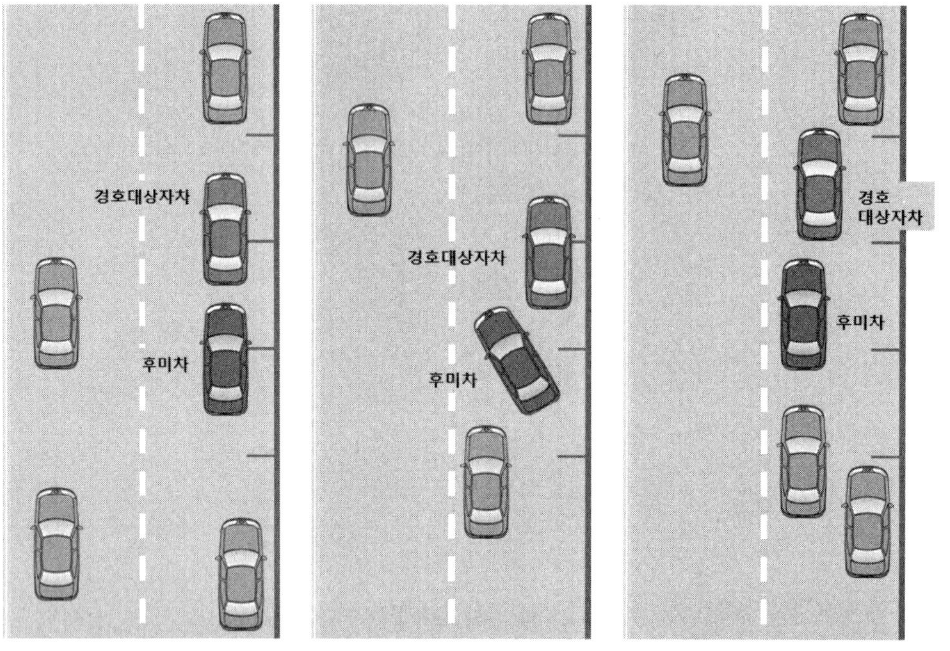

〈그림 15〉 **주차상태에서 출발**

⑤ 방향전환 시

- 회전 시 후미차는 노출된 지역을 막아줌으로써 제한된 시계에서 운전하게 되는 신변보호 대상자의 운전자를 도울 수 있고 2방향에서 접근하는 다른 차에 의한 충돌사고를 막아준다. 신변보호 대상자의 운전자는 경각심을 가지고 접근하여 오는 차를 잘 경계해야 한다.

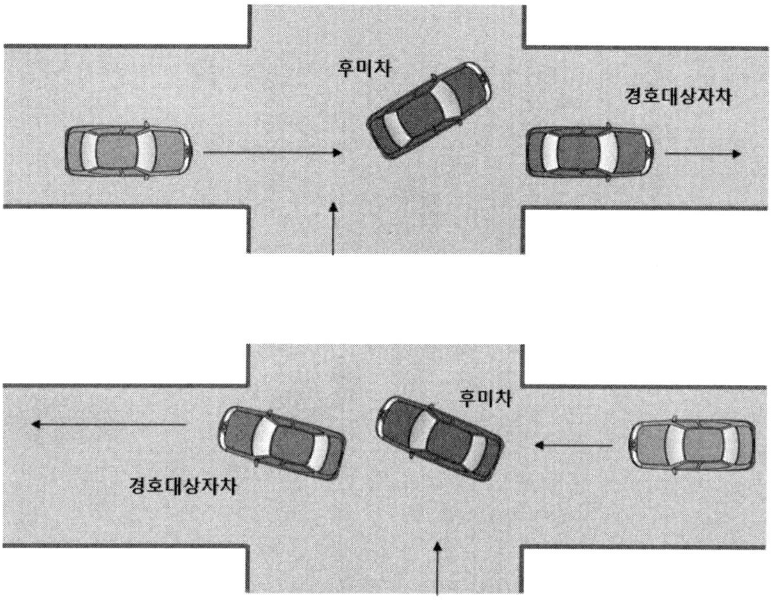

〈그림 16〉 **방향전환 시 기본대형**

⑥ 좌회전 시

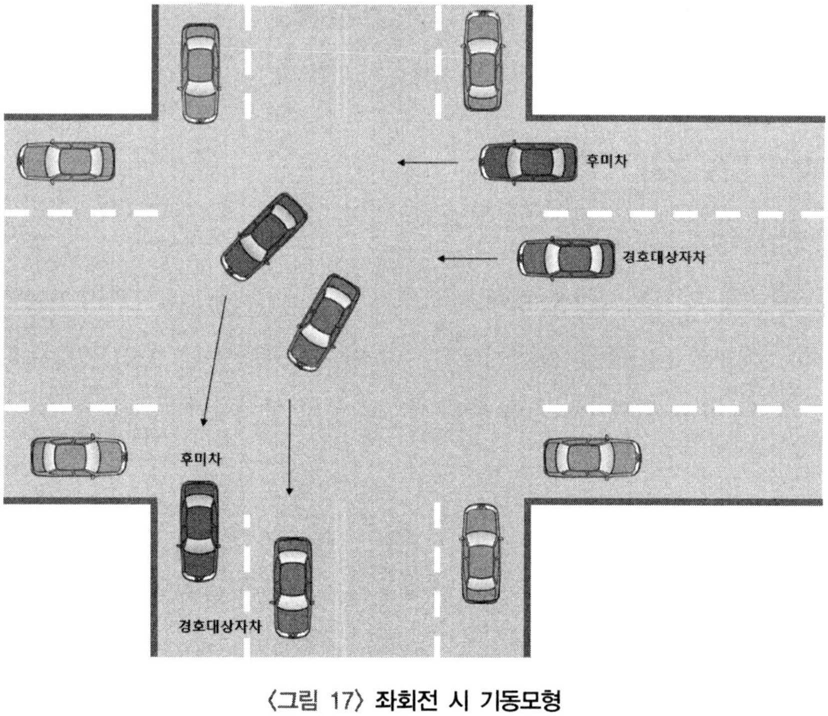

〈그림 17〉 **좌회전 시 기동모형**

⑦ 우회전 시

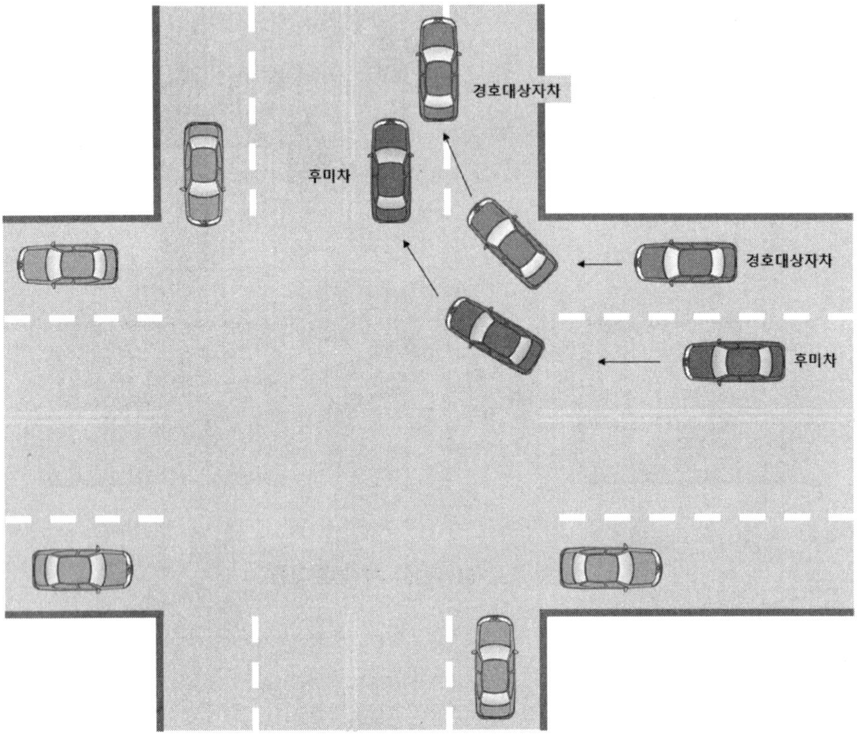

〈그림 18〉 **우회전 시 기동모형**

5) 우발적 상황 조치

① 전방으로 도피

위해상황 발생 시 선도차량은 외부의 위해공격을 방어해야 한다. 선도차량은 위해자를 공격하는 형태의 대응력을 보이게 된다. 이때 경호대상자의 차량은 신속히 현장을 벗어나고 후미차량은 위해자와 경호대상자의 차량을 방어한다.

〈그림 19〉 **전방 도피**

② 후방으로 도피

위해상황을 인지했을 때, 위해자를 공격해야 하는 상황 시에 필요하다. 경호대상자의 차량이 안전한 도로지변으로 이동하게 되면 후미차량은 위해자의 공격으로부터 방어할 수 있도록 경호대상자의 차량 옆으로 위치하여 위해자의 공격을 방어한다.

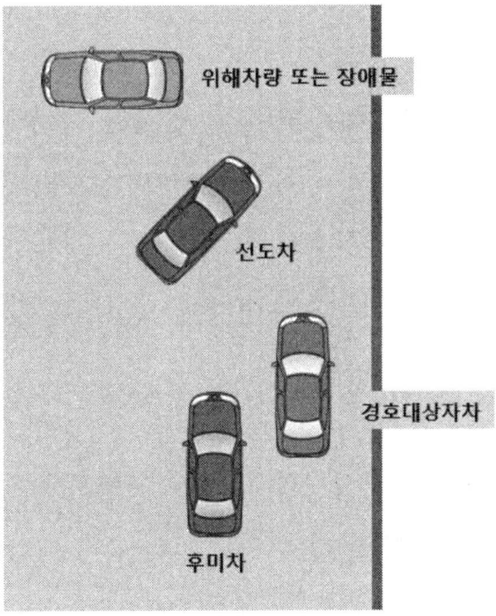

〈그림 20〉 **후방 도피**

3. 도보 신변보호활동

도보 이동 간에 실시되는 신변보호활동으로 근접호위작용이다. 근무인원과 주변상황에 따라 다양한 도보대형이 형성된다.

1) 도보 이동 간 근접경호 요령

- 도보 이동거리는 가능한 단축한다.
- 신변보호 대상자와 접촉하는 군중에 대한 행동을 유심히 관찰한다.
- 신변보호 대상자 주변의 상황을 냉철하게 파악한다.
- 악수, 편지의 전달 등 예정되지 않은 돌발적 현장상황에 유연하게 대처한다.
- 주변을 경계할 시에는 시선을 정면으로 응시한다.

2) 도보대형

도보대형은 신변보호 대상자 주변의 현장상황에 따라 매우 유동적으로 형성되어야 하고 지휘자의 통제에 따라 일사분란한 형태가 신속하게 갖추어져야 한다.

① 기본대형

기본대형으로는 다이아몬드대형(군중이 밀집해 있거나 혼잡한 통로 이동 시), 쐐기대형(군중이 산재한 장소 이동 시), 사각 또는 삼각대형(경호대상자가 군중과의 접촉 또는 노출을 필요로 할 시) 등이 있다.

민간경비에서 신변보호활동의 도보대형에서는 주변 상황과 근접수행 인원수에 따라 다음과 같은 형태를 취할 수 있다.

② 1인 대형: 사주경계와 비상상황 대처가 용이하도록 후미 좌측 또는 우측으로 탄력적으로 위치하여 이동한다.

〈그림 21〉 **1인 대형**

③ 2인 대형: 근무자가 2명인 경우에 신변보호 대상자의 1명은 전방에 위치하여 앞쪽을 주시하고 1명은 신변보호 대상자의 후미에 위치하여 그 대상자를 포함한 전방을 감시한다.

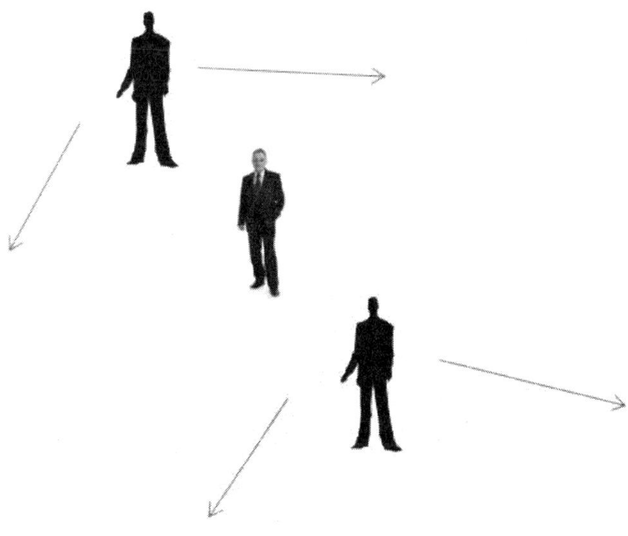

〈그림 22〉 **2인 대형**

④ 3인 대형: 3인 대형은 근접수행근무자가 3명인 경우에 리더자가 신변보호 대상자 바로 후미 좌측 또는 우측에 위치하고, 다른 2명이 전방과 후방에 위치하면서 후미까지 경계하는 형태를 취한다.

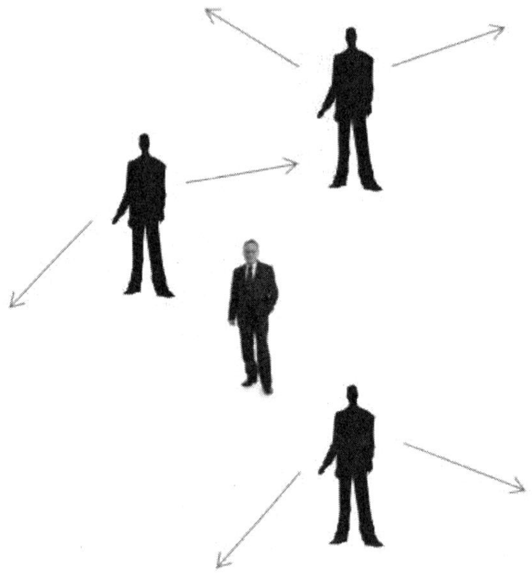

〈그림 23〉 3인 대형

⑤ 4인 대형: 측면을 강화할 수 있는 대형으로 상황에 따라 좌측 또는 우측을 강화할 수 있다.

〈그림 24〉 4인 대형

⑥ 5인 대형(마름모대형, 사각대형): 근접수행근무자의 인원이 충분한 경우 완벽한 수평적 · 수직적 방벽을 형성할 수 있는 이상적인 형태이지만, 민간경비에서 신변보호활동으로 활용하기에는 여러 가지 면에서 부담스러운 대형이다.

〈그림 25〉 5인 대형(마름모대형, 사각대형)

3) 도보대형 형성 시 고려사항

- 주변감제건물의 취약도: 수직적 방벽의 형태를 고려한다.
- 군중과의 이격거리: 신변보호 대상자와 근무자 간의 간격을 결정하고 필요시 군중과의 접촉상황을 고려하여 대형에 반영한다.
- 근접수행근무인원: 인원의 수에 따라 1인 대형부터 5인 대형 또는 그 이상까지도 다양하게 대형을 형성할 수 있다.
- 선발활동의 수준: 선발활동이 완벽하게 가동될수록 위해요소는 줄어들 것으로 보아, 원점을 중심으로 하는 대형의 크기를 줄일 수 있다.

4. 질서유지

신변보호 대상자가 대규모 군중이 밀집하는 행사장에 참석하는 경우 실시되는 경비활동으로 혼란을 예방하기 위한 고도의 질서유지활동이 필요하다. 이러한 질서유지는 근접수행의 단독기능으로는 불가능하므로 사전의 치밀한 계획과 선발활동으로 위해요소를 감소시키고 필요한 제반조치들이 이루어진 후에 선발근무자와의 유기적인 합동근무를 통해 가능하다.

신변보호업무 근무자는 일반적으로 보디가드(bodyguard)로 인식되고 있으나, 이 보디가드라는 용어에서는 두 가지 상반된 의미를 나타내는 것으로 보고 있다. 이는 주로 대중의 인기를 받았던 영화를 통하여 많은 영향을 미치는데, '대부'(1972)와 같은 영화를 통해서는 거칠고, 정신적으로 손상되어 있거나, 보스에게 맹목적으로 충성하거나 금전적인 이유로 배반하기도 하는 부정적 이미지를, '보디가드'(1992)와 같은 영화에서는 지적이고 전문가적이며 세련된 이미지를 나타내고 있다.[61)]

민간경비분야에서 추구해야 하는 이미지는 전자의 보디가드가 아니라 바로 후자의 경우로서 시민들에게 신변보호전문가(Personal Protection Specialists)라는 인식을 갖도록 해야 한다. 이러한 인식을 바탕으로 이루어지는 질서유지업무는 민간경비 전체의 이미지를 상승시키는 역할을 하게 된다.

---

61) Dale J. June, Introduction to Executive Protection, New York: CRC Press, 2015, pp. 84-87.

제 10 장

기계경비업무

제 1 절 기계경비의 개념과 특성

1. 기계경비의 개념

기계경비는 인력경비에 대비되는 민간경비형태로서 각종 기계적 장치에 의존하여 경비목직을 달성하는 것을 말한다.[62] 제5장에서 밝혔듯이 기계경비에 대한 개념적 설명들은 대부분 기계시스템을 강조하는 것으로서, 전자경비시스템(Electronic Security System), 영상감시시스템(CCTV: Closed-Circuit Television System), 출입통제시스템(Access Control System), 침입경보시스템(Alarm Monitoring System), 도난경보시스템(Burglar Alarm System), 전자경비시스템(Electronic Security System), 침입감지시스템(Intrusion Detection System) 등 제반 기계적 시스템을 포괄하는 개념이라고 할 수 있다.[63]

2. 기계경비의 특징

1) 다양한 기술과 기능의 통합

기계경비업무는 일반적으로 전자 · 정보 · 통신기기 등의 기술에 의존하므로 정보통

62) David L. Berger, Industrial Security, Boston: Butterworth Publishers, 1979, pp. 11-12.
63) 주일엽, 기계경비개론, 진영사, 2010, pp. 19-23.

신환경의 변화에 따라 기계경비업무의 운영체계나 운영방법 등에서 많은 영향을 받게 된다. 오늘날에는 RFID[64], 생체인식, 기능인식 등의 다양한 첨단기능들이 기계경비활동에 사용되고 있고 이러한 기술과 기능을 기반으로 하여 기계와 사람이 시스템적으로 작용하고 있다. 기계경비의 대표적 기능인 감지기술에서부터 통신망을 이용한 경보신호 전송과 신호 수신에 이르기까지 어느 한 부분이라도 기능이 마비되면 기계경비의 목적을 달성할 수 없게 된다.[65]

2) 기계와 인력이 접목된 복합시스템

기계경비는 경비기기 외에도 관제실의 근무자에 의한 경보수신 및 판단, 출동지령, 경찰지원 요청, 기록유지, 현장 출동 및 대응, 대응결과 통보, 상황기록 등 많은 부분에서 사람의 역할이 요구되고 있다. 또한 경비기기의 설치를 위한 현장조사, 배치설계, 시험가동, 정상 실행, 기기 관리(유지 및 보수) 등 사람의 활동을 필요로 하고 있다.

3. 기계경비의 오작동 문제

기계경비의 많은 장점에도 불구하고 오작동 또는 오경보에 의한 경비인력의 낭비와 이로 인한 기계경비에 대한 신뢰성 저하가 중요한 문제점으로 인식되고 있다. 우리나라의 한 경비회사 경보처리 현황을 살펴보면 2003년 9월 한 달 동안 경보가 접수된 총 140,449건 중 관제실의 지령에 의하여 현장에 출동한 건수는 131,779건(93.84%)이며, 경찰에 신고하여 출동을 요청한 건수는 8,650건(6.16%)로 집계되었다. 경비회사에서 출동 대응한 131,799건 중 실제 상황(진보)은 405건(검거 27, 도주 378)에 불과하였고, 오경보는 131,394건으로 오경보율이 99.69%에 달하였다. 이처럼 오경보는 기계경비에서 해결해야 할 중요한 과제이다.[66]

---

64) 조대진, 반도체칩이 내장된 태그에 저장된 데이터를 무선주파수를 이용하여 자동으로 인식하는 기술 2005.

65) 정태황, 기계경비시스템 표준화방안에 관한 연구, 경찰청 연구과제 수행자료, 2010, pp. 17-18.

66) 오광필, 해외 기계경비업자의 오경보 제재방안과 시사점, 한국사회안전학회지 12(2), 2017, pp. 9-27.

[표 28] 우리나라 모 경비회사의 경보처리 현황[67]

(단위: 건)

구분	총가입 개소	총경보 접수	대응요원 출동처리				경찰 출동처리		
			계	검거	도주	오경보	계	긴급	확인
계	251,948	140,799	131,799	27	378	131,394	8,650	1,728	6,922
비율(%) (자체)		100	93.84 (100)	0.02 (0.02)	0.27 (0.03)	93.55 (99.7)	6.16	1.23	4.93

주: 2003. 9. 1.~9. 30.

현장에서 경보가 발생하여 기계경비업체 관제실에 수신되면, 미국의 경우 제한적으로 운영되는 지역경비시스템(Local Security System)을 제외하고 대부분의 지역에서는 경찰에 경보상황을 통보하여 경찰이 직접 현장에 출동하여 대응하는 방법으로 운영된다. 우리나라나 일본의 경우에는 경보신호를 기계경비회사 관제실에서 수신하면, 1차로 기계경비회사 출동요원이 현장에 출동하고 상황에 따라 112신고를 통하여 경찰에 지원출동을 요청하는 형태로 운영되고 있다.[68]

따라서 오경보가 발생되면 기계경비회사의 인력낭비뿐만 아니라 경찰출동이 잦아지면 실제 긴급한 상황대처가 어렵게 됨으로 인하여 범죄예방 및 범죄대응에 역효과를 가져오게 된다. 「경비업법」 제9조 ①에서 기계경비업자는 경비계약을 체결하는 때에는 오경보를 막기 위하여 계약상대방에게 기기사용요령 및 기계경비운영체계 등에 관하여 설명해야 하며, 각종 기기가 오작동되지 아니하도록 관리해야 한다고 명시하고 있다.

그럼에도 불구하고 오경보로 인한 업무의 낭비로 인하여 경찰청에서는 「감독명령」 제2017-1호로서 경보수신 시에는 기계경비업체가 먼저 현장출동, 전화확인, CCTV확인 등을 통하여 대응조치를 반드시 취하고 난 후, 범죄관련성이 확인되면 112신고를 통하여 경찰출동을 하도록 하고 있다.

---

67) 오광필, 해외 기계경비업자의 오경보 제재방안과 시사점, 한국사회안전학회지 12(2), 2017, pp. 9-27 재구성.

68) 정태황, 기계경비시스템 표준화방안에 관한 연구, 경찰청 연구과제 수행자료, 2010, pp. 10-12.

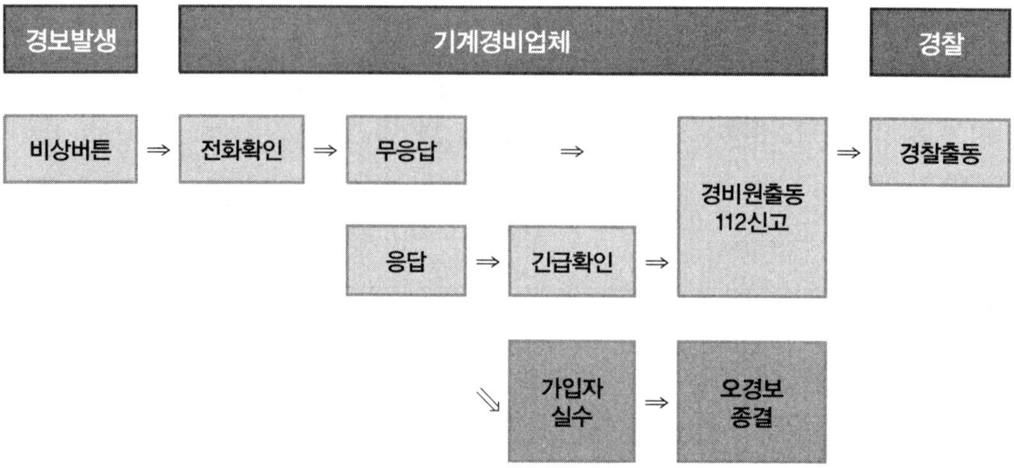

출처: 경찰청, 2017

〈그림 26〉 **경보발생 후 처리과정**

제2절 기계경비시스템의 종류

1. 영상감시(CCTV)시스템

1) CCTV시스템 개요

영상감시시스템(Closed Circuit Television)은 폐쇄회로 텔레비전이라고도 하는데, 비디오 카메라를 이용하여 특정 장소의 특정 모니터로 신호를 전송하는 시스템이다. CCTV는 방범, 감시, 화재예방 등 안전을 위한 목적뿐 아니라 공장, 교육, 정보수집 등 사회 전반에 걸쳐 광범위하게 사용되는 유용한 기계장치이다. 그러나 개인의 사생활 보호를 위하여「개인정보 보호법」에서는 영상정보처리기기의 설치 및 운영에 엄격한 제한을 두고 있다.

이 법 제25조는 CCTV의 설치 및 운영이 가능한 장소와 그렇지 못한 장소를 구분하여 제시하고 있으며, 군사시설, 국가중요시설 등 대통령령으로 정하는 일부를 제외하고는 CCTV를 설치하고 그 설치의 목적과 장소, 촬영범위 및 시간, 관리책임자 성명 및 연락처를 포함한 안내판을 설치해야 하는 등의 필요한 조치를 하도록 규정하고 있다.

CCTV의 반대되는 개념으로 개방회로 텔레비전(Open Circuit Television)이 있는데 이는 불특정 다수에게 공개적으로 제공하는 일반 TV를 말한다. 따라서 CCTV는 특정 목적을 위하여 특정인에게 제공되는 TV이므로 개인 주거시설이나 사유지 내부 또는 사업장 내부에 설치할 경우에는 안내판을 설치할 필요가 없다.

2) CCTV시스템 구성

영상감시시스템은 〈그림 27〉과 같이 피사체의 영상신호를 전기신호로 변환하여 화면으로 재생시키는 과정이라고 할 수 있다. 이러한 전달과정은 광케이블, 이동통신망 또는 인터넷망 등의 다양한 매개체를 통하여 이루어진다. 수신부에서는 VTR(Video Tape Recorder) 또는 DVR(Digital Video Recorder) 등을 활용하여 수신된 영상을 녹화하는 기능을 갖추고 있다.

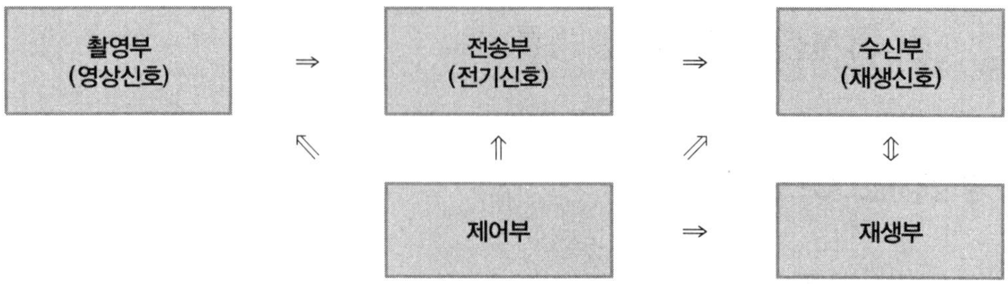

〈그림 27〉 CCTV 전달과정 및 구성

3) CCTV 설치유형

CCTV시스템은 원거리 관찰, 영역 관찰, 동시 다중 관찰, 지속 관찰, 드론을 통한 근접 불가능한 장소의 관찰 등 다양한 기능을 가지고 있으며,[69] 그 목적과 설치장소 등에 의하여 다음과 같이 구분할 수 있다.

[표 29] CCTV시스템의 설치유형[70]

<table>
<tr><th colspan="2">구 분</th><th>설치유형 및 설치장소</th></tr>
<tr><td rowspan="2">공공기관</td><td>외부감시</td><td>교통흐름 조사
교통법규위반 등 단속
터미널의 각종 불법행위 감시
방범
수배차량 감지
밀수 감시
총기류 밀반입 감시
산불 감시</td></tr>
<tr><td>내부감시</td><td>지하철 구내 및 객차
공공경기장
공공기관 민원창구
경찰서 유치장 및 군 영창
구치소 및 교도소</td></tr>
</table>

69) 안창훈 · 이강열 · 최주호, 시큐리티시스템 개론, 인포더, 2004, p. 114.

70) 김학신, 범죄예방을 위한 경찰의 CCTV 활용과 기본권 보호에 관한 연구, 치안정책연구소, 2008, pp. 7-10 재구성

개인	외부감시	주민에 의한 공공장소 방범 개인주택 외부감시용 방범
	내부감시	피고용인 대상 금융기관 일반버스 기숙학원 지하주차장 및 엘리베이터

4) CCTV 관련용어

① **화소(畫素)**: 화면을 구성하는 기본적인 단위로 픽셀(Pixel, picture element)이라고도 한다. 메가픽셀은 100만 화소 이상을 가리키며 디스플레이의 요소 수를 나타내기도 한다.

② **화각(畫角, FOV, Field of View)**: 렌즈를 통하여 이미지를 담을 수 있는 각도를 나타낸다. 화각에 따라 렌즈를 구분하는 이유는 렌즈마다 차이를 가지는 시야각에 따른 렌즈의 용도를 구분하기 위함인데, 화각이 넓은 광각(84°~63°)렌즈는 초점거리가 짧고 피사체의 크기가 작아지고 원근감의 과장이 발생할 수 있으며, 망원(28°~8°)렌즈는 이와는 반대로 초점거리가 긴 반면에 화각이 좁다.

③ **해상도(解像度, Resolution)**: 선명도 또는 화질이라고도 하며 화면에 표현된 이미지의 섬세한 정도를 나타내는 말로서, 모니터, 텔레비전, 프린터, 스캐너 등 각종 이미지 출력의 결과물에 대한 표현으로 사용된다.

④ **주사(走査, Progressive Scanning)**: 화면에 표시할 내용을 왼쪽 위에서 시작하여 한 줄씩 처음부터 끝까지 순서대로 출력하는 영상 표시방법으로 순차주사방식이라고 한다.

⑤ **초점거리(焦點距離)**: 렌즈의 중심부로부터 상이 맺어지는 위치(초점)까지의 거리를 말한다. 초점거리에 따라 표준렌즈, 광각렌즈, 망원렌즈가 있으며, 줌렌즈는 초점거리를 임의로 조절할 수 있다.

⑥ 구경비(口徑比, Aperture Ratio): 렌즈의 유효구경과 초점거리와의 비율을 말한다. 이 값은 'F'로 표시되는데 조리개값이라고도 한다. 이 관계를 수식화한 것은 다음과 같다. F(조리개값) = 초점거리(f)[㎜]/유효구경(D)[㎜]

⑦ 유효구경(有效口徑, Effective Aperture): 렌즈의 광축에 평행하게 입사한 광선이 조리개를 통과하면서 렌즈의 전면에서 그 평행광선의 최대지름을 나타내는 것이며, 볼록렌즈이면 유효구경이 조리개의 지름보다 크고 반대로 오목렌즈이면 유효구경이 조리개보다 작다.

⑧ 신호 대 잡음비(SNR, Signal-to-Noise Ratio): 통신시스템의 성능과 관계있다. 음성, 영상, 통신 등의 기기에서는 노이즈가 항상 존재하는데 이 신호 대 잡음비가 크다는 말은 노이즈보다 신호가 크다는 뜻으로 결국 좋은 성능이라는 것이다.

5) 촬상부(撮像部): 카메라를 설치하는 데 필요한 렌즈, 하우징, 브라켓 등 다양한 장치 전체를 말함[71)]

① CCTV 카메라: CCTV 카메라는 촬영한 영상을 전기신호로 변화시키는 기기로서 일반카메라와 기본원리는 동일하다. 민간경비에 있어 CCTV 카메라는 실내의 양호한 환경에 설치할 경우는 물론, 열악한 조건에서 설치되는 경우가 있으므로 내구성이 필요하고 노출여부 또는 고유한 목적에 따라 다양한 요구조건을 충족시켜야 한다.

CCTV 카메라는 형태에 따라 박스형 카메라, 돔형 카메라, 회전형 카메라 등 다양한 크기와 형태가 있으며, 설치 목적에 따라 카메라 렌즈의 성능, 화소, 화각 등에 따라 모니터의 해상도에 큰 영향을 미친다. 카메라를 설치하는 장소는 감시대상자가 인지할 수 있도록 의도적으로 노출되는 곳이거나, 목적에 따라 상가의 마네킹 등 노출이 되지 않는 곳에 자연스럽게 설치할 수도 있다. 또한 설치장소의

---

71) Lawrence J. Fennelly, Effective Physical Security, Fifth edition, Butterworth-Heinemann, 2017, pp. 347-350.

특성을 고려하여 성능과 가격대를 고려하여 선택한다.

- 박스형 카메라는 열영상 감지 촬영, 매우 밝은 장소 촬영, 매우 어두운 장소 촬영 등 특정 기능을 제공하는 카메라를 박스형 하우징에 담아서 사용한다.
- 돔형 카메라는 주로 실내에서 사용되며, 방수기능이 약하고 고정거리 초점인 경우가 많아 화각을 고려하여 초기 설치에 신중을 기할 필요가 있다.
- 스피드 돔 카메라는 PTZ(Pan: 카메라의 좌우방향 이동, Tilt: 상하방향 이동, Zoom) 계통 중에서 화각 변동이 빠르고 조작의 범위가 넓어 정밀한 추적과 넓은 범위의 탐색이 가능하다.

파노라마 카메라

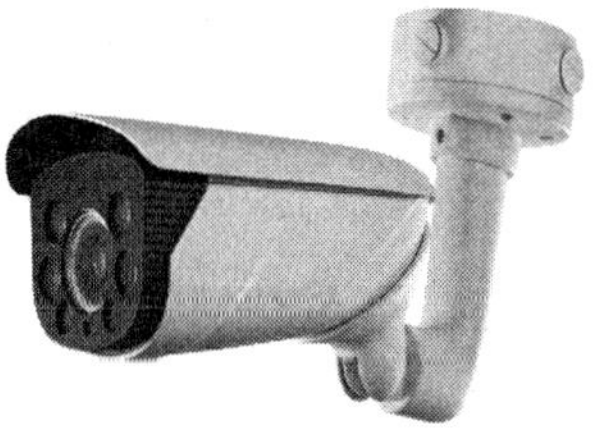
불릿 카메라

트라이 스펙트럼 카메라

〈사진 6〉 여러 종류의 감시카메라

- 파노라마 카메라는 어안(魚眼, Fish-eye)계통의 렌즈를 사용하거나, 여러 개의 카메라가 동시에 보낸 영상을 합성하여 파노라마 형태의 영상으로 가공하여 전송한다. 하나의 카메라로 광범위한 지역을 감시할 수 있으나, 해상도 면에서 다른 카메라보다 약하고 어안 영상 특유의 왜곡현상이 발생하는 단점이 있다.
- 불릿(Bullet) 카메라는 박스형 카메라와 유사하지만 총알형태로 제작되어 있고 크기도 작은 것부터 큰 것까지 다양하며, 방수 및 방진이 가능하도록 만들어져 실내외에 사용가능하다.
- 트라이 스펙트럼(Tri-Spectrum) 카메라는 바이 스펙트럼(Bi-Spectrum) 카메라와 함께 매우 크기 때문에 대부분 대형박스 형태로 제작된다. 자외선이나 비냉각방식 또는 냉각방식 열상을 사용하여 촬영한다.

② **장거리 적외선 조명기(Infrared Long-distance Illuminator)**: IR 조명기는 카메라 렌즈 주변에 작게 설치된 LED를 말한다. IR 조사(照射)기능을 사용하여 야간에도 감시가 가능하다. 요즈음은 대다수의 카메라에 기본적으로 장착되어 있으며, IR 레이저를 조명으로 사용하는 경우도 있다.

〈사진 7〉 IR 조명기

③ **촬상소자(撮像素子, Image Pickup Device, Imaging Device)**: 비디오 카메라의 심장부라고 할 수 있으며, 영상을 전기신호로 변환하는 장치로서 팩스 또는 복사기에 사용되는 1차원 배열과, 한꺼번에 화면 전체의 이미지를 획득하여 동영상 또는 사진촬영에 사용되는 2차원 배열이 있다. 2차원 배열은 촬상관과 고체 촬상소자의 2종류로 구성되어 있는데, 이 고체 촬상소자는 대부분 전하 결합 소자(CCD, Charge-Coupled Device)이며 포토다이오드를 이용한 반도체이다. 주사선의 수가 많을수록 성능이 우수하며 고해상도의 카메라에는 200만 화소의 CCD가 사용된다.[72)]

④ **렌즈**: 카메라의 렌즈는 피사체에서 반사된 빛을 굴절시켜 촬상소자에 영상을 제공하는 투명 유리체를 말한다. 사람의 시각과 가장 유사한 형태로 피사체를 포착하는 표준렌즈, 초점거리가 짧은 대신 넓은 화각을 가지는 광각렌즈, 멀리 떨어져 있는 물체를 크게 확대하여 영상을 제공하는 망원렌즈, 초점거리가 고정되어 있지 않으므로 하나의 렌즈로 광각에서 망원까지 촬영할 수 있는 줌렌즈 등이 있다.

72) 한국정보통신기술협회 정보통신용어사전.

⑤ 하우징(Housing): CCTV 카메라가 눈, 비, 태양의 직사광선, 온도, 습도, 먼지 등 외부의 열악한 환경에서 견딜 수 있도록 보호하는 기능을 가진 함체를 말한다. 수중 촬영을 위한 방수용 하우징과 카메라 앞의 물기나 먼지를 제거하기 위하여 와이퍼를 장착한 하우징, 추운 지역 또는 냉동고 등에 사용하기 위하여 히터를 장착하거나 제철소 용광로 등에 사용하기 위하여 냉각수를 순환시켜 카메라 성능을 유지하는 하우징 등 장소에 따라 종류를 선택하여 사용할 수 있다.[73]

⑥ 브라켓(Bracket): 브라켓은 어떤 물체를 고정하는 지지대라는 뜻으로, CCTV 카메라를 기둥, 벽, 천장 등 다양한 장소에 설치할 수 있도록 하는 기기를 말한다.

⑦ 팬, 틸트(Pan, Tilt): 카메라를 좌우 또는 상하로 원격 조정할 필요가 있을 경우에 작동되는 기기로 실내용과 실외용이 사용된다.

⑧ 카메라 설치기준[74]

- 흔들림이 없도록 견고하게 설치하고 카메라의 초점을 고정한다.
- 사람의 손에 직접 닿지 않는 높이에 설치한다.
- 카메라의 위치는 가능한 피사체의 정면에 설치한다.
- 촬상부가 태양이나 밝은 피사체를 향하지 않도록 주의한다.
- 낙하, 충격, 진동에 주의한다.
- 특수 카메라를 제외하고는 온도에 취약하므로 주의한다.
- 고압선 또는 고주파 발생지역에는 설치하지 않는다.
- 습기가 있는 곳은 되도록 피한다.
- 사각지대가 발생하지 않도록 설치한다.
- 유지보수가 용이하도록 설치한다.

---

73) 정태황, 기계경비개론, 백산출판사, 2007, pp. 197-198.
74) 주일엽, 기계경비개론, 진영사, 2010, p. 166.

6) 전송부(Transmission)[75)]

촬상부에서 만들어진 영상신호를 멀리 이격된(수십 미터에서 수십만 킬로미터) 수상부에 전송시키는 역할을 하는 통신선로를 말하는데 이 통신선로에는 유선통신선로와 무선통신선로가 있다.

① 유선통신

유선통신은 카메라와 모니터에 쉽게 연결할 수 있어서 일반적으로 가장 많이 사용되는 동축케이블(Coaxial Cable), 원거리 전송이 용이하고 전기잡음에 강한 꼬임 쌍 케이블(Twisted Pair Cable), 원거리 전송에 유리하고 기상 또는 전자장비의 간섭에 강하며 보안성이 뛰어난 광섬유(Fiber Optics) 외에도 근거리 통신망(LAN), 광역 통신망(WAN), 인터넷 등 다양한 통신선로를 이용할 수 있다.

무선통신은 VHF 또는 UHF 주파수 대역 전파를 이용하여 영상신호를 전달하는데, 물체에 대한 투과성과 굴절성이 높은 장점이 있으나 보안성이 취약한 RF(Radio Frequency) 무선통신, 광파에 근접하는 주파수 대역을 이용하고 직진성과 반사성이 높아 장거리 전송이 가능하지만 마이크로웨이브 반사가 어려운 곳에서는 통신장애가 발생할 수 있는 마이크로웨이브(MW, Microwave), 위성안테나를 이용한 위성통신(ST, Satellite Telecommunication)이 있다.

② 영상압축

일반적으로 디지털 카메라가 영상을 촬영하여 전송하거나 저장할 경우에는 엄청난 양의 대역폭(bandwidth)과 데이터가 필요하다. 컬러 비디오 카메라는 흑백 비디오 카메라에 비하여 훨씬 많은 양의 데이터가 필요한 것처럼 특별한 경우에는 유성통신 선로에 부담을 주어 전송시간의 지연이나 장애를 유발할 가능성이 있다. 따라서 디지털 카메라가 만들어낸 데이터를 압축기술을 통하여 전송 또는 저장할 필요성이 나타나게 되었다.

---

75) Herman Kruegle, CCTV Surveillance 2nd Edition, Video Practices and Technology, Butterworth-Heinemann, 2007, pp. 188-232.

이러한 영상압축은 무손실 압축(Lossless Compression)과 손실 압축(Lossy Compression)이 있는데, 무손실 압축은 압축과정에서 비디오 데이터의 손실이 0%라는 의미로 실제 영상정보가 수상부에 온전하게 전송되어 모니터 화질의 수준이 매우 높은 것이 장점이고 정확하게 복제되거나 압축해제가 가능하다. 그러나 압축률이 떨어져 필요한 특별한 경우에만 선택적으로 사용한다.

손실 압축은 일정 부분의 데이터 손실은 압축과정 또는 압축해제과정에서 발생하지만 압축률이 높아 대부분의 압축에 사용된다.

이 압축기술에는 손실압축에 사용되는 독립 코사인 변환(DCT, Discrete Cosine Transform)과 압축비를 높이기 위한 독립 웨이블릿 변환(DWT, Discrete Wavelet Transform)이 사용된다.

7) 수상부[76)]

① 모니터

모니터는 연결망을 통하여 전송된 전기신호를 다시 영상신호로 재생하여 화면에 나타나게 하는 역할을 한다. 디스플레이 장치를 갖춘 브라운관을 사용하거나 전기신호에 따라 변화되는 액정을 이용하는 LCD(Liquid Crystal Display), 또는 발광다이오드 반도체 소자를 활용한 LED(Light Emitting Diode)를 활용할 수 있다.

- **흑백 모니터(Monochrome Monitors)**: 1990년대 후반까지 가장 많이 사용되었던 CCTV시스템 중 하나로 음극선관(CRT, Cathode Ray Tube)을 이용한 것이다. 대각선 1인치에서 27인치까지 비교적 작은 모니터에는 여전히 사용되고 있으며 이 중 가장 대중적인 것은 9인치 크기이다.
- **컬러 모니터(Color Monitors)**: 흑백 모니터에 이어 오늘날 광범위하게 사용되는데, 흑백 모니터에 비하여 수평 해상도(horizontal resolution)는 낮으며 크기는 주로 13, 15, 17인치가 사용된다.

---

76) Lawrence J. Fennelly, Effective Physical Security, Fifth edition, Butterworth-Heinemann, 2017, pp. 378-380.

- **화면 구동방식**: 비디오 보안 영상은 기본적으로 아날로그 음극선관(CRT, Cathode Ray Tube), 액정 디스플레이(LCD, Liquid Crystal Display), 플라스마 디스플레이(Plasma Display) 등 3가지 형태로 구동된다. 음극선관은 가격이 저렴하고, 액정 디스플레이는 화면의 크기를 다양하게 나타내고 부피가 작다. 플라스마 디스플레이는 해상도, 넓은 화면, 선명도 등에서 장점이 있으나 가격이 높다.

흑백 모니터(CRT방식)

컬러 모니터(LCD방식)

플라스마 모니터

〈사진 8〉 **모니터의 종류**

8) 녹화장치

비디오 카메라와 전송장치 그리고 모니터는 경비원들에게 원격적 눈을 제공하여 주지만, 실제 상황이 종료된 후에는 영상 이미지가 영구히 사라져버리게 된다. 이러한 실시간의 기록을 보존하고 필요한 때에 다시 재생하기 위하여 녹화장치가 필요하다.

영상녹화장치는 영상신호를 마그네틱 카세트 테이프를 이용하여 아날로그방식으로 녹화하는 VTR(Video Tape Recorder)과 보다 깨끗한 화질과 편리한 검색 및 전송의 기능을 갖춘 디지털 방식으로 녹화하는 DVR(Digital Video Record) 등이 있다.

- **VCR(Video Cassette Record)**: VCR은 자기저장매체를 사용한 표준 VHS(Video Home System) 카세트 포맷이 이용된다. 이보다 작은 8㎜ 소니(Sony) 포맷은 휴대용 감시장비로 많이 사용된다. VCR의 단점은 녹화시간이 6시간 정도로 매우 제한적이어서 이를 보완하기 위해 타임 랩스 배열방식(time lapse sequences)을 사용하여 720시간까지 녹화가 가능하도록 하였다.

- DVR(Digital Video Recorder): DVR은 영상신호를 디지털 방식으로 변환하여 고화질의 영상을 매우 많이 저장할 수 있고, 녹화시간 또한 상당한 기간 동안 저장할 수 있으며, 압축기술의 발달과 함께 가격이 비교적 경제적이어서 오늘날 가장 널리 보급되어 있다. 또한 저장매체를 자주 교환할 필요가 없으며, 영상을 반복적으로 재생하더라도 화질이나 저장매체가 손상되지 않고 필요시에는 언제든지 검색하고 편집할 수 있어서 매우 유용한 점이 많다.
- NVR(Network Video Recorder): NVR은 비디오 기록을 디스크 드라이브, USB 플래시 드라이브, SD 메모리 카드 또는 다른 대용량 저장장치에 기록하는 소프트웨어 프로그램을 포함하는 컴퓨터 시스템이다. NVR 감시 시스템은 일반적으로 무선을 통하여 구동되며 설치가 비교적 용이하고 웹 브라우저를 통하여 접근할 수 있으며, 경보가 발생할 경우에는 사용자에게 이메일 또는 알림형태로 통보가 가능하다.
- ODR(Optical Disk Recorder): 매우 큰 영상기록을 보존할 필요가 있을 경우 이 시스템이 사용된다. 홀로그래픽 데이터 저징 또는 3D광힉 데이디 지장과 같은 레이저를 기반으로 하며 앞으로 개척해야 할 부분이다.

2. 출입통제시스템(Access Control System)

경계장벽, 침입탐지, 경비조명 등은 물리적 보안을 위하여 매우 중요하지만, 이 자체 기능만을 가지고 침입을 방지한다는 것은 매우 어렵다. 완벽한 보안과 안전을 위한 출입통제시스템과 절차는 매우 필수적이며 비인가된 출입자를 배제하는 업무는 한시도 소홀함 없이 유지되어야 한다.

출입통제시스템은 IC칩이 내장된 마그네틱 카드를 통하여 이를 부착한 사람에 한하여 자동으로 확인하는 기능을 수행한다. 오늘날에는 지문, 음성, 홍채 등의 생체인식방법에 의한 기능이 활성화되고 있고, X-Ray 투시방법에 의한 출입통제기능이 도입되고 있다.

출입통제구역은 회사 내의 업무 또는 기밀의 중요성과 이에 따라 요구되는 보안의 수준에 따라 결정되는데 일반적으로 건축물의 출입구 또는 건물 내부에 있어서도 정해진 구역을 구분하여 통제구역을 설정한다. 이러한 구분된 통제구역에 따라 출입 절차와 방법이 다르게 적용된다.

1) 내부적 출입통제(Inner Circle Access Control)

내부적 출입통제구역은 신원이 확인된 개인 또는 사전에 약속된 장비나 물품들이 엄격한 출입절차에 따라 통제지점을 통과하여 활동 또는 이동을 보장받는 장소를 말한다. 내부적 출입통제구역은 업무 또는 기밀유지의 중요도에 따라 다시 구분되어 출입통제가 2중으로 적용되는 경우가 많다.

인원의 통제에서는 인가된 출입자에 한하여 사전에 발부된 출입증을 확인하는 방법으로 출입증 인식기기를 통하여 자동으로 출입허가 여부를 판단하고 비인가자인 경우에는 즉시 통로 차단 및 경보를 통하여 경비원에게 인지하도록 하는 시스템이 주로 적용된다.

내부적 통제에 문제가 발생하면 외부적 통제에 의하여 발생한 문제보다 더욱 심각하다.[77] 물건에 대한 출입통제는 외부로부터 폭발물 등 각종 위험물이 들어오는 것을 방지하는 목적도 있지만, 내부의 주요 신상품, 자재, 물품, 서류형태의 기밀 등이 반출되는 것을 방지하고자 함이므로 물품의 반출입 증명서 등의 확인을 통하는 방법과 반출입 검사기기에 의존하는 방법이 있으나 이를 혼용하여 사용하는 것이 바람직하다.

2) 외부적 출입통제(Outer Circle Access Control)

외부적 출입통제구역은 감시대상 구역에는 포함되지만 주로 시설물 외부의 주차장과 같은 차량 관리지역이 그 장소가 된다. 차량 관리지역은 차량을 이용하여 출입하는 인원과 물품에 대한 관리가 통제대상이 된다. 대규모이면서 빈번한 이동이 지속되는 장소에서는 기계식 인증방식을 적용하여 사전에 발부된 차량 통행카드를 자동으로 인식

77) John S. Dempsey, Introduction to Private Security, Wadsworth, 2011, p. 165.

하여 출입여부를 결정하고 방범카메라를 활용하여 원격감시를 실시한다.

실질적으로 현재까지는 차량에 대한 적극적인 인원 및 장비에 대한 육안 검색을 하는 것은 일부 공경비 구역, 국가 중요시설 등으로 매우 제한적이므로 특수 카메라에 의한 기계적 원격감시의 보급이 필요하다.

3. 침입경보시스템(Alarm Monitoring System)

침입경보시스템은 CCTV시스템과 함께 기계경비의 핵심을 이루는 것으로 경비현장에 침입감지기를 설치하고 이상상황이 감지되면 현장에서의 경보발령 및 경비조명 전개, 그리고 실시간 통신망을 이용하여 관제부에 경보발령 및 영상정보 수신 및 녹화가 이루어져 상황을 통제하고 필요에 따라 경찰서 또는 소방서에 출동을 요청하는 시스템을 말한다.

1) 침입경보시스템의 구성

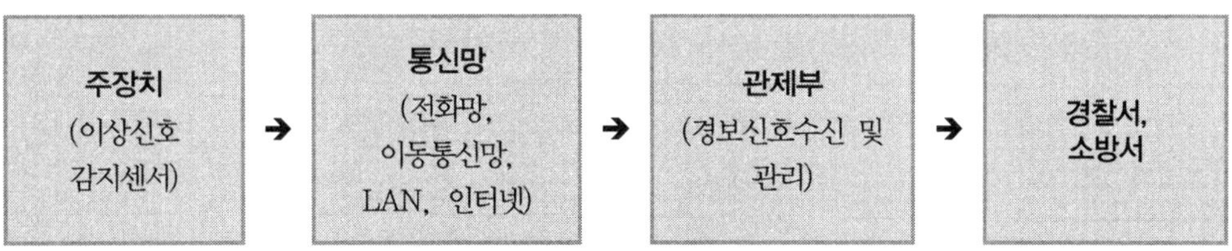

〈그림 28〉 **침입경보시스템 전달과정**

침입경보시스템은 〈그림 28〉과 같이 감시지역의 이상상황을 감지하는 주장치, 이상신호를 전달하는 통신망과 전달된 신호를 수신 · 관리하는 관제부로 구성되어 있다.

2) 경보센서 설치

- 전자기계식(접촉의 유무): 창문틀에 주로 설치된다.
- 압력반응식: 자동문, 카펫 등에 주로 설치된다.
- 자력선식: 지붕, 천장, 벽체 등에 주로 설치된다.

- 광전자식(공간감시): 레이저, 자외선, 적외선이 사용된다.
- 초음파 탐지식(송신기와 수신기 사이의 진동파 감지): 담장, 출입구 등에 설치된다.
- 콘덴서 경보(금속제품의 외부충격을 전류의 흐름으로 감지)
- 음파경보
- 진동탐지(경비대상 물건에 직접 설치하여 움직임을 포착하여 경보발령): 전시 중인 미술품 등에 주로 설치된다.
- 전자파울타리(광전자 벽체 형성)
- 무선주파수

제3절 기계경비시스템의 발전현황과 보완점

1. 시스템의 발전현황

정보통신기술의 놀라운 발달은 기계경비시스템의 변화를 적극적으로 유도하고 있으며 경비산업에 있어서 중요한 부분을 담당하고 있다. 다음의 〈표 30〉은 기계경비시스템의 발전현황을 보여주고 있다.

[표 30] 기계경비시스템의 발전현황[78)]

구분	제1단계	제2단계	제3단계
영상감시 시스템	- 아날로그형 영상 감시 및 저장(VTR) - 케이블 영상 전송	- 디지털형 영상저장 및 영상전송 - 영상변화 인식 (Motion Detection)	- 디지털 + IP 영상전송 - 지능형 영상인식 - DVR 복합기능화 (탐지, 분석, 추적)
출입통제 시스템	- 마그네틱 카드 인식 (플라스틱 카드)	- 스마트카드 및 생체인식기능 도입 - RFID인식기능 도입	- 생체인식적용 확대 - RFID기능 확대 (인식 및 추적)
침입경보 시스템	- 현장경보 수신 - 아날로그형 경보신호 수신	- 원격 경보신호 수신 - 디지털형 경보 송수신	- 영상경보신호 송수신 - 행동패턴인식

2. 기계경비의 설치과정

1) 기계경비시스템 설계

기계경비시스템의 신중한 설계는 가시적인 위험요소는 물론이거니와 잠재적인 위험요소를 배제하고 경비목적 달성이라는 고객의 요구에 부응하는 중요한 과정이다. 이 과

78) 정태황 · 서승영, 기계경비시스템의 기술 변화추세와 개발전망, 한국경호경비학회지 제19호, 2009, p. 231.

정에 있어서 대상 시설물에 대한 현장조사를 바탕으로 상황발생에 따른 조기경보, 오경보 배제, 설치비 절감, 운영비 절감을 고려하여 설계되어야 한다.79)

2) 기계경비시스템 설치

기계경비시스템을 설치하기 위해서는 설치 전문성을 확보하였다는 전제하에 배관 및 배선작업을 실시하고 관련기기를 설치하여 오작동 및 오경보를 줄일 수 있는 방안에 대한 고려가 충분히 이루어져야 한다. 기계경비시스템을 성공적으로 설치하고 작동시키기 위해서는 우수한 경비기계, 배관 등의 자재, 시공기술, 사용자의 숙달 등이 결합되어야 한다.

3. 기계경비의 보완점

1) 개인 사생활 침해방지에 대한 신뢰 획득

영상정보처리기기에 대한 설치와 운용에 관한 업무에 있어서 「개인정보 보호법」 준수에 철저를 기한다는 측면에서 「경비업법」에 「개인정보 보호법」 제25조의 ① "영상정보의 설치 및 운영에 있어서는 범죄예방 및 수사, 그리고 시설물 안전과 화재 예방에 관한 목적으로만 제한"하는 것으로 명시할 필요성이 제기된다. 또한 방범카메라의 설치에 관한 신고의무제도를 도입하고 이를 관리할 통합적 기구의 설립이 요구된다.80)

2) 영상정보처리기기 사용자(일반시민)에 대한 정보보호 교육 확대

민간경비분야에서도 프로슈머(Prosumer = producer + consumer)81)와 같이 기계경비의 소비자가 기계경비의 운영자가 되는 시대적 흐름에 동참하고 있다. 기계경비회사에 의존하는 기존의 무인경비시스템 방식에서 벗어나 첨단 보안시스템의 운영주체로

---

79) 김찬선, 기계경비콘텐츠 연구동향, 한국콘텐츠학회 8(3), 2010, pp. 17-20.

80) 임상완, CCTV 운영상 개선방안에 대한 연구, 동국대학교 대학원 법학박사학위논문, 2019, pp. 116-139.

81) 미래학자 앨빈 토플러가 그의 저서 『제3의 물결』(1980)에서 소비자가 생산단계에도 참여하게 되어 생산의 주체가 된다는 예측을 하였고, 오늘날 산업계 전반에 적용되고 있다.

탈바꿈하고 있다. 가정의 DVR 화면을 실시간 일터 또는 휴가지에서 볼 수 있으며, 영업점 내부의 상황을 점주가 직접 체크 관리하고 있다. 또한 출입통제 시스템의 출입 및 근태 데이터를 보안부서가 아닌 인사부서 또는 경리부서에서 관리하는 시대가 되었다.[82)]

이처럼 영상녹화 내용을 수상 · 관리하는 사람은 교육받은 전문가가 아니라 일반인이라는 것은 그만큼 개인정보보호에 허점이 생길 가능성이 매우 높다는 것이므로 이에 대한 국가적 대책이 시급하다.

82) 하승규, 기계경비업의 현황과 발전방향, 연세대학교 법무대학원 박사학위논문, 2008, pp. 65-74.

제4절 RFID 보안시스템

1. 개념

RFID(Radio Frequency Identification)는 무선주파수를 이용하여 물품에의 직접적인 접촉 없이 물품에 부착된 태그를 인식하여 원하는 정보를 처리하는 자동인식기술을 말하는데, 이는 제2차 세계대전 당시 영국이 자국의 전투기를 식별하고자 처음 도입되어 사용한 것을 시작으로, 1960년대에는 미국 핵설비의 장비 및 작업자 식별에 이 기술을 사용하였고, 오늘날 사용되는 RFID는 1973년 마리오 카둘로에 의하여 특허된 기술이라고 할 수 있다.[83] 2000년대에 들어와서는 무선기술의 눈부신 발전에 힘입어 저가 고기능의 태그가 개발되고 다양한 형태의 제품들이 출시되고 있다.[84]

2. 작동원리

1차원 바코드의 경우에는 스캐너가 바코드와 선이 맞추어져야 하고, 이를 개선한 2차원 바코드(QR 코드)인 경우에도 스캐너를 바코드 주변으로 어느 정도 가까이 해야 인식이 가능하다. 그러나 RFID시스템은 RFID 리더기기가 지속적으로 신호를 방출하면 RFID Tag가 부착된 물건이 주변에 있을 때 feedback 신호를 받게 된다. feedback 신호는 Tag의 종류에 따라 세 가지로 구별되는데, Active Tag은 내부 자체에 전원이 있어서 내부회로 구동과 feedback 신호를 보내는 에너지를 스스로 만들어낸다. Passive Tag은 자체 전원이 없어서 리더기기에 전적으로 의존하지만 가격이 비교적 저렴하다. Semi-active Tag는 위의 두 가지를 조합한 것으로 내부회로는 자체적으로 구동하지만 feedback 신호는 리더기기에 의존한다.

---

83) 한상호, 항공산업에 활용되는 무선인식기반 시스템 인증방안, 한국항공우주연구원 항공우주기술 7(1), 2008, pp. 236-244.

84) 정태황, RFID의 보안업무 적용환경과 적용방안에 관한 연구, 한국경호경비학회지 제21호, 2009, pp. 157-159.

리더기기의 대표적인 역할은 Tag로 신호의 주파수를 보내거나 받아들이며, feedback 신호를 처리하고 컴퓨터에 저장하는 작업을 하는 것이다.

〈사진 9〉 RFID system 기본원리

3. RFID 시스템의 특징

[표 31] 바코드와 RFID 비교

	Bar-Code	RFID
형태		
작동원리	빛을 이용	전파를 이용
인식방법	접촉 또는 비접촉, 단일 인식, 조준선 인식	비접촉, 동시 다수 인식, 비조준선 인식
인식거리	종류에 따라 5~10㎜, 5m	27m
인식속도	약 1초	1초 이내
투과력	불가능	금속을 제외하고 가능
사용기간	1회성	반영구적 사용
표현방법	전 세계적으로 150여 종, 최근 QR코드 사용 증가	깨알 정도의 크기에 많은 정보 저장
저장 데이터	2차원 바코드는 대용량의 데이터 저장(숫자 7,089자까지 가능)	64kbyte
카드 손상률	QR코드인 경우 30% 손상일 때 스스로 복원 가능	낮은 손상률
보안능력	복제 가능	제한적으로 가능
재활용	불가능	가능

RFID 기술은 빠른 인식속도, 장거리 인식능력, 금속을 제외한 대부분의 장애물 투과 기능, 무제한적 사용시간, 우수한 저장능력 등의 특징을 가지고 있다. RFID는 강력한 무선 주파수를 발산하는 매우 작은 반도체칩에 제품의 생산·유통·가격 등의 각종 정보를 저장하고 이를 무선 리더기를 통하여 읽어내는 방식으로서 바코드에 비하여 많은 정보를 저장하며 1.5~27m까지 인식이 가능하다.[85]

또한 반영구적으로 오래 사용할 수 있고, 대용량의 정보를 저장하고 이동 중에 인식이 가능하며, 반복 재사용이 가능하고 데이터의 신뢰도가 매우 높다. 많은 수의 Tag 및 Label 정보를 동시에 인식할 수 있으며 다른 인식장치들에 비하여 적은 유지보수비가 지출된다.

이와는 반대로 국가별 주파수가 상이하고(국제적 규격이 없어서 상호 호환성이 없으므로 여권에 사용하기에는 아직 이르다.), 가격이 비싸며, 전파의 적용범위가 제한적이고 정보의 유출가능성이 새로이 발견되는 등의 단점이 있다.

신분증에 RFID를 사용할 경우 같은 주파수를 읽어내는 판독기가 있으면 그 신분증 소유자에 대한 정보를 쉽게 알아낼 수 있으며, 물품에 사용될 경우 물품을 구매한 소비자가 Tag를 제거하지 않는다면 소비자의 이동경로를 추적당할 수 있다.

그럼에도 불구하고 RFID의 많은 장점으로 더욱 다양한 분야에 활용되고 있으며 앞으로도 사용이 확대될 전망이다.

4. RFID 경비업무의 종류

1) 출입통제와 인증

국제적으로 주파수의 규격이 통일되지는 않았으나, 일부국가에서는 신규여권 발급업무에 RFID 기능을 적용하여 개인 신상정보를 저장하여 입출국 시에 활용하고 있다. 이러한 기능은 국내 시설물에 상근하는 인원에 대하여도 구역별로 출입을 통제하는 데는 좋은 효과를 나타내고 있으며, 신용카드 기능을 추가하면 굳이 인식기에 접촉할 필

85) 박정현, RFID 기술 수준과 도입 사례, 전자통신동향분석 21(3), 2006, pp. 137-146.

요 없이 편리하게 사원식당을 이용할 수 있고 하이패스 등의 교통카드기능을 대신할 수 있다. RFID 기능을 시설물 방문객에 적용하면 특정 보안구역에 대한 접근을 유효하게 차단할 수 있다.

2) 인원 및 물품의 위치추적관리

위치추적기능은 보호대상 인원 및 물품에 대하여 그 위치를 실시간으로 추적할 수 있으므로 청소년이나 노약자들에 이를 적용하여 신변보호경비의 효율화를 이룰 수 있으며, 도난 · 고의적 손실 · 사취 등 시설물에 반출입되는 물품자산에 대한 관리를 보다 철저히 실시할 수 있다.

3) 산업기밀 보호

최근 국가정보원 산업기밀보호센터에서 발간된 보고서에 의하면 국내 산업기술 유출 적발건수는 매년 증가하는 추세를 보이고 있다. 개인 컴퓨터 또는 업무상의 중요정보 혹은 전자문서를 웹, 전자메일, 인터넷 메신저의 첨부형태로 유출하거나 오프라인 문서의 경우에는 프린터 복사, 팩스를 통하여 유출하는 것으로 조사되었다.[86] 이러한 산업기밀유출을 방지하기 위하여 컴퓨터의 소프트웨어 또는 하드웨어에 기존의 물리적 보안차단기능과 연계하여 RFID 기술을 응용적용하고, 프린트기, 복사기, 팩스 또는 복합기의 관리 및 사용통제를 위하여 RFID 기능을 적용한다.

4) 군수물자 등 위험물 관리

총기, 탄약 등의 군수물자에 대한 저장 · 수불의 관리와 지뢰 등 폭발물이 매설된 지역에 대한 위치관리 및 특정 정보를 군사작전에 활용할 수 있다.

---

86) 정태황, RFID의 보안업무 적용환경과 적용방안에 관한 연구, 한국경호경비학회지 제21호, 2009, p. 169.

제 11 장

특수경비업무

공항(항공기 포함) 등 대통령령이 정하는 국가중요시설의 경비 및 도난 · 화재 및 그 밖의 위험발생을 방지하는 업무를 말한다.(경비업법 제2조)

제 1 절 국가중요시설

1. 정의

「통합방위법」 제2조 13에서는 "공공기관, 공항 · 항만, 주요 산업시설 등 적에 의하여 점령 또는 파괴되거나 기능이 마비될 경우 국가안보와 국민생활에 심각한 영향을 주게 되는 시설"을 '국가중요시설'로 정의하였다.

2. 국가중요시설의 지정 및 관리

1) 지정권자

국가중요시설은 국방부장관이 관계 행정기관의 장 및 국가정보원장과 협의하여 지정한다.(「국방부 훈령」 제1057호 제4조)

2) 국가중요시설의 대상(「국방부 훈령」 제1057호 제5조)

- 주요 국가시설 및 공공기관시설
- 철강, 조선, 항공기, 정유, 중화학, 방위산업, 대규모 가스 유류저장시설 등 주요 산업시설
- 원자력발전소, 대용량 발전소 및 변전소 등 주요 전력시설
- 전국 및 지역권 방송국, 송신 · 중계소 등 주요 방송시설
- 국제위성지구국, 해저통신중계국, 국가기간전산망, 전화국 등 주요 정보통신시설
- 철도 교통관제센터 및 지하철 종합사령실, 교량, 터널 등 주요 교통시설
- 주요 국제 · 국내선 공항
- 대형 선박의 출 · 입항이 가능한 항만
- 대형 취수 · 정수시설 및 다목적 댐 등 주요 수원시설
- 종합적인 체계를 갖춘 연구시설, 핵연료 개발 연구시설 등 국가 안보상 중요한 과학연구시실
- 교정 · 정착지원 시설
- 전력, 통신, 상수도, 가스 등을 수용하고 있는 대도시 주요 지하공동구 시설
- 기타 적에 의해 점령 또는 파괴되거나 기능이 마비될 경우 국가안보 및 국민생활에 심대한 영향을 미치는 시설

3) 국가중요시설의 지정절차(「국방부 훈령」 제1057호 제5조)

- 시설주가 국가중요시설의 신규지정, 등급 변경 및 해제를 하고자 하는 경우에는 관계행정기관의 장 또는 지역 군사령관을 경유하여 국방부장관에게 요청한다.
- 관계 행정기관의 장 및 국가정보원장, 관할 지역군사령관 또는 지방경찰청장은 산하 국가중요시설의 신규지정, 등급변경 및 해제를 하고자 하는 경우 다음 사항을 첨부하여 국방부장관에게 요청(건의)한다.

  - 시설명
  - 전경 사진 및 시설 현황

- 신규지정, 등급변경 또는 해제 사유
  - 주변 환경 및 적 위협분석
  - 기능 마비 또는 파괴 시 국가안보 및 국민생활에 미치는 영향
  - 피해 시 대체시설 유무 및 복구 소요시간
- 분류기준의 적합성 및 기타 참고할 사항
- 건의

4) 관리

- 시설주(소유주)는 방호인력(청원경찰, 특수경비원, 직장예비군, 직장민방위대 등), 장애물 및 첨단 감시장비를 통합하여 자체방호계획을 수립하고 시행한다.
- 지방경찰청장 및 지역 군사령관은 관할지역 내의 국가중요시설에 대하여 국가방위요소(군 · 경찰, 향토예비군, 민방위대 등)를 통합하여 방호지원계획을 수립하고 시행한다.

3. 국가중요시설의 분류

국가중요시설의 분류는 「국방부훈령」 '국가중요시설 지정 및 방호 훈령'에 따라 결정되며, 시설의 기능 · 역할의 중요성과 가치의 정도에 따라 국가중요시설 "가"등급, 국가중요시설 "나"등급, 국가중요시설 "다"등급으로 구분한다. 〈표 32〉에 제시된 시설 외에도 주요 관제시설이나 주요 교량 · 철교 등 교통시설, 국제공항, 선박의 크기 및 접안 능력에 따른 공항 · 항만시설, 급 · 취수능력과 저수용량에 따른 수원시설, 과학연구시설, 교정 · 정착시설, 지하공동구 시설 등이 각각의 기준에 따라 분류되어 있다.

[표 32] 국가중요시설 등급

구분	"가"급	"나"급	"다"급
국가시설 및 공공기관시설	청와대, 국회의사당, 대법원, 정부중앙청사, 국방부, 국가정보원 청사, 한국은행 본점	중앙행정기관 각 부·처 및 이에 준하는 기관, 대검찰청·경찰청·기상청 청사, 한국산업은행·한국수출입은행 본점	중앙행정기관의 청사, 국가정보원 지부, 한국은행 각 지역본부, 다수의 정부기관이 입주한 남북출입관리 시설
산업시설	철강, 조선, 항공기, 정유 등의 대규모 산업시설, 전투기, 전차, 함정, 화포 등 중화기를 생산하는 방위산업시설, 1,000만 배럴 이상의 대규모 저유시설, LNG, LPG 인수기지, 연쇄적인 폭발위험성이 있는 대규모 총·포탄, 화약류 생산시설	국가경제에 영향을 미치는 중요산업시설로서 파괴 시 대체가 곤란한 시설, "가"급 이외의 방위산업시설 중 주요 전투장비의 완제품 및 핵심부품 생산시설, 200만 배럴 이상의 저유시설과 1,000통 이상의 LPG 저장시설	100만 배럴 이상의 저유시설과 500톤 이상의 LPG 저장시설, 기타 "가", "나"급 이외의 특별한 보호가 요구되는 지역
전력시설	원자력발전소	발전용량 100만kW 이상인 발전소, 한강수계상의 주요 발전소, 345kV 이상 변전소 중 4Bank(계통) 이상을 연결하고, 주변압기가 4Bank(계통) 이상 설치된 변전소	발전용량 50만kW 이상인 발전소, 한강수계상의 주요 발전소, 345kV 이상 변전소 중 3Bank 이상을 연결하고, 주변압기가 4Bank 이상 설치된 변전소 및 765kV 변전소 등 중요 변전소
방송시설	전국권으로 방송되는 송신출력 500kW 이싱의 송신시설	전국권으로 방송되는 민영 라디오·TV방송 제작시설과 공영방송의 도 단위급 지방총국, 공영 라디오 방송 송신출력 250kW 이상의 송신시설, 수도권에 위치한 TV방송 송신출력 VHF 10kW 이상의 송신시설	공영 라디오 방송 송신출력 100kW 이상의 송·중계시설, TV방송 송신출력 VHF 10kW 이상 및 UHF 30kW 이상의 송·중계시설
정보통신 시설	정부 전산망 통합관리시설, 종합 전파탑	국제 위성지구국(저궤도 제외), 국제 해저중계국, 위성통신 주 관제소, 경호·안보 통신업무 총괄국, 불온전파 감청, 방향탐지 지휘시설, 국가 기간 전산망 운영 및 선로 수용 주요 시설	경호·안보 통신 및 주요 군작전 통신 수용 집중국, 불온전파 감청·방향탐지시설, 민반공 경보센터, 민방공회선 수용 집중국, 3,000회선 이상의 국제통신 주요 관문국 및 위성통신 부관제소, 국가 주요 데이터 백업시설

1) 국가중요시설의 "가"등급

적에 의하여 점령 또는 파괴되거나 기능마비 시 광범위한 지역의 통합방위작전수행이 요구되고, 국민생활에 결정적인 영향을 미칠 수 있는 산업시설 등을 "가"등급으로 분류한다.

2) 국가중요시설 "나"등급

적에 의하여 점령 또는 파괴되거나 기능마비 시 일부지역의 통합방위작전수행이 요구되고, 국민생활에 중대한 영향을 미칠 수 있는 시설로서 파괴 시 대체가 곤란한 시설

3) 국가중요시설 "다"등급

적에 의하여 점령 또는 파괴되거나 기능마비 시 제한된 지역의 통합방위작전수행이 요구되고, 국민생활에 상당한 영향을 미칠 수 있는 시설을 말한다.

4. 국가중요시설 경비실태

1) 국가중요시설의 특징

국가중요시설은 국가의 기간산업으로 국가안보 및 사회적 · 경제적 질서유지에 중요한 영향을 미치고 있으며, 평시에는 국가산업발전의 동력을 제공하고 전쟁 등의 비상사태 시에는 군사력을 뒷받침하는 중요한 기능을 수행한다. 이러한 시설의 보호를 위하여 평시에는 전문교육을 이수한 경비인력과 첨단경비시스템에 의한 철저한 경계가 필수적이고, 국가차원에서도 '통합방위지침'에 따라 철저한 관리와 방호가 수반된다.

2) 경비현황

국가중요시설은 그 중요성에도 불구하고 국가공권력의 물리적 한계로 인하여 수익자 부담의 원칙을 적용하여 청원경찰 또는 특수경비에 의존하고 있으며 범죄예방활동

에 업무의 중심을 두고 있다. 경비방법으로는 일반적으로 3지대 방호개념(3선 방어개념)을 적용하여 각 구역에 대한 역할 및 특성을 달리하고 있다.

- 제1지대(경계지대): 시설울타리 전방 취약지역에서 적이 시설물에 접근하기 전의 예상접근로 또는 주요 목지역 및 감제고지를 통제하는 지대를 말한다.
- 제2지대(주 방어지대): 시설물의 내부로 침투하는 적을 방어하기 위한 지대로 시설물 울타리 또는 벽을 연하여 소총의 유효사거리를 고려하여 설정한다.
- 제3지대(핵심 방어지대): 시설물의 주요한 기능에 결정적 영향을 미치는 지대를 말한다.

3) 방호진단

국가중요시설은 그 시설의 경비업무 지도감독관 책임하에 경비위원회를 비상설기구로 구성하여 운영토록 하고 있으며, 지도감독관의 방호진단 결과에 의거하여 시설방호계획을 수립 · 보완하고 방호진단 근거를 첨부 · 보관토록 하고 있다(이윤근 외, 2005).

4) 국가중요시설 경비지휘 및 지도감독

국가중요시설의 경비지휘체계는 평시와 비상상황 시를 구분하여 일원화하고 있다. 평시에는 그 시설의 예비군부대장 또는 지휘관이, 병종 사태 시에는 당해 시 · 도 지방경찰청장과 지역책임부대장이, 을 · 갑종 사태 시에는 지역군사령관이 지도감독책임을 진다.

5. 국가중요시설경비 효율화 방안

1) 단기발전방안

- 경비전문화를 위한 교육훈련의 필요성
- 교육훈련의 실질 방안

- 국가중요시설에 있어서 민간경비업자에게 청원주 자격부여
- 경비인력 최저임금보장
- 경비지도사 활용방안
- 경비인력 사기앙양방안

2) 장기발전방안

- 국가중요시설경비의 중요성에 대한 인식전환
- 전문경비자격증제도 도입방안
- 경비제도의 단일화 방안
- 기계경비시스템화 및 장비의 첨단화
- 경찰과의 상호협력체계 구축방안
- 대학교육프로그램의 개발 및 연구소 역할증대방안

제2절 공항경비업무(항공보안업무)

1. 개념

항공보안(Aviation Security)은 항공안전(Aviation Safety)과 유사한 개념이나 항공안전이 주로 실수나 의도하지 않은(unintentional) 안전사고와 연관된 개념인 데 반하여 항공보안은 의도적인(intentional) 범죄에 의한 사고와 관련된 개념이라고 할 수 있다.

또한 국제민간항공기구(ICAO)[87]의 정의에 의하면 항공보안이란 항공운항활동을 저해하는 불법방해행위로부터 항공운송사업을 보호하기 위하여 인적·물적 자원을 동원하여 수행하는 모든 대책을 의미한다.

이러한 불법방해행위는 항공범죄로서 항공운송활동의 안전성(safety)과 보안성(security), 그리고 정규성(regularity)에 장애를 주는 의도적인 행위를 말하는데, 이러한 행위를 하겠다는 협박까지도 항공범죄로 간주된다.[88] 국제민간항공기구(ICAO)에서는 항공범죄를 점거(Seizure: 불법으로 통제권 탈취), 검거기도(Attempted Seizure), 사보타주(Sabotage: 적극적 운항 방해행위, 폭발물 장착 등), 운항 중 공격(Attack In-Flight), 시설공격(Facility Attack), 항공안전 방해(Attack against Security) 등의 6가지로 분류하고 있다.

2. 공항경비현황

국가중요시설로 분류된 공항의 방어업무는 특수경비원이 수행하며, 2019년 현재 전국 공항의 특수경비원은 6,100여 명으로 전체 특수경비원 약 16,000명의 38% 정도를 차지하고 있으며 이 중 경비요원이 3,100명, 검색요원이 3,000명으로 집계되었다. 경비

87) ICAO(International Civil Aviation Organization): 국제민간항공의 규정과 기술을 개발하고, 국제민간항공운송의 계획 및 발전을 증진하는 것을 목적으로 하는 UN 상설전문기관의 하나로서, 1949년 Chicago에서 체결된 국제민간항공조약에 근거하여 설립되었다.

88) 유광의, 항공보안의 개념과 항공보안 활동, 한국항공학회 항공진흥 (1), 2002, pp. 70-93.

요원 중에서는 남성요원이 80%를 차지하고 있어 남성의 비중이 높고, 검색요원 중에는 여성요원 60%가 근무하고 있어서 여성의 비중이 높게 나타났다.

우리나라 공항은 총 15개의 공항이 있으며, 운영회사는 인천국제공항공사와 한국공항공사로 나누어진다. 인천국제공항공사는 인천국제공항만 운영하고, 한국공항공사는 김포공항을 포함하여 지방 14개 공항을 모두 운영한다. 지방공항은 청주, 양양, 울산, 사천, 포항, 여수, 무안, 군산, 원주, 김해, 제주, 대구, 광주공항이다.[89] 한국공항공사는 공항의 규모를 기준으로 대규모(서울 지역본부, 부산 지역본부, 제주 지역본부) 지역본부, 중규모(대구, 울산, 청주, 무안, 광주, 여수, 양양)지사, 소규모(포항, 사천, 군산, 원주)지사로 나누어 운용하고 있다.

3. 보안업무내용

항공보안에 있어서 무엇보다 중요한 것은 여객터미널 내에서의 승객과 화물에 대한 보안검색과 내외곽의 중요시설에 대한 경비라고 할 수 있다.

1) 보안경비업무

항공기의 안전확보와 공항 내외곽 시설의 경비행위를 말한다. 이를 위하여 공항 내외곽에 출입초소를 운영하고, 상주직원에 대한 검색 및 통제, 공항 내외곽 순찰 등을 수행한다.

2) 보안검색업무

테러 등의 불법방해행위를 목표로 하는 흉기, 총기류 또는 폭발물 등 위험성이 있는 물건들을 탐지하기 위한 활동을 말한다. 이에 따라 출국하는 승객들의 신변검색 및 수하물 검색을 통하여 항공기 안전운행에 위해를 가할 수 있는 위해물품을 적발하는 업무를 실행한다.

---

89) 김용욱, 특수경비원의 직무수행 발전방향에 관한 연구, 한국민간경비학회보 6, 2005, pp. 339-361.

4. 보안검색방법

1) 탑승자 검색

탑승자의 신체에 대한 검색은 통상적으로 문형탐지기(M/D)를 이용하여 금속물질 소지여부를 경보(소리, 경고등)를 통하여 1차로 확인하고 2차로 휴대용 검색탐지기(H/D)를 이용하여 정밀검색을 실시한다.

금속탐지기를 통과할 때 〈그림 29〉와 같이 2차 M/D를 통과할 경우에도 경보가 발생되면, 그 승객을 대상으로 별도의 검색실에서 수검색을 실시할 수 있다. 이때는 동성검색원칙에 의하여 남성 승객은 남성 검색요원이 검색하고, 여성 승객은 여성 검색요원이 검색해야 한다. 매우 신중하게 원칙에 입각하여 수검색 및 육안검색을 실시함으로써 인권침해 소지를 없애야 한다.

[의심 승객]

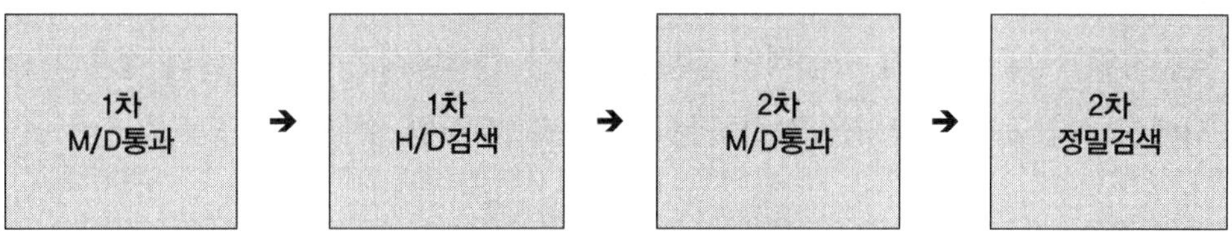

〈그림 29〉 탑승자 신체검색 절차

검색지역의 범위와 장소를 기준으로 구분하여 볼 때 검색방법으로는 중앙집중 검색방식(Sterile Concourse)과 지역 검색방식(Sterile Boarding Area) 그리고 탑승구 검색방식(Departure Gate Screening) 등이 있다. 세계적으로 국가 및 공항 여건에 따라 여러 가지 검색방법을 사용하고 있으며 이는 각기 장단점을 가지고 있다.

① 중앙집중 검색방식(Sterile Concourse)

한 지역에서 집중적으로 검색을 수행함으로써 인력 또는 비용절감 측면의 장점이 있으며, 승객의 수요에 따라 검색대와 검색인원을 탄력적으로 조정할 수 있다. 검색요원이 시간에 쫓기지 않아 검색에 철저를 기할 수 있다. 범법자의 입장에서 항공기를 볼 수 없는 곳에서 검색한다.

또한 집중적으로 실시하므로 검색요원을 감독하기가 용이하다. 검색대와 탑승구 간의 충분한 거리를 확보할 수 있어서 직접적인 항공기로의 접근을 막을 수 있고, 법집행관 및 항공사 요원이 비상시 또는 하이재킹 시 대응할 수 있도록 충분한 시간을 확보할 수 있다.

그러나 검색이 완료된 이후의 지역이 광범위하여 보안성 유지가 쉽지 않고, 환승 또는 통과승객은 재검색을 위하여 탑승구 검색방식이 필요하다.

② 지역 검색방식(Sterile Boarding Area)

중앙검색방법의 실시가 어려운 비교적 협소한 지역에서 실시되는 검색방법으로 항공기의 그룹별로 해당 탑승객을 대상으로 하여 검색을 한다.

③ 탑승구 검색방식(Departure Gate Screening, Boarding Gate Plan)

항공기가 해당 탑승교에 접안 후 그 항공기 탑승객만을 위하여 실시하는 검색방법으로 탑승지연현상을 초래할 가능성이 크다. 탑승구 검색방식은 항공기테러 징후가 나타날 시에 중앙집중 검색방식을 보완하는 방편으로 실시할 수 있다.

2) 휴대수하물 검색

탑승자가 기내에 휴대하여 탑재할 수 있는 수하물은 X-Ray 검색장비를 활용하여 검색하고 있다. 검색대상물이 컨베이어 벨트 위에서 이동하게 되면 X-Ray 장비함을 통과하게 되고 수직 및 수평 컬러 모니터에 재현되는 이미지를 전문검색요원이 판독하는 형태로 검색을 실시한다. 판독 화면에 따라 의심물품으로 판단되면 수하물을 오픈하여 육안으로 검사하고, 육안으로 확인이 어려운 물품이나 사제폭발물(IED)로의 전환이 가능한 전자제품(카메라, 노트북 등) 등은 폭발물 탐지기(ETD, Explosive Trace Detector) 장비를 사용하여 별도의 폭발물 화학반응검사를 실시한다. 필요시에는 손으로 직접 접촉하여 물품을 개방 또는 검색할 수 있으나 시간이 많이 소요될 가능성이 있다.

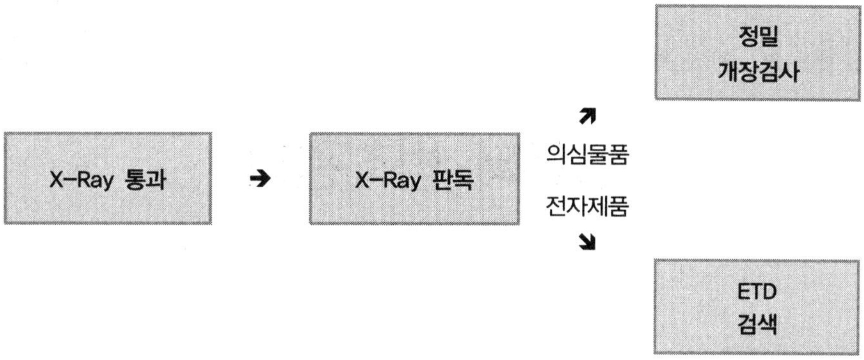

〈그림 30〉 **휴대수하물 검색절차**

3) 위탁수하물 검색

기내의 화물실에 탑재되는 수하물로서 항공사 카운터에서 전산처리(수하물 Tag 부착)되어 항공기 탑재를 위해 컨베이어 벨트(B.H.S)로 이동한 승객의 위탁수하물은 1차적으로 X-Ray장비를 사용하여 전문요원에 의한 정밀판독을 실시한다.

판독결과에 따라 이상이 발견되면 정밀개장검사를 실시한다. 이곳에서도 확인이 어려운 위탁수하물은 3차적으로 다시 컴퓨터 단층촬영(CTX) 등 첨단정밀검색장비를 활용하여 초정밀검사를 실시한다. 이때도 식별이 곤란하면 최종적으로 폭발물탐지기(ETD)를 사용하여 폭발물 탐지검사를 실시한다.[90)]

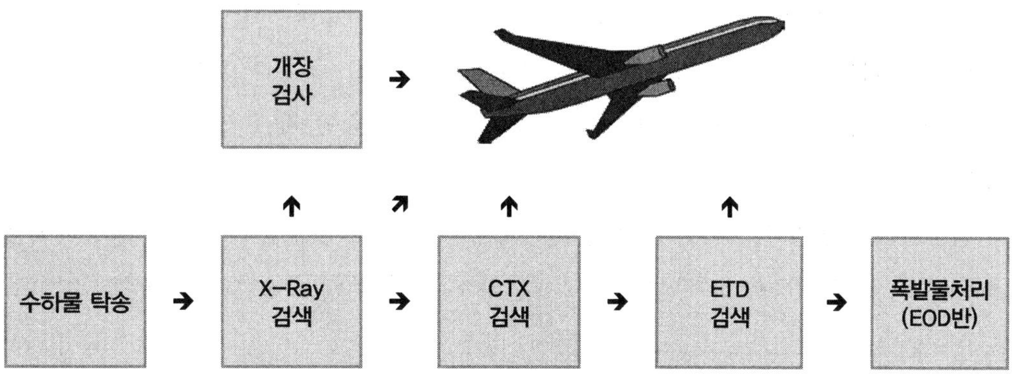

〈그림 31〉 **위탁수하물 검색절차**

90) 김용욱, 항공보안검색의 발전과정과 운영실태에 관한 연구, 한국경호경비연구 제7호, 2004, pp. 61-93.

제 12 장

컴퓨터 범죄관리

제 1 절 컴퓨터 범죄

1. 개요

1) 컴퓨터 범죄의 개념

사이버 범죄 또는 컴퓨터 범죄란 '컴퓨터로 인하여 야기되는 반사회적 행위' 또는 '범죄의 목적으로 사용되는 모든 컴퓨터 행위'로 정의할 수 있다.[91] 더 넓게는 '컴퓨터, 통신, 인터넷 등을 악용하여 사이버 공간에서 행하는 범죄'로 정의할 수 있으며 범행 목적에 따라 사이버 테러형과 일반 범죄형으로 구분할 수 있다.[92]

전 세계적으로 연결되는 인터넷망은 기존의 단순한 컴퓨터 사용이나 컴퓨터 정보의 조작 등에 의한 업무방해 등의 범죄양상에서 컴퓨터 해킹, 컴퓨터 바이러스, 컴퓨터 통신 도청, 조세포탈, 불법자금 세탁 등의 수법들이 지역적인 제약 없이 행해지는 추세이다.[93]

금융감독원 통계에 의하면 2016년 메신저피싱[94]의 피해건수는 746건이었고 피해금액은 34억 원이었으나, 2018년에는 9,601건의 피해건수와 216.3억 원의 피해금액으로

---

91) John S. Dempsey, Introduction to Private Security, Wadsworth, 2011, pp. 270-275.

92) 위키백과사전, 2019. 08. 30.

93) 임광현, 컴퓨터 범죄 예방을 위한 시스템보안대책에 관한 연구, 한국행정논집 25(4), 2013, pp. 1249-1254.

94) 페이스북, 카카오톡, 네이트온 등 타인의 메신저 아이디를 도용하여 지인을 사칭한 메시지를 통하여 금전을 탈취하는 범죄수법.

나타나 2년 사이에 피해건수가 무려 13배나 증가하였다.[95] 이처럼 사이버상에서 이루어지는 범죄가 기승을 부리는 시점에 민간경비차원에서의 보안대책이 철저히 수립되어야 할 것이다.

2) 컴퓨터 범죄의 특징

- 무형의 형태로 진행되고 증거 인멸이 쉬워 발견과 적발이 어렵다.
- 전 세계적으로 연결되어 있는 컴퓨터망으로 인하여 단시간에 범행의 확산이 이루어져 불특정 다수에게 많은 피해를 끼친다.
- 일반인에 쉽게 노출되지 않는 특수성으로 인하여 범죄의식이 약하므로 범행을 가볍게 생각하려는 경향이 있다.
- 전문적 기술에 의존한 경제적 범죄가 증가하고 있다.
- 금융기관 등 기업 내부의 범죄가능성이 크다.
- 사회적 비용부담이 증가하고 있다.
- 전문 범죄집단화 가능성이 크다.[96]

2. 컴퓨터 범죄의 유형

1) 물리적 파괴행위

컴퓨터의 본체, 워드보드 등의 하드웨어를 물리적 충격으로 파괴하거나, 컴퓨터 내부에 저장된 각종 프로그램을 물리적 방법(물, 화기, 자석 등)에 의하여 손상시키는 행위를 말한다.

---

95) 금융감독원 보도자료, 2019. 02. 28.

96) 경찰청에서는 2019년 6월부터 10월까지 5개월간, 사이버 범죄를 전기통신금융사기죄와 범죄단체 조직구성죄를 적극 적용하는 특별단속을 실시하였다.

2) 온라인상의 파괴행위(computer sabotage)

컴퓨터시스템 자체가 작동되지 않도록 하거나 컴퓨터 내에 있는 자료를 불능상태로 만들며 데이터 또는 프로그램을 저장하고 있는 매체 등을 파괴하는 행위를 말한다. 구체적으로 다음과 같은 파괴행위가 있다.

① **온라인 폭탄(메일 폭탄)**: 온라인 폭탄은 자료의 양이 매우 큰 메일을 동시에 다량 송부하여 컴퓨터시스템이 과부하가 걸리도록 하여 업무를 마비 또는 장애를 초래하도록 하는 것을 말한다. 이는 사이버 테러 수법으로서 그 피해의 범위가 매우 크고 우회적 경로를 통하여 진행하게 되므로 적발에 어려움이 있다.

② **사이버 갱**: 세계 주요 대형 금융기관 또는 증권거래소 등에 보안망을 뚫고 침입하여 금액을 이체시키는 수법으로 거액을 탈취하여 가는 것을 말한다. 2009년 미국 대형 금융사인 '시티그룹'은 러시아 사이버 범죄조직 '러시안비즈니스네트워크(RBN)'에 의하여 수천만 달러를 전산망을 통하여 강탈당한 충격적인 사건의 주인공이 되기도 하였으나 '시티그룹'은 이를 부인하였다.

③ **바이러스 침투**: 바이러스 프로그램을 침투시켜 소프트웨어를 파괴시키는 것을 말한다. 일반적으로 바이러스 침투는 컴퓨터 시스템을 파괴하는 것을 주목적으로 하며 전자메일이나 메신저 또는 USB와 같은 저장매체에 의하여 발생된다.

④ **분산서비스 거부 공격(Distributed Denial of Service attack, DDoS)**: 대표적인 사이버테러의 한 유형으로서 여러 곳에서 한 웹 서버에 비정상적인 다량의 정보접속을 반복적으로 실시하여 과도한 트래픽이 소모되고 프로세스가 장애를 일으켜 업무가 마비되도록 하는 것을 말한다. 어떤 특정 인터넷 사이트에서 일반 대중의 인기가 높아 접속이 폭주할 경우 일시적으로 마비되는 현상과 유사하다.

3) 자료의 부정조작(부정변경)

자료의 부정조작 및 사용이란 컴퓨터에 이미 입력된 자료의 내용을 부정적인 방법으로 조작 또는 탈취하는 모든 행위를 말한다.

① 자료의 부정변개(Data Diddling): 입력된 자료 자체(원시 서류)를 변조 또는 위조하여 끼워 넣거나 바꿔치기하는 수법을 말하는데 저장매체에 여분의 바이트를 생성해 두었다가 데이터를 추가하는 수법을 주로 사용한다. 이는 최초 자료 생산자, 운반자, 처리자 등 자료의 접근이 가능한 사람에 의하여 발생되기 쉬우며 초보적 형태의 사이버 범죄라고 할 수 있다.

대책 최초의 서류와 수정된 서류데이터를 비교하거나, 시스템 로그인 파일과 수작업으로 작성된 관련일지를 서로 비교하는 작업을 정기적으로 실시한다.

② 트로이의 목마(Trojan Horse): 이 수법은 주로 이메일 첨부파일로 보내지는데, 사용자가 이 파일을 열게 되면 해커가 사용자의 자료를 볼 수 있도록 하는 것을 말한다. 호스트 프로그램을 활성화하면 발생하도록 만들어져 있으며 바이러스 스스로 암호화하여 백신으로부터 본체를 숨기는 방식을 취한다.

대책 시스템 로그인 기록과 운용 기록이 있는 리스트를 통하여 정상적인 프로그램 실행결과와 의심스러운 프로그램 실행결과를 비교한다.

③ 살라미 수법(Salami Techniques): 얇게 썬 이탈리아 '살라미' 소시지처럼, 특정한 프로그램 모듈을 통하여 연산과정에서 끝자리를 반올림하거나 버리면서 아주 작은 금액이 남을 경우 자신의 계좌로 보내는 수법을 말한다. 즉, 은행의 이자에서 단수로 처리되는 소액의 금액을 자동으로 한 개의 계좌에 자동으로 이체되도록 하는 수법을 말하는데, 프로그램의 변조사실을 발견하기 어렵고 매우 적은 금액을 이체하기 때문에 피해당사자가 그 사실을 인지하지 못하는 경우가 많다.

대책 특정 은행계좌에 단 단위의 아주 작은 금액이 꾸준히 입금된 사실이 있는가를 검사한다.

④ 슈퍼 재핑(Super Zapping): 고장 등으로 인하여 컴퓨터작동이 불가능할 경우에 비상용으로 사용되는 프로그램을 '슈퍼 잽'이라고 하는데, 바로 이 '슈퍼 잽'을 수행할 시에 호텔의 만능키처럼 패스워드 등의 각종 보안장치 기능을 일시적으로 마비시키거나 슈퍼 유저 권한을 가지고 컴퓨터의 주기억장치에 접근하여 모든 파일을 복사해 가는 수법을 말한다.

대책 외부의 기술자가 들어와서 수리할 경우에는 옆에서 지켜보고, 고장 내용이 수록된 파일을 복사할 경우에는 동일한 내용을 다시 복사하여 보관한다.

⑤ 논리폭탄(Logic Bomb): 평소에는 움직임이 없다가 어떤 특정한 데이터를 입력하거나 특정한 조건이 만족되면 발생하여 컴퓨터 프로그램을 망가뜨리는 악성 프로그램이다. 주로 전자편지폭탄(letter bomb)이나 전자우편폭탄(mail bomb) 등을 이용하고 트로이의 목마 형태의 바이러스를 침투시킨다. 사용자가 프로그램 실행 중 바이러스의 질문에 특정한 답을 입력할 경우 일시에 모든 프로그램이 파괴되기도 한다.

대책 사용자의 업무수행과 관계없는 질문에는 무관심하게 대응한다.

4) 컴퓨터 부정사용

컴퓨터 접속의 권한이 없는 자가 단말기의 회선을 전환시켜 사용권자의 허락 없이 임의로 접속하여 허위의 정보나 부정한 명령을 입력·변경하여 재산상의 이득을 취하거나 제3자로 하여금 취득하게 하는 것을 말한다. 일본의 경우 가상화폐 마이닝을 위하여 컴퓨터 부정사용이 급증하고 있으며, 2017년 10~12월의 경우에는 7~9월과 비교하여 16배나 증가한 13만 5,400대가 부정사용된 것으로 나타났다.[97] 이는 가능한 많은 암호화폐를 확보하기 위하여 실시하는 수법으로 이러한 작업을 수행할 수 있는 바이러스가 유포되고 있다.

97) 글로벌경제신문, 2018. 03. 02.

최근에는 딥-러닝(Deep Learning)방식을 통한 컴퓨터 부정사용의 흔적을 포착하여 확인하는 방식이 도입되고 있다.

5) 컴퓨터 스파이(자료 부정취득)

컴퓨터시스템에 부정한 방법으로 접속하여 자료를 이전하거나 전송 또는 복사하는 것을 말한다.

① 비동기성 공격(Asynchronous Attacks): 컴퓨터 중앙처리장치의 속도와 입출력장치의 속도가 다른 점을 이용하여 그 사이의 시간에 자료를 빼내가는 수법을 말한다. 이는 대부분 사전에 해킹 프로그램을 침투하여 놓고 교묘하게 실행되므로 발견하기가 어렵다.

대책 시스템 로그인 접속확인테이프를 설치하여 사용자의 허가 없이 작업을 수행한 기록이 있는지 확인한다.

② 트랩 도어(Trap Door): 프로그램 내부에 시스템 보안이 제거된 일종의 비밀출입구를 미리 만들어 놓고 사용자가 프로그램을 실행하는 중간중간에 프로그램을 빼내가는 수법을 말한다. 주로 큰 용량의 응용프로그램이나 운영체계 등의 개발단계에서 편의성을 위하여 사용하지만 최종 단계에서는 제거해야 한다.

대책 프로그램을 수행하는 도중에 사용자의 허락 없이 자료의 일부가 출력되었거나 특이한 메시지가 나타나지 않았는지를 살펴보고 추적한다.

③ 쓰레기 주워담기(Scavenging): 사용자가 컴퓨터 작업 중 버린 휴지통에서 데이터자료, 프로그램 리스트, 복사 자료 등을 가져가는 수법으로 해킹으로 간주되며 주로 휴민트[98]를 활용한다.

대책 사용자가 불필요하다고 여기는 자료라 할지라도 중요한 기술 또는 정보가

---

98) 휴민트(HUMINT)란 사람(Human)과 정보(Intelligence)의 합성어로서 사람을 통한 정보수집을 말한다.

탈취될 수 있으므로, 휴지통에 버리는 것에 그칠 것이 아니라 확실히 폐기하여 범죄의 근원을 차단한다.

④ **선로 도청(Wire Tapping)**: 여러 개의 네트워크를 연결해 주는 기능을 가진 라우터(router)[99]와 같은 통신기기를 통하여 사용자가 통신 중에 도청하는 수법을 말하는데 컴퓨터 통신회선뿐만 아니라 무선에 의한 데이터 전송까지도 도청이 가능하다.

대책 가능하면 무선을 통한 자료송신은 자제하며, 정기적으로 도청탐색작업을 실시한다.

6) 인터넷 사기

인터넷망을 이용하여 허위 정보를 공지 또는 투자를 위한 회원가입을 유도하여 금액을 사취하는 것을 말한다.

대책 상식 이하의 저렴한 가격을 제시하며 직거래를 제안하는 경우에는 응하지 않으며 신뢰할 수 있는 쇼핑몰 등을 이용하고, 투자를 제안한 회사의 사업자정보를 세심히 확인하며 소액의 수수료를 부담하더라도 가급적 안전결제서비스를 이용한다.[100]

---

99) 가정의 케이블 TV를 시청할 경우에 설치되는 공유기와 같은 역할을 한다.
100) 경찰청 사이버안전국, 예방정보자료, 2019. 08. 31.

제2절 컴퓨터 범죄의 예방대책

1. 물리적 안전대책

1) 구조적 안전대책

- 강화콘크리트구조의 건축물에 컴퓨터실을 설치한다.
- 화재에 대비하여 불연재로 내부를 마감한다.
- 출입구와 창문에는 경보기를 설치한다.
- 컴퓨터실 주변으로 CCTV를 설치한다.
- 예비전원장치를 설치한다.

2) 시스템 안전대책

- 시스템과 프로그램 파일을 수시로 백업처리한다.
- 프로그램의 개발과 컴퓨터 운영자를 분리하여 운용한다.
- 컴퓨터 시스템의 감사권한과 기능을 활성화한다.

3) 출입자 통제대책

- 출입허가 대상선정을 엄격히 한다.
- 출입인가자의 카드 또는 비밀번호를 수시로 변경하여 도용을 방지한다.
- 필요시 생체인식방법을 도입한다.

2. 소프트웨어 안전대책

1) 기술적 안전대책

① **암호화시스템**: 암호화시스템은 데이터를 암호화하여 저장 및 전송해서 정보 유출

을 방지하는 것과, 특정시스템에 접근하는 인원에 대한 고유암호를 부여하고 접속 시에 이를 확인하는 것으로 인적 인증에 관한 두 가지가 있다.

암호시스템의 기본 요소는 암호화와 복호화라고 할 수 있으며 이 둘의 관계는 상호 대비적이라고 할 수 있다. 정보의 양, 사용자의 수, 그리고 사용횟수 등에 따라 암호와 복호가 상호 독자적인 경우와 서로 연관성이 있는 경우를 선택할 수 있다.[101)]

② **방화벽 구축**: 외부의 비정상적인 접근을 차단하는 침입차단시스템과 침입기도 시에 이를 적시에 탐지하여 피해를 최소화하기 위한 침입탐지시스템을 구축할 필요가 있다. 방화벽의 주요 기능은 접근 제어(Access Control)기능으로서 통과시킬 접근과 그렇지 않은 접근을 결정하여 허용과 차단을 수행한다.

이외에도 패킷(Packet) 전송의 중단 또는 허용, 네트워크 주소 변환, 내부의 클라이언트가 외부의 서버에 직접 접속하는 것을 중재, 기록 유지, 식별 및 인증 등의 기능을 수행한다.[102)] 침입차단을 위한 장치로는 부정 침입자가 접근을 시도할 경우에 그 침입자의 신원만 접수하고 바로 접속을 차단하는 Callback시스템[103)]이 많이 사용된다.

③ **초기 운영체제 액세스 통제**: 운영체제가 구축되는 초기에 인식, 인증, 인가의 보안 능력을 가진 액세스의 통제기능을 갖추는 것이 필요하다. 이는 인가된 인원만이 정보를 열람하는 기밀성, 인가되지 않은 사람이 프로그램을 오염시키지 않는 무결성, 필요한 시점에 언제든지 정보를 활용하도록 하는 가용성이 필요하기 때문이다.[104)]

---

101) 임광현, 컴퓨터 범죄 예방을 위한 시스템보안대책에 관한 연구, 한국행정논집 25(4), 2013, pp. 1264-1265.

102) 산업보안실무위원회, 국가공인 산업보안관리사, 2017, pp. 248-256.

103) 호출자(Caller)가 피호출자(Callee)를 호출하는 것이 아닌, 피호출자가 호출자를 호출하는 것.

104) 최용락 · 김봉희 · 오송석 · 김수광 · 김의탁 · 신동명, 분산통신망 환경에서의 통합 접근통제 시스템 연구, 한국정보보호센터 용역과제, 제2장 제1절, 1998.

④ **침입방지시스템(Intrusion Prevention System) 구축**: 방화벽과 함께 네트워크 보안을 위한 필수 시스템으로 유해트래픽과 악성 침해, 각종 애플리케이션으로부터 정보자원을 보호하기 위하여 분산서비스 공격 방어기능을 갖춘 솔루션을 구축해야 하며, 이는 정보보호를 위한 최근의 추세를 반영하여 개발열기가 뜨겁다.[105]

2) 관리적 안전대책

① **정보의 비밀등급 분류화**: 정보관리에 대한 에너지가 낭비되지 않도록 정보의 중요도에 따라 등급화하여 효율적으로 관리한다.

② **취약점 분석**: 조직업무에 있어서 전반적인 정보시스템의 취약점을 파악하도록 주의를 기울인다. 자료의 보관에서부터 입출력 정보의 사용자 내역, 물리적 환경에서의 취약점 등을 세밀히 살핀다.

③ **직무성격에 따른 조직체계**: 직무에 있어서 업무의 분담은 컴퓨터 범죄 가능성을 줄이고 범죄 발생에 따른 발견을 용이하게 해준다.

④ **시설물 출입자격과 정보에 대한 접근자격의 분류**: 시설물에 대한 출입가능 범위와 목적을 지정하는 것처럼 정보에 대해서도 그 범위와 목적을 지정한다.

3) 법적 안전대책

① **국비지원에 의한 방화벽 구축사업**: 현재 사이버 범죄를 전담하는 사이버안전국이 가동되고 있으나, 역시 이는 예방차원보다는 사후수사에 초점을 맞추고 있으므로 국가적 차원의 방화벽 구축에 더욱 박차를 가해야 한다.

105) 한국산업보안연구학회, 산업보안학, 2019, pp. 199-201.

② **범죄수법의 연구**: 날로 지능화 · 다양화되고 있는 사이버 범죄를 소탕하기 위하여 범죄유형에 따르는 법적인 보완과 함께 집중적 연구를 위한 국비 용역이 필요하다.[106)]

106) 이성식, 사이버범죄학 원인 유형 대책, 그린, 2017, pp. 186-187.

【 PRIVATE SECURITY 】

제 4 편

경비기기와 위해물품

제 13 장

경비기기

제 1 절 경비조명

자멘고(Zamengo, 1994)가 "빛은 범죄인들의 적이다"라고 하였듯이 침입자들은 자신들의 범행을 숨기기 위하여 어둠을 선호한다. 대부분의 주거침입이 밤에 발생할 뿐 아니라, 상업용 빌딩침입의 4분의 3이 빛이 거의 없거나 약한 곳에서 일어났다.[1)]

1976년 미국의 민간경비 Task Force 보고서(Standard 5.2)는 적절한 경비조명이 범죄심리를 저하시킴으로써 공공안전성을 증가시킨다고 보고하면서 경비조명의 중요성을 강조한 바 있다.[2)]

1. 조명등의 종류와 특징

1) 백열등(incandescent lamp)

백열등은 1978년 영국의 조지프 스원과 1879년 미국의 토머스 에디슨에 의하여 진공 유리구 내부에 탄소 필라멘트를 설치하여 만든 전구가 세계 최초의 실용적 백열등이라고 할 수 있다. 이후 1911년 텅스텐 필라멘트, 1913년 필라멘트를 꼬아 만든 코일 필

---

1) Kären M. Hess, Henry M. Wrobleski, Introduction To Private Security, 4th Edition, West Publishing Company, 1996, p. 118.

2) 인디애나폴리스시의 도시 재조명 프로그램에 의하여 전체적으로 85%의 범죄가 감소되었고, 이 중 대인범죄는 40.9%가 감소하였고, 자동차 도둑은 28%, 주거침입은 12.8%가 감소하였다.

라멘트가 사용되었고, 발전을 거듭하여 현재에 이르게 되었다.

오늘날 사용되는 백열등은 유리구 속에 질소와 아르곤가스의 혼합물을 채우고, 텅스텐 필라멘트를 가열하여 빛을 내는 조명기구로서 전기접속 즉시 가동되는 것이 장점이다. 그러나 수명이 짧아서 자주 교체하는 불편이 있다.

2) 가스방전등(gas discharge lamp)

가스방전등에는 전기적으로 들뜬 수은전기의 원자들이 방전하여 빛을 발하는 수은등(mercury lamp)과 이온화된 나트륨의 방전을 이용하여 빛을 내는 나트륨등(sodium-vapour lamp)이 있다.

수은등은 수은 증기압의 압력에 따라 일반적으로 세 가지로 구분되는데 조명등으로는 고압 수은등이 사용된다. 녹색의 가시광선이 많이 분출되므로 연한 푸른색을 내게 된다.

나트륨등은 일반적으로 등황색 빛을 내며 안개 속을 잘 투과하여 도로나 터널 등에 주로 사용되는 저압나트륨등과 강한 흰빛을 내며 밝은 조명이 필요한 도로의 교차로나 운동장 등에 사용되는 고압 나트륨등이 있다. 가스방전등은 수명이 긴 대신에 전원접속 후 빛을 발하기까지 시간이 필요하다.

3) 할로겐등(halogan lamp)

백열전구와 달리 유리구 안에 필라멘트의 증발을 억제시키는 요오드, 브롬, 염소 등의 할로겐 원소를 주입하여 높은 온도에서도 필라멘트가 견딜 수 있다. 텅스텐램프에 비하여 더 밝은 빛을 내면서도 백열전구에 비하여 수명이 2~3배 길다. 전력소모가 적고 색이 선명하다. 크기가 작고 가벼워 자동차 전조등, 비행기 활주로 매입등, 무대 조명 등에 주로 사용된다.

4) 발광다이오드(light emitting diode: LED) 조명등

전기를 빛으로 바꾸는 발광소자인 LED를 활용하여 빛을 내는 조명등으로서 전기 효율이 좋고[3] 형광등과 달리 전기접속 즉시 켜지며, 중금속을 사용하지 않아 친환경적이다. 또한 빛의 밝기를 여러 단계로 조정할 수 있고, 수명이 5~10만 시간으로 기존 조명등의 3~7천 시간보다 매우 길고, 소형화할 수 있는 등 장점이 많지만 가격이 비싸다.

2. 경비조명형태

1) 가로등

넓은 지역에 고르게 빛을 방출하기 때문에 일반적으로 외곽지역의 경비에 사용된다. 광원(光源)으로는 고압수은등, 형광등, 나트륨등이 사용된다.

2) 투광(投光)조명등

빛을 일정한 방향으로 모아 비추기 때문에 조도가 매우 높으면서 특정지역에 집중시킬 수 있으나 열의 발산이 높다는 단점이 있다. 축구장, 야구장, 골프장 등 체육시설에 주로 사용된다.

3) 프레넬등(fresnel lamp)

프랑스의 물리학자 오귀스트 프레넬은 평면상에 적절한 각도의 반사각을 조합시켜 빛을 좁고 긴 영역으로 모을 수 있는 특수한 렌즈를 창안하였는데 이를 프레넬등이라고 한다(브리태니커, 2019).

프레넬등은 수평으로 길게 빛을 발산하므로 투광조명등이나 탐조등과는 달리 비교적 어두운 장소나 거리가 있는 경계구역에 주로 사용된다.

---

3) 백열등은 전력의 5%, 형광등은 전력의 40%, LED 조명등은 전력의 90%까지 빛으로 전환할 수 있다.

4) 탐조등(Searchlight)

침입예상 또는 특별한 경계가 예상되는 지역에 필요시 집중관찰을 하기 위해 사용하는 조명기구이다. 대형 탐조등에는 플루오르화물 또는 산화물들이 첨가된 탄소 아크등이 사용되며 소형 탐조등은 백열등이나 할로겐등이 사용되기도 한다.

〈사진 10〉 경비조명의 종류

3. 경비조명의 설치구분

경비조명은 다음과 같은 네 가지 사항을 고려하여 설치한다.[4)]

1) 상시조명(Continuous Lighting: Continuous on a regular schedule, for secure areas)

교정기관 등 경비지역의 안전이 평상시 확보된 지역인 장벽이나 벽체를 비추는데 주로 사용된다.

2) 예비조명(Standby Lighting: Standby, for occasions when more light is need)

필요시 선택적으로 사용하며 상시조명을 보조하는 기능을 한다.

3) 이동조명(Movable Lighting: Movable, for when light is needed in areas not usually light)

휴대가 가능한 조명기구로서 상시조명을 보조하는 기능을 한다.

4) 비상조명(Emergency Lighting: Emergency, to be used as an alternate power source when the regular power source fails)

기존에 설치된 조명기구가 작동불능이거나 전력이 차단되었을 경우, 긴급상황이 발생하였을 경우 등에 사용되며, 평상시 작동상태를 주기적으로 점검해야 한다.

---

4) Kären M. Hess, Henry M. Wrobleski, Introduction To Private Security, 4th Edition, West Publishing Company, 1996, p. 118.

4. 관리유지 및 보수

조명시스템은 전문전기기사에 의하여 정기적인 점검을 받아야 한다. 그러나 조명작동에 이상이 발생하였을 경우에는 1차적인 보수가 될 수 있도록 기기 자체와 전기배선에 대한 기본적인 상식을 숙지하도록 한다.

5. 경계구역 경비조명 설치방법

- 사각지대가 없도록 계획적으로 설계하여 설치한다.
- 조명방향이 경비대상지역의 반대를 향하도록 한다.
- 경비실 또는 경비요원의 시야를 방해하지 않도록 한다.
- 경비조명으로 인한 그림자는 침입자에게 은폐효과를 주게 되므로 주의해야 한다.
- 일반인으로부터 민원이 발생하지 않도록 한다.
- 필요에 따라 선택적으로 설치하는 등, 비용문제를 고려하여 효율적이고 철저한 계획하에 경비조명을 설치한다.

6. 출입구 및 통로 경비조명

보행자 또는 차량의 출입구는 신원확인과 물품확인 등을 위하여 충분한 조도를 유지해야 한다. 보행자의 출입구는 문의 양쪽에서 일정거리(약 7m)를 비추도록 유지하고, 차량출입구는 좀 더 먼 거리를 비추도록 설치한다.

제 2 절 자물쇠(Locks)

1. 자물쇠

자물쇠는 침입자를 막기 위한 가장 오래된 안전장치이다. 자물쇠는 4000년 전 이집트에서 이미 사용되었고 그 후에도 방어의 중요한 안전장치로 인식되어 왔다.5)

1) 자물쇠의 기능

자물쇠의 1차적인 기능은 자물쇠 잠금해제의 지연 또는 불능이라고 할 수 있다. 설령 자물쇠를 해제할 수 있는 방법을 소유하거나 이러한 방면에 숙련된 침입자가 자물쇠를 열었다 하여도, 그들의 활동을 지연시킨다는 점에서 자물쇠의 중요한 역할이 있다고 하겠다. 이러한 측면에서 영상녹화상치 빛 경보상치와 연계하면 침입방지에 보다 큰 효율성을 가져올 수 있다.

2) 자물쇠의 종류

- 돌기자물쇠(Warded Locks): 자물쇠 안에 돌기가 있으며 단순철판에 가까운 초기의 자물쇠로서 구조가 간단하여 자물쇠로서의 기능이 거의 없다.
- 원통형 자물쇠(Cylindrical Locks): 판 텀블러 자물쇠나 핀 텀블러 자물쇠에 주로 사용된다. 판 텀블러 자물쇠(Disk Tumbler Locks)는 한쪽 면 또는 양쪽 면에 홈이 있고 돌기자물쇠보다 발달된 형태로서 보통의 책상이나 서류함 등에 많이 사용된다. 핀 텀블러 자물쇠(Pin Tumbler Locks)는 핀의 둘레에 불규칙하게 홈이 파여 있는 형태로 판 텀블러 자물쇠보다 안전성이 있다.
- 스프링장착 볼트 자물쇠(Spring-Loaded Bolts Locks): 스프링이 장착된 볼트를 반대편의 홈에 끼워지게 한 자물쇠로서 스크루드라이버나 딱딱한 카드 등으로 비교

5) Kären M. Hess, Henry M. Wrobleski, Introduction To Private Security, 4th Edition, West Publishing Company, 1996, pp. 111-118.

적 쉽게 열 수 있기 때문에, 이를 보완하여 스프링이 없는 데드 볼트 자물쇠(Dead Bolts Locks)가 사용된다.

- **숫자형 자물쇠**(Combination Locks): 자물쇠에 부착된 숫자를 조합하여 작동시키는 자물쇠로서 패드록에 주로 사용되며 다이얼식보다는 푸시버튼 방식의 키패드(keypad)로 발전되었다. 개인 아파트 또는 대형 빌딩의 개인사무실 등에 주로 사용된다.
- **코드인식형 자물쇠**(Code Operated Locks): 전자제어장치를 통하여 암호번호를 입력함으로써 작동시키는 자물쇠로서 숫자형보다는 안전성이 높고 연속해서 일정횟수를 잘못 누르게 되면 경보음이 발생하도록 할 수 있다.
- **카드작동형 자물쇠**(Card Operated Locks): 열쇠 대신 플라스틱 카드를 사용하여 작동시키는 자물쇠로서 신분증의 기능을 겸할 수 있으므로 특정구역별로 출입을 제한하는 기능을 갖출 수 있다. 인가된 많은 사람들이 통행하는 지역에도 유용하며, 주차장, 회전문, 엘리베이터, 서류보관실, 컴퓨터실, 복사실, 연료펌프실, 정부사무실 등에 광범위하게 사용된다.

2. 패드록(Pad-Locks)

패드록은 중세시대부터 사용해 온 자물쇠로 일명 '맹꽁이 자물쇠'라고 한다. 기본적으로 몸체, U자형 족쇄, 자물쇠의 세 부분으로 이루어져 있다. 이 시대의 자물쇠는 쉽게 부서지거나 힘으로 열 수도 있었고, 조금만 주의를 기울이면 열기가 가능하였다. 1970년 스웨덴의 발명가 크리스토퍼 폴햄에 의해 좀 더 진보한 자물쇠가 나타나게 되었다.

요즈음은 스마트폰의 전용앱을 블루투스와 연계하여 다양한 잠금 및 해제기능을 가지고 있다. 스마트폰을 통하여 사람마다 각기 다른 번호를 부여할 수 있으며 필요시 1회용으로 번호를 발급할 수 있다. 또한 기존의 다이얼 방식에서 진화된 4개의 방향키 방식의 패드록이 개발되었다.

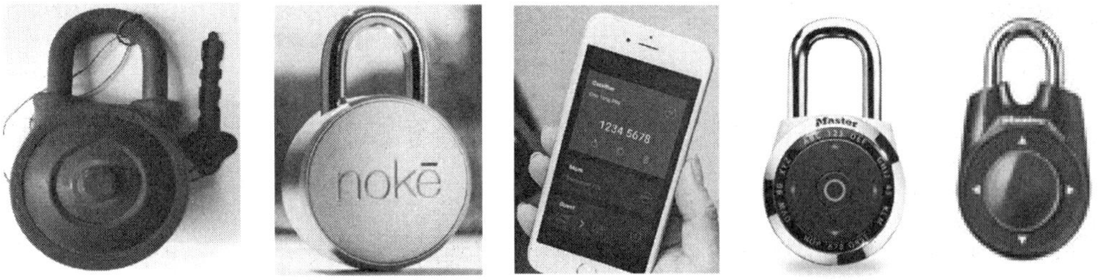

맹꽁이 패드록　　　　블루투스 패드록　　　　방향키 방식 패드록

〈사진 11〉 **패드록의 종류**

3. 잠금장치

1) 기억식 잠금장치(Recording Locking Devices)

은행금고 등과 같이 기입력된 일정시간대에만 문이 개방되도록 하는 방식을 말한다.

2) 전기식 잠금장치(Electric Locking Devices)

단독주택이나 교도소의 대형출입문 등에서 주로 사용되는 것으로서 원거리에서 문을 여닫을 수 있도록 하는 장치를 말한다.

3) 일체식 잠금장치(Sequence Locking Devices)

교도소의 각실 등에 주로 사용되는 장치로서 하나의 출입문이 잠기거나 열릴 경우, 전체의 출입문이 동시에 잠기거나 열리게 되는 시스템을 갖추고 있다.

4. 생체인식시스템(Biometric Security Systems)

생체인식시스템은 손가락의 지문, 음성, 눈의 홍채, 손의 혈관, 걸음걸이 등 생리적 또는 신체적 특징을 인식하여 작동시키는 시스템으로 국가기밀연구소, 공항관제소 등 중요한 장소의 출입에 적용된다. 생체인식시스템은 기본적으로 '검증과 인식'의 두 가지

방식이 있는데 검증은 인식시스템과 연계하여 다시 특정한 인증넘버를 제시해야 하는 시스템이다.

일반적으로 생체인식시스템은 단일한 신체적 특징을 인식하는 기능이 활용되었으나, 위조 지문이나 위조 홍채, 변장기술 등에 의하여 위험에 노출되어 왔다. 이러한 문제점을 해결하기 위하여 점차 지문과 얼굴, 홍채와 지문 등 두 가지 이상의 생체정보를 함께 인식하여 정확성을 높이는 방법이 시행되고 있으며, 심전도를 이용한 생체인식, 심장박동음을 이용한 생체인식, 뇌전도를 이용한 생체인식기술 등이 개발되고 있다.[6)]

5. 문틀

침입자의 입장에서 볼 때, 문틀을 파손시킴으로써 침입의 틈을 만들 수 있으므로 내구성이 강한 재질을 사용하고 지렛대 등이 사용될 수 없도록 틈을 없애며 견고하게 부착시킨다. 나무재질인 문틀은 최소 44㎜ 이상의 두께가 필요하다.[7)]

6) 최규호 · 문해민 · 반성범, 생체신호 기반 바이오인식 시스템 기술 동향, 디지털융합복합연구 15(1), 2017, pp. 381-391.

7) Lawrence J. Fennelly, Effective Physical Security, Butterworth-Heinemann, 2017, p. 275.

제3절 경보기(Alarms)

경보기는 경비시스템 중에서 가장 빠르게 성장하고 가장 폭넓게 사용되고 있다.[8] 1987년 이래로 경보시스템은 연평균 17%의 성장을 나타내고 있으며, 이제는 산업사회에 있어서 대형 사업화가 되었다. 인구 2만 5천에서 4만 사이의 전형적인 도시에서 매달 100~150개의 경보기 설치가 요구되고 있다.[9]

1. 경보의 기원

가울인(Gauls)들의 침입에 놀라 거위들이 꽉꽉거리며 로마인들에게 경보를 울려주었던 기원전 390년 전이 경보의 시초라고 할 수 있으며, 이로부터 수세기 후에는 스코틀랜드 발렌타인 스카치 양조장을 보호하기 위해 경보용으로 거위들을 활용하였다. 그 이후에는 오늘날까지도 예민한 청각과 후각을 가진 개를 침입자 방지용으로 기르고 있다.[10]

2. 경보기의 설치위치에 따른 분류

경계선 경보기

공간 경보기

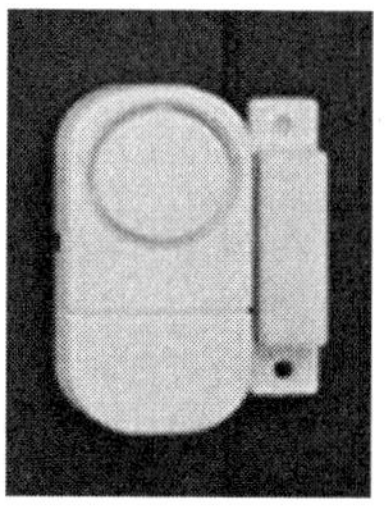

단일지점 경보기

〈사진 12〉 **설치위치에 따른 경보기의 분류**

---

8) Joseph B. McCullough, Prepare to be Alarmed, Security Management, 1994, pp. 59-62.

9) Thomas M. Lewin, Plagued by False Alarms? Law and Order, 1990, pp. 67-69.

10) Kären M. Hess, Henry M. Wrobleski, Introduction To Private Security, 4th Edition, West Publishing Company, 1996, p. 120.

1) 경계선 경보기(Perimeter Alarms)

내외곽 울타리, 내외곽 출입문, 창문 등 경계선을 중심으로 침입을 알리기 위한 경보시스템을 말한다.

2) 공간 경보기(Area or Space Alarms)

주거지나 빌딩 실내외 공간의 일정구역에 대하여 침입을 알리는 경보시스템을 말한다.

3) 단일지점 경보기(Point or Spot Alarms)

금고, 책상, 비밀서류함 등 특별한 보안목적의 지점을 보호하기 위한 경보시스템을 말한다.

3. 경보시스템의 기본구성

1) 감지기(Sensor)

사물의 변화나 새로운 대상의 출현을 감지하는 장치를 말한다.

- **전기회로의 접속방식**: 전기회로 접속 또는 차단유무에 따라 감지되는 가장 단순한 감지기이며 주로 창문에 적용된다.
- **압력방식**: 사람 체중의 압력을 받아 감지되는 것으로 주로 자동문의 바닥에 설치된다.
- **도플러 방식**: 정교한 초음파의 도플러효과[11]에 의하여 변화되는 마그네틱 개폐기가 반응하여 감지되는 방식을 말한다.

---

11) 1842년 오스트리아의 물리학자 도플러(Doppler, Christian)에 의하여 밝혀진 이론으로, 광파와 음파의 진동수는 파원(波源)의 움직이는 속도에 영향을 받는다는 것이다.

- **인장선 방식**: 팽팽한 줄의 인장력의 변화를 감지하여 작동되는 시스템으로 울타리의 상단부에 설치한다.
- **광전자 방식**: 광선이 차단되면서 감지되는 방식을 말하는데 주로 상가에서 고객이 빠져나간 후에 적용한다.
- **적외선 방식**: 적외선이 차단되면서 감지되는 방식을 말하는데 주로 울타리의 경계지역에 사용된다.
- **열감지 방식**: 사람이나 동물의 체온에서 발산되는 열을 감지하는 방식이며 주로 실내의 공간보호에 적용된다.
- **기타**: 상기한 감지방식 외에도 소리감지식, 전기축전식, 무선주파수 혹은 초음파 전달을 통한 진동수 감지방식 등이 있다.

2) 전달회로(Circuit)

전력을 공급받은 감지기로부터 단순한 정보 또는 변환된 정보가 작동되는 통신경로를 말한다. 유선 또는 무선방식이 있으나 광섬유케이블이 널리 사용되고 있다. 광섬유케이블의 신호전달은 특정한 임대선로를 사용하거나 위성수신망을 활용하기도 한다. 또한 전달회로는 감지시스템 중에서 가장 손상되기 쉬우며, 인간의 뇌에 감각을 전달하는 신경조직과도 같다.

3) 경보신호(Signal)

전달회로를 통하여 전송된 신호를 사람이 반응하도록 시각적 또는 청각적으로 표현하는 장비를 말한다. 경보신호에는 벨소리, 부저소리, 전화벨소리, 플래시 라이트 등 다양한 방법이 있다. 소리경보는 침입자를 놀라게 하고 그들의 행동을 억제하는 효과가 있고, 묵음경보기는 침입자의 행동을 제지하는 것은 아니지만 침입자가 범죄행위를 하는 동안에 체포할 수 있다는 점이 다르다.

4. 오작동 문제

아무리 보안을 위한 중요한 장치라고 해도 '거짓 경보'라는 심각한 문제를 내포하고 있다. 1994년 IACP(International Association of Chiefs of Police)의 보고서에 의하면, 미국 전역의 가정이나 사무실에 설치된 경보기의 오작동 건수가 1천5백만에 달하였다고 했다. 이러한 높은 오작동률로 인하여 일부 도시에서는 경보기와 경찰서 간의 직접적인 연결을 금하고 있다. 오늘날은 대체적으로 경찰중앙통제실이나 민간경비통제실을 통하여 간접적으로 경보수신을 하는 실정이다. 1985년, 커닝햄과 테일러의 홀크레스트 보고서는 오작동의 원인을 세 가지로 분류하였다. 즉 고객의 경보기 사용상의 오류로 인한 것이 전체 오작동의 40~60%이고, 경보기 설치 또는 서비스 원인이 15~25%이며, 경비기기 자체의 결함이 10~20%를 차지한다고 하였다.[12] 이러한 문제점을 해결하기 위한 방안으로는 다음과 같은 점을 들 수 있다.

- 경보기기의 인증제도를 시행한다.
- 사용자의 숙련도를 높인다.
- 경보기기의 설치능력을 향상시킨다.
- 관련법령을 정비한다.
- 경보기기의 품질과 기능을 향상시킨다.

---

12) Kären M. Hess, Henry M. Wrobleski, Introduction To Private Security, 4th Edition, West Publishing Company, 1996, pp. 120-127.

제 4 절 금속탐지기

금속탐지기는 인체에 부착 또는 소지하고 있는 금속류의 탐지를 위한 기기로서 문형 금속탐지기(Walk Through Metal Detector)와 휴대용 금속탐지기(Hand Held Metal Detector)가 있다. 주로 공항의 출국장이나 경호행사 시의 검색을 위하여 효과적으로 사용된다. 특히 미국 공항에서는 2002년 7월부터 단 몇 개월 만에 200만 건을 적발하여 효용성을 높이고 있다.13)

1. 문형 금속탐지기

문형 금속탐지기는 공항보안검색용으로 최초에 도입되었으며, 항공기 납치사건이 빈번하였던 핀란드에서 사용하기 시작했다.

일정 크기의 문틀 안으로 통과하면 금속탐지센서에 의하여 경보등 또는 경보음이 발생하도록 하는 기기이다. 센서의 정밀도는 조절이 가능하며 탐지기 자체를 문과 함께 고정식으로 부착할 수도 있다.

보안이 요구되는 국가중요시설에는 이러한 문형 금속탐지기가 설치되어 있으며, 경호행사 등 필요에 따라 이동해서 사용하기도 한다. 대부분의 규격은 720㎜×1,965㎜에서 720㎜×2,050㎜ 정도이다.

13) 강맹진 · 강재원, 항공테러방지를 위한 지상 보안활동, 한국콘텐츠학회 8(2), 2008, pp. 195-204.

〈사진 13〉 **문형 금속탐지기의 종류**

2. 휴대용 금속탐지기

휴대용 금속탐지기는 문형 금속탐지기를 통과할 때 2차 정밀검색을 위해 사용되기도 하며, 인체의 전신을 고르게 탐색하거나 의심되는 신체 부위에 가까이 대면 경보등이나 경보음이 울리게 된다.

〈사진 14〉 **휴대용 금속탐지기의 종류**

제 5 절 전신검색기(Full-Body Scanner, Body Scanner)

1. 개념

전신검색기는 금속탐지장비를 통하여 탐지하기 어려운 폭발물이나 무기 등의 공격성 물체를 신체에 대한 접촉 없이 탐지하여 이를 모니터상에 나타나도록 하는 검색장비를 말한다.

즉, 기존의 금속탐지기로는 탐지가 어려운 세라믹제품의 무기 또는 분말형태의 폭약 등을 인간의 몸체에 은닉하여 출입할 경우 이를 탐지해 내는 기기로서 세계 주요 공항의 출국장에 주로 설치되어 있으며, 한국의 공항에서도 항공기와 탑승객들의 안전을 위해 설치를 서두르고 있다.[14]

※ 전신검색장비의 운용기준[15]

① 전신검색장비를 이용한 검색대상은 항공기의 안전운항과 승객의 안전을 해할 우려가 있다고 판단되는 자 또는 국내의 국가기관 등으로부터 통보받은 자로 제한하여야 한다. 다만, 검색대상자가 원하지 아니하는 경우 검색요원이 직접 신체에 대한 정밀검색을 하여야 한다.

② 운용자는 전신검색기를 통해 탐지된 결과에 대한 이미지 분석과정 없이 고정된 인체형태의 가상 이미지상에 위험부위를 자동으로 표출하여 보안검색요원이 확인 가능한 전신검색장비를 설치하여 운영하여야 한다.

---

14) 전신검색기는 알몸투시기, 알몸스캐너, 알몸투시장치, 전신스캐너, 전신투시스캐너, 투시검색기, 알몸투시검색기, 전신투시기, 바디스캐너, 신체검색기 등 다양한 명칭으로 사용되고 있으나 전신검색기로 통일하는 것이 바람직하다.

15) 국토교통부 고시 제2015-205호 항공보안장비 종류, 성능 및 운영기준, 제7조의3, 전신검색장비의 운용.

※ 검색장비의 교체 및 폐기 기준[16)]

① 검색장비별 내용연수의 기준은 다음 각호와 같다. 다만, 내용연수가 도래하였더라도 매년 성능검사를 실시하여 성능기준에 적합하면 사용할 수 있다.

- 엑스선검색장비: 7년
- 문형금속탐지장비: 7년
- 휴대용금속탐지장비: 2년
- 폭발물탐지장비: 7년
- 폭발물흔적탐지장비: 5년
- 액체폭발물탐지장비: 7년
- 전신검색장비: 7년
- 신발검색장비: 7년

② 운용자는 검색장비의 교체시기를 정하기 위하여 매년 제8조에 따른 성능검사를 점검용 시험물품 매뉴얼에 의해 실시하고, 그 결과를 이력카드에 기록 유지하여야 한다. 다만, 신규장비의 성능검사는 제작사(납품업체)에 의해 성능검사가 실시되는 하자보증기간이 완료된 다음 연도 1월 1일 이후부터 실시한다.

③ 운용자는 제2항에 따라 매년 성능검사를 실시한 장비의 성능이 기준에 미달한 경우에는 제1항의 규정에도 불구하고 해당 장비를 교체하여야 한다.

2. 문제점 및 해결방안

1) 사생활 침해

최근의 장비는 신체를 세밀히 나타내는 것이 아니라 통과하는 대상 신체의 대략적인 윤곽을 표시하는 기능으로 변화하였고, 검색요원과 이미지 분석요원은 검색대상과 동성으로 배치해야 하며, 검색요원은 이미지를 볼 수 없고 이미지 분석요원은 검색 대상을 볼 수 없도록 분리 운영하여야 한다.

---

16) 국토교통부 고시 제2015-205호 항공보안장비 종류, 성능 및 운영기준, 제17조, 검색장비의 교체 및 폐기 기준.

2) 검색 이미지 유출

제작 시부터 검색 이미지의 보관 · 출력 · 전송 · 저장 기능이 없도록 하고, 개별 검색이 완료됨과 동시에 이미지가 삭제되도록 하고, 다른 컴퓨터기기 등과 연결하는 일이 없도록 한다.

3. 검색방식

1) Millimeter Wave 방식

파장이 0.1~1㎝, 진동수 30~300㎓인 전자기파를 이용하는 방식을 말한다.

2) Backscatter 방식

원래의 목표방향에 대하여 90도보다 큰 각으로 흩어지는 산란하는 방사선을 사용한 방식을 말한다.

3) Transmission 방식

송신부의 전자기파를 수신부에서 수신하여 영상처리하는 방식을 말한다.

4. 검색시간

검색에 소요되는 시간은 검색기의 종류에 따라 다르지만 일반적으로 3분(안내→ X-Ray스캔/판독 → 검색종료) 정도가 소요된다.

[표 33] 전신검색기의 종류

구 분	종류		
장비명	ProVision	SMART CHECK	Conpass
제조사(국)	L3(미국)	AS&E(미국)	ADANI(벨라루스)
Scan 시간	600명/시간	8초(30초/1인당)	8초/1인당
투과방식	Millimeter Wave	BackScatter	Transmission
특 징	radio frequency(RF) energy를 이용	X-Ray 100keV 프라이버시 필터사용	고화질의 디지털 영상제공
실 물	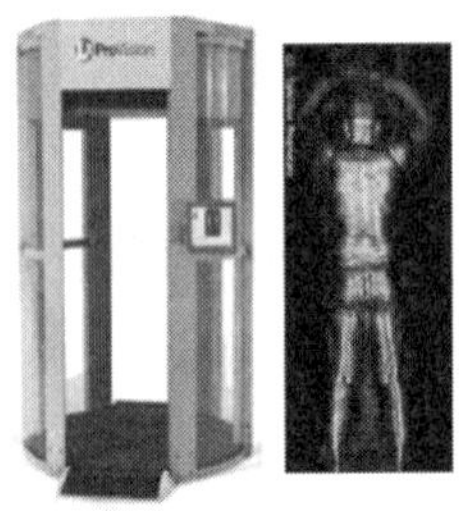	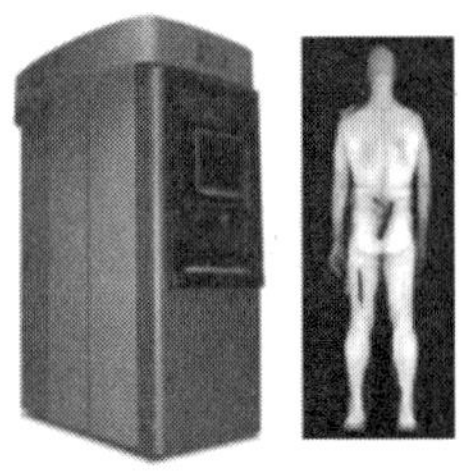	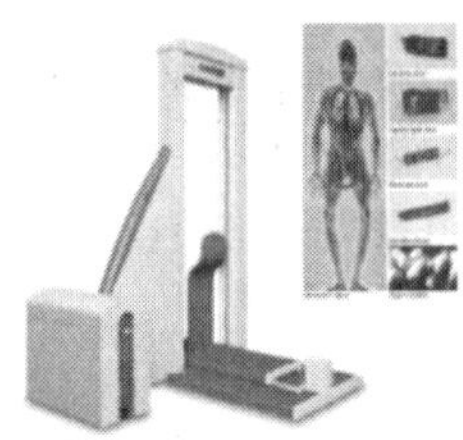
예상가격	USD 15~20만 불	USD 200,000불	USD 295,000불

※ 신발검색장비

금속탐지기로 검색이 어려운 신발 아래쪽과 발목 등에 은닉한 위험물을 탐지한다.

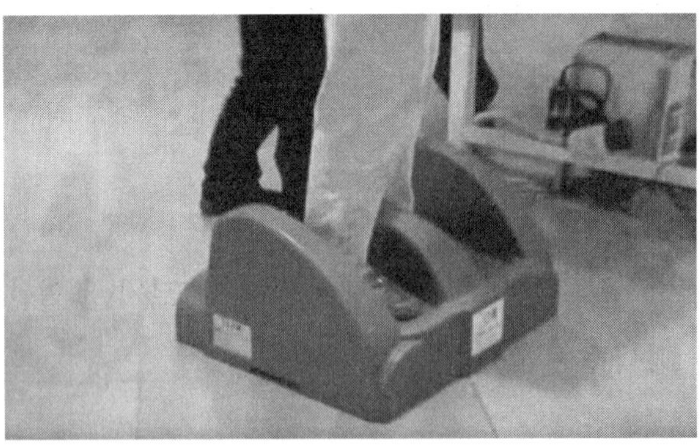

〈사진 15〉 신발검색장비

제 6 절 물품검색기

물품검색기는 일반적으로 항공기의 기내반입이 허용된 일정크기 이하의 소지품을 검색하는 휴대수하물 검색기와 항공기 화물실에 보내지는 위탁수하물 검색기로 나눌 수 있다.

1. 휴대수하물 검색기

휴대수하물 검색기는 컨베이어 벨트와 X-Ray Box, 컬러모니터 판독기로 구성되어 있다.

Linescan 105　　Zscan 7　　CTX-9000

〈사진 16〉 **휴대수하물 검색기의 종류**

2. 위탁수하물 검색기

위탁수하물 검색기는 컨베이어 벨트(B.H.S)와 X-Ray 촬영기, 자동 판독기, 전문판독 요원에 의해 실시되는 판독실로 구성되어 있다.

※ 위탁수하물 보안검색절차

① 각항공사의 카운터에서 전산처리(수하물 Tag 부착)되어 항공기탑재를 위해 컨베이어 벨트(B.H.S)로 이동한 승객의 위탁수하물은 먼저 1차적으로 X-Ray장비에

의해 자동적으로 자체판독을 실시한다.

② 2차적으로는 별도 판독실에서 전문판독요원에 의해 X-Ray화면을 육안으로 검사하게 된다. 이때 이상이 있어 개장검사가 필요하다고 판독요원이 판단하면 항공사 카운터와 연결된 별도의 개장검사실로 자동시스템에 의해 보내져 승객의 입회하에 개장검사를 실시한다.

③ 그리고 판독요원에 의해 식별이 곤란하거나 의심되는 위탁수하물은 3차적으로 CTX장비(컴퓨터단층촬영)로 보내져 초정밀검사를 실시하게 된다. 만약 여기에서도 폭발물과 관련한 정확한 식별이 곤란할 경우 4차적으로 ETD장비에 의해 폭발물검사를 다시 실시한다.

④ 만약 각 단계별로 폭발물이라고 판단하게 되면 관련 보안기관의 합동조사를 받게 되고, 최종처리는 폭발물처리반에 의해 별도로 마련된 감압시설로 이동해 해체 등의 처리과정을 받게 된다.

⑤ 이러한 일련의 단계별 검색과정들은 모두 종합적으로 전산처리되어 수하물 이동에 따른 지속적 추적 및 관리가 가능하다.

〈사진 17〉 위탁수하물을 탁송하기 위하여 차례를 기다리는 승객

제 7 절 액체폭발물 탐지장비

2006년 영국에서 액체폭발물을 이용하여 항공기를 폭파하려는 시도가 적발되었다. 폭발물로 사용하고자 했던 액체는 과산화수소(Hydrogen Peroxide)였으나, 그 당시까지 액체를 사용하여 테러에 이용된 사례가 없었으므로 전 세계적으로 이목이 집중되었다.

현재 대표적으로 사용되는 액체폭발물은 니트로글리세린(Nitroglycerine)으로 폭발성이 강해서 2~3리터 정도의 양으로 항공기의 1/2을 날려버릴 수 있을 정도의 위력을 가지고 있다. 니트로글리세린이 건전지에 의한 기폭장치로 폭발을 일으키는 데 반하여, 니트로메탄(Nitromethane)은 다른 물질과 섞이는 즉시 폭발하기 때문에 기폭장치가 없어도 폭발을 일으킨다.17)

[표 34] 액체폭발물 탐지기의 종류

구분	EMA-2 Plus	TruScreen	RespondeR RCI
사진			
제조사	CEIA(이탈리아)	Ahura Scientific(미국)	Smiths detection(캐나다)
스캔 시간	통상적으로 5~6초	20초 이하	신속모드: 30초 정밀모드: 2분

17) 경기과학진흥원, 2014.

구분	Bottle Scanner	Bottle Liquid Checker	ResponderR RCI
사진	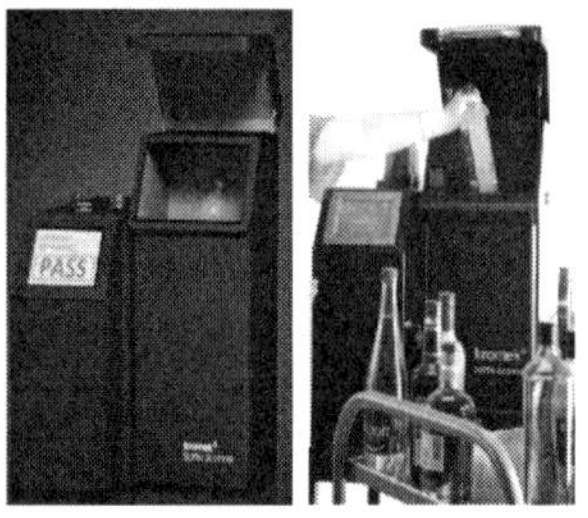	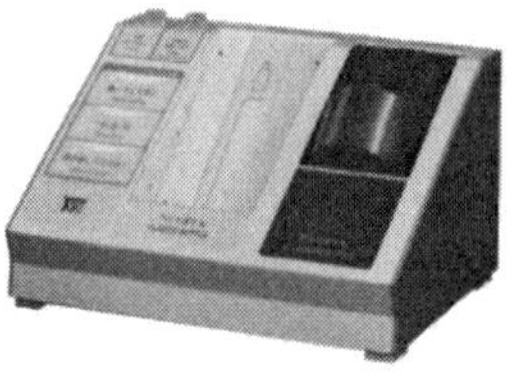	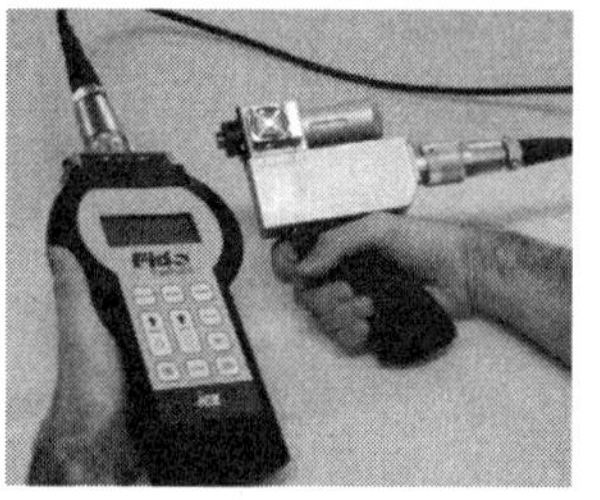
제조사	KROMEK(영국)	도쿄 가스 엔지니어링(일본)	ICXT(미국)
스캔 시간	30초 이내	유리, 플라스틱 1초 이내 알루미늄 3초 이내	실시간

※ 검색 총소요시간: 2분 이내(안내→ 스캔/판독 → 검색종료)

※ 액체폭발물 탐지장비의 운용기준[18)]

① 액체폭발물 탐지장비는 쉽게 운반이 가능하여야 하고 사용이 편리하여야 한다.

② 액체폭발물 탐지장비는 엑스선 검색 또는 개봉검색 등을 통하여 액체류 발견 시 그 내용물의 성분에 대한 분석이 필요한 경우 사용한다.

18) 국토교통부 고시 제2015-205호, 항공보안장비 종류, 성능 및 운영기준 제7조의2, 액체폭발물 탐지장비의 운용.

제8절 폭발물 탐지장비

1. 개요

검색대상물(대인, 휴대/위탁수화물)에 묻어 있는 화학성분을 흡입하여 화학적인 이온분석방법이나 엑스선 검색방법 또는 중성자 검색방법 등에 의하여 폭발물 또는 폭발성분을 탐지하는 검색장비를 말한다. 최근의 장비는 6가지 이상의 폭발물을 동시에 분석할 수 있으며 새로운 폭발물에 대한 정보도 추가로 입력하면 탐지하는 첨단기능이 있다.

2. 탐지장비의 종류

1) 고정식(비치식) 탐지장비

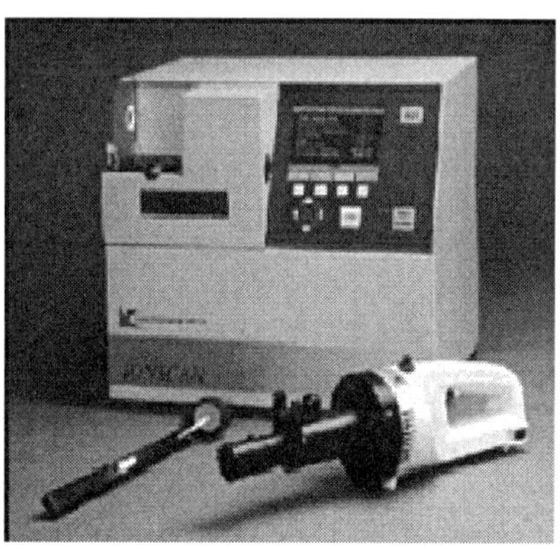

Ionscan 400B

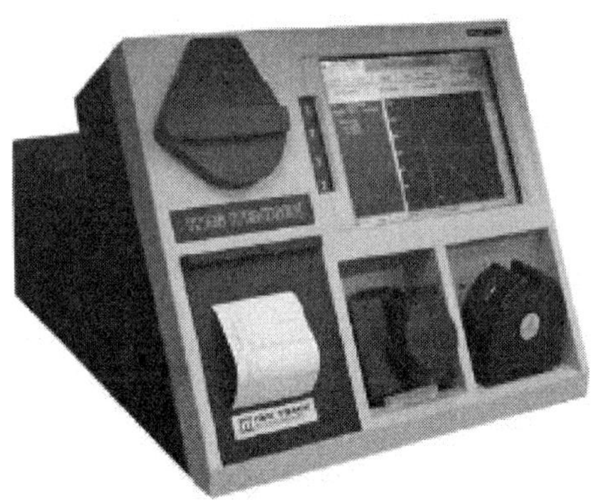

Itemiser

〈사진 18〉 고정식 폭발물 탐지기

고정식 탐지장비는 〈사진 18〉과 같이 일정장소에 비치해 놓고 사용한다.

2) 휴대식 탐지장비

휴대식 탐지장비는 소형으로 제작되어 휴대가 간편하므로 폭파 위협이 발생하거나 의심되는 지역을 탐지할 때 사용한다. 주요한 특징으로는 휴대폰 정도의 크기에 스마트폰의 앱과 Bluetooth기능을 활용하여 원격조정이 가능하고 실시간 결과를 확인할 수 있다. 또한 1,000가지 이상의 폭발물 종류를 사전에 입력하여 식별시간이 짧고 순물질이 아닌 혼합물까지도 휴대식 탐지장비로 확인할 수 있다.

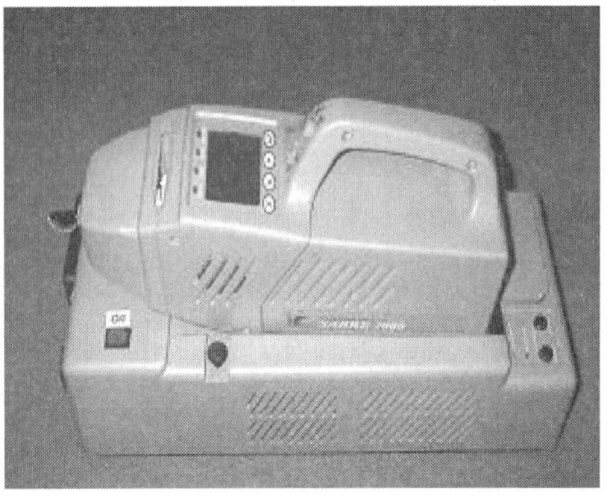

〈사진 19〉 **휴대용 폭약탐지기**: 증발기체나 물체표면에 묻은 잔여물질의 샘플을 현장에서 분석하여 폭약을 탐지한다.

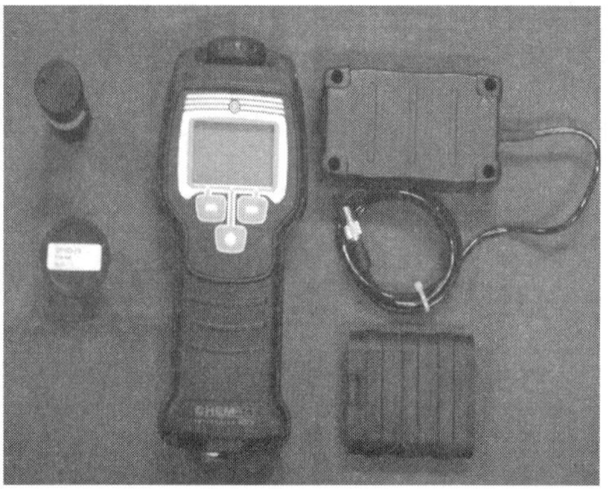

〈사진 20〉 **휴대용 화학작용제 탐지기**: 탐지기위험지역 내 화학작용제 및 유해물질을 신속히 탐지할 수 있다.

제 9 절 폭발물 처리장비

폭발물이라고 의심되는 물품이 발견되면 일단 응급조치를 실시해야 한다. 초기단계에서 조치할 수 있는 기기로는 방폭함, 방폭요 등이 있고, 가능한 경우 폭발물 처리 로봇이나 이동용 X-Ray 검색기를 통하여 조치를 취할 수 있다.

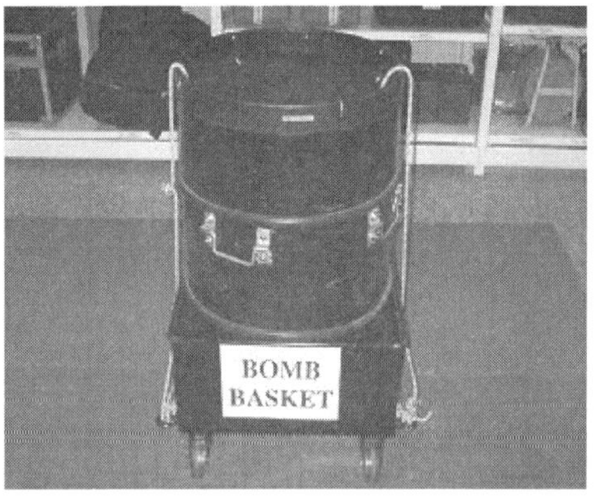

〈사진 21〉 **폭탄 바구니:** 폭발물을 현장에서 처리 곤란할 시에 원격이동으로 폭발물을 담아 이동시킨다.

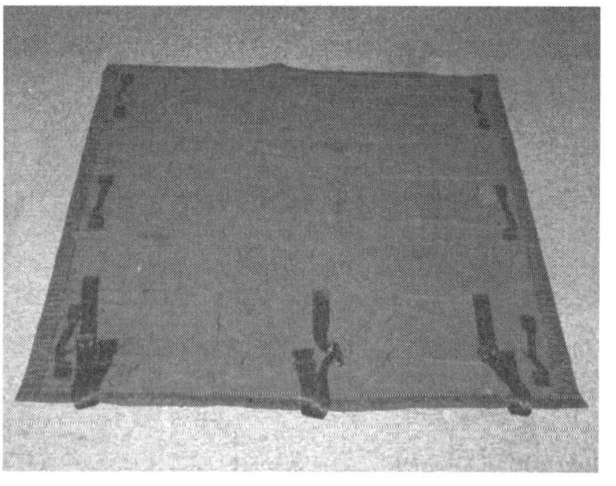

〈사진 22〉 **방폭 담요:** 폭발물의 폭발효과를 감소시키고 주변의 인명 및 시설을 보호하는 장비

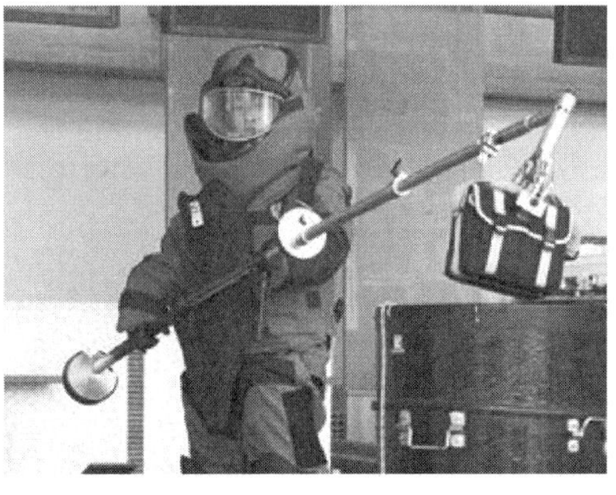

〈사진 23〉 **폭발물 이동봉:** 폭발물 처리 시 원거리에서 폭발물을 집어 옮기는 데 사용한다.

〈사진 24〉 **40㎜ 물대포:** 폭발물 발견 시 물대포를 이용하여 폭발물을 해체시키는 데 사용한다.

〈사진 25〉 **이동용 X-Ray 검색기:** 폭발물이라고 의심되는 물품을 확인하는 장비

〈사진 26〉 **폭발물 처리 로봇:** 무인조작으로 인명손상을 예방할 수 있다.

제 10 절 소화설비

1. 개념

화재란 자연적 발화에 의하거나 인간의 고의나 실수에 의하여 발생하는 연소현상으로 소화설비 또는 소방장비를 동원하여 연소를 차단할 필요가 있는 재해로서 화학적 폭발을 동반할 수 있다. 화재는 일단 발생하면 계속 확대되어 시설물의 크기와 관계없이 한 줌의 재로 만들거나 하나의 도시를 마비시켜 버린 사례가 많아 그 피해속도는 시간에 따른 지수함수관계라고 할 수 있다.[19] 따라서 소화기 또는 소화설비기구에 의하여 초기에 화재를 진압해야 하고 경보설비와 연계하여 인명피해를 최소화하도록 한다.

2. 화재의 종류

연소의 3요소인 열, 가연물, 산소 중 가연물의 성상과 종류에 따라 다음과 같이 분류하고 있다.

1) 일반화재(A유형)

- 연기: 백색
- 가연물: 목재, 종이, 특수가연물(면화류, 대패밥, 넝마, 종잇조각, 볏짚, 고무, 석탄 등)과 페놀, 멜라민, 규소, 폴리에틸렌, 폴리우레탄 등이 있다.
- 타고 나면 재가 남는다.
- 진압방법: 물 분무

19) 하정호, 화재예방과 산업안전, 한국화재학회지 제4권 제2호, 1990, pp. 70-76.

2) 유류화재(B유형)

- 연기: 검은색
- 가연물: 휘발성 액체, 알코올, 기름, 휘발유 등 유연성 액체 등이 있다.
- 재를 남기지 않는 특성이 있다.
- 화재의 진행이 일반화재에 비해 빠르다.
- 연소방법: 표면의 증기가 연소
- 진압방법: 이산화탄소와 같은 기체살포(산소공급의 차단)

3) 전기화재(C유형)

- 전기화재는 스파크에 의한 원인이 가장 높다. 이외에도 변압기, 전압기의 불량이나 노후, 오래된 배선이나 코드 등 전기설비에 의한 원인으로 화재가 발생할 수 있다.[20] 또한 전기화재의 직접적인 원인으로 절연상의 문제나 접속·접촉불량 등을 들 수 있다.[21]
- 진압방법: 물 분무(절연 방전복 착용)

4) 금속화재(D유형)

- 가연물: 마그네슘, 나트륨, 수소화물, 탄화알루미늄, 황린·금속분류, 알칼리 금속의 과산화물 등이 있다.
- 진압방법: 화학식 건성분말

5) 가스화재(E유형)

- 가연물: 수소, 아세틸렌, 에틸렌, 메탄, 에탄, 프로판, 부탄, 섭씨 15도 1기압하에서

---

20) 반기종·원영진·임승하, 전기화재예방을 위한 LCDI특성에 관한 연구, 대한전자공학회 2009년 하계종합학술대회, 2009, pp. 1322-1323.

21) 오홍석·이상호·김풍래, 전기화재 예방에 관한 연구, 2002년도 춘계학술대회 논문집, 2002, pp. 133-137.

기체상태인 가연성가스 등이 있다.

- 폭발성이므로 취급의 주의가 절대적으로 필요하다.
- 가스누설 발견 시 조치사항
  - 가스기기의 모든 밸브를 잠근다.
  - LPG가스는 창문을 열고 바닥에 깔려 있는 가스를 배출한다.
  - 점화원을 제거한다.
  - 전기기구는 손대지 않는다.

3. 화재부산물

화재는 높은 열 및 화염과 함께 인체에 치명적인 독가스를 발생시킨다. 화재에 의한 사망자 중 대다수가 직접적인 불에 의한 것보다도 연기와 유독가스에 질식되는 것이 원인이다. 유독가스로는 일산화탄소, 포스겐, 염화수소, 황화수소, 시안화수소 등이 있다. 일반적으로 많이 발생되는 일산화탄소는 혈액 속의 헤모글로빈과 결합하여 산소결핍을 일으켜 생명의 위협을 초래한다.

4. 소화기의 종류

[표 35] 화재유형에 따른 소화기의 분류

구분	종류	표시색상	소화방법	내용물	진압대상
일반화재	A유형	백색	냉각소화	산, 알칼리, 포말, 물	목재, 종이, 섬유, 고무 등
유류화재	B유형	황색	질식소화	이산화탄소, 분말, 포말, 강화액	제4류 위험물, 유성페인트 등
전기화재	C유형	청색	질식소화	이산화탄소, 강화액	발전기, 변압기 등
금속화재	D유형	무색	피복 질식소화	마른 모래, 팽창질석, 팽창진주암	가연성 금속

5. 화재경보시스템

화재경보시스템은 화재의 발생을 직접 감지하는 화재발생감지기와 화재발생의 장소와 시각, 화재의 규모 등을 알려주는 화재발생표시기로 구성되어 있다. 감지기의 정보는 감지 즉시 표시기에 전달되어 중앙통제센터에서 이를 모니터하여 조치한다.

[표 36] 단계별 화재경보시스템

구분	발화상태	감지방법	감지기의 종류
초기감지단계	육안으로 구분 어려움	탄화수소(연화성 물질)에 의한 감지기 속의 공기흐름 차단	이온감지기
연기감지단계	연기 발생	연기 감지	연기감지기
불꽃감지단계	불꽃과 연기	불꽃에서 나오는 적외선 감지	적외선감지기
열감지단계	고온의 열과 공기의 급팽창	일정온도 이상 상승을 감지	정온감지기
		급격한 온도상승을 감지	변온감지기

6. 화재예방과 안전교육

화재는 자연발생보다는 사람의 관리 소홀이나 실수로 인한 경우가 많으므로 이를 예방하기 위한 교육이 필요하다.[22)]

1) 화재예방교육 주요 내용

- 비상구 위치 확인, 비상구 문의 작동요령 숙지
- 경보체계
- 화재발생 시 각자의 역할
- 화재경보시스템

22) Clifford E. Simonsen, Private Security in America, Prentice-Hall, pp. 168-170.

- 화재발생 시 심리(침착성 유지)
- 화재발생 시 엘리베이터 작동법
- 화재진압장비 사용법

2) 통로차단 시 대피방법

- 불의 반대방향으로 대피
- 견고한 문이 있는 곳으로 대피
- 주변의 가연성 물질을 제거
- 모든 창문 개방
- 계단 옆으로 피신
- 자신의 위치 노출방법 강구

7. 화재대응활동

화재대응을 위해서는 초기진압이 가장 효과적이나, 만약 시기를 놓쳤을 경우에는 대피에 역점을 두어야 한다. 대피경로 또는 대피출입구는 실 좌표계를 적용한 GIS(Geographic Information System) 실시간시뮬레이션을 통한 방재시스템을 구축하여 대피시간을 최대한 단축시키도록 한다.[23)]

1) 자체소방단

- 유사시 화재진압 지휘체계 확립
- 소방관 보조업무(시설물 내의 기기작동 등)
- 대피유도 교육

---

23) 박인혜 · 전철민 · 이지영, CA모델을 이용한 GIS 기반 화재 대피 시뮬레이션, 한국GIS학회지 제16권 제2호, 2008, pp. 157-171.

2) 대피훈련

- 질서유지
- 침착성 유지
- 대피순서(아동, 노약자, 여성, 성인남성) 숙지

3) 비상상황 발생 시 군중심리

- 관성의 법칙과도 같은 일상습관적 행동양상이 나타난다.
- 판단력의 저하로 누군가의 앞선 행동을 따른다.
- 어두운 곳에서 밝은 곳으로 이동한다.

4) 경비근무자의 평시 확인사항

- 비상구와 연결되는 통로
- 비상구 표시
- 엘리베이터 자동정지장치
- 장애인 대피시설
- 비상등 작동
- 대피안내 또는 인솔책임자

제 14 장

위해물품

제 1 절 위해물품의 개념

위해물품(危害物品)이란 폭발성, 인화성, 유독성, 부식성 등이 있어, 취급에 특별한 주의를 요하는 위험한 물품[24)]을 말하는데, 이러한 물품은 사용의도에 따라 인체에 치명적인 공격무기가 될 수 있다. 특히 공항, 항만 등 국가중요시설에 반입되어 사용되었을 경우 그 피해는 상상 이상이다.

따라서 인간의 생명과 신체의 안전 침해는 물론이고 교통수단과 시설물 등에 심각한 피해를 줄 수 있는 인화성 또는 폭발성 물품이나 총포, 도검, 화학류 등 「총포 · 도검 · 화약류 등의 안전관리에 관한 법률」 제2조에 규정한 내용들을 위해물품이라고 할 수 있다. 제3조의 '적용의 배제'에 포함된 물품이라 하더라도 때에 따라 위해물품으로 규정하여 조치를 취할 수 있다.

민간경비활동에 있어서 이러한 위해물품을 효과적으로 식별하고 적절한 조치를 취함으로써 그 고유한 목적을 달성하게 된다.

※ 「총포 · 도검 · 화약류 등의 안전관리에 관한 법률」 제2조(정의)

① "총포"란 권총, 소총, 기관총, 포, 엽총, 금속성 탄알이나 가스 등을 쏠 수 있는 장약총포, 공기총 및 총포신 · 기관부 등 그 부품으로서 대통령령으로 정하는 것을 말한다.

---

24) 국립국어원 표준국어대사전, 2019.

② "도검"이란 칼날의 길이가 15㎝ 이상인 칼 · 검 · 창 · 치도 · 비수 등으로서 성질상 흉기로 쓰이는 것과 칼날의 길이가 15㎝ 미만이라 할지라도 흉기로 사용될 위험성이 뚜렷한 것 중에서 대통령령으로 정하는 것을 말한다.

③ "화약류"란 다음 각호의 화약, 폭약 및 화공품(火工品: 화약 및 폭약을 써서 만든 공작물)을 말한다.

- **화약**: 흑색화약, 질산염 또는 무연화약, 질산에스테르를 주성분으로 하는 화약을 말하며 이외에도 추진적 폭발에 사용되는 것
- **폭약**: 뇌홍, 아지화연, 로단염류, 테트라센 등의 기폭제와 초안폭약, 염소산칼리폭약, 카리트 등의 폭약, 니트로글리세린, 니트로글리콜, 다이너마이트, 질산에스테르를 주성분으로 하는 폭약 및 이들의 화합물, 액체폭약 등 외에도 파괴적 폭발에 사용되는 것
- **화공품**: 공업용뇌관, 전기뇌관, 비전기뇌관, 총용뇌관, 신호뇌관 등의 뇌관류, 도폭선, 도화선, 신호용 화공품, 긴급신호용 불꽃신호기 등

④ "분사기"란 최루 또는 질식 등을 유발하는 작용제를 분사할 수 있는 기기

제2절 총기류

1. 권총(拳銃, Pistol)

1) 리볼버(revolver) 권총

대부분의 권총은 그 형태가 비슷하나 탄창의 구조에 따라 차이가 있다. 리볼버 권총은 1835년에 사무엘 콜트(Samuel Colt)가 회전식 연발형으로 개발하여 특허를 획득한 이후 크게 보급되었다. 탄창식과는 달리 구조가 단순하여 고장이 적고 취급이 용이하다. 발사 시 탄피가 약실에 그대로 남아 있으면서 자동으로 회전하여 다음 격발이 가능하도록 구성되어 있다.

〈사진 27〉 리볼버식 권총 탄창의 형태

2) 탄창식 권총

탄창식 권총은 탄환 발사 직후 탄피의 화약가스 압력에 의하여 발생하는 힘에 의하여 노리쇠가 후퇴하면서 탄피의 배출, 공이치기 후퇴, 새로운 총알 장전 작용이 자동으로 이루어져 자동권총(Automatic Pistol)이라고 알려져 있다. 탄환의 발사에 의한 총의 반동으로 이와 같은 일련의 연속작용이 이루어지는 권총도 있다.

〈사진 28〉 **탄창식 권총 및 탄창의 형태**

탄창식 권총은 회전식 권총보다 많은 탄알을 넣을 수 있고, 발사속도가 빠른 장점이 있다.

2. 소총(小銃, Rifle)

군대의 일반적인 개인화기로 사용되며 혹설, 혹한 또는 우천 등 어떤 환경에서도 사용할 수 있어야 하며 쉽게 분해·결합이 가능하고, 백병전에 대비하여 총검을 꽂을 수 있도록 제작되었다.

과거의 소총은 총신 안쪽에 직선형 홈이 새겨져 있었으나, 나선형으로 홈을 새긴 이후에는 총알이 회전하여 사정거리가 길어지고 정확도가 높아지게 되었다. 수동식 노리쇠가 달린 소총은 현재도 사냥용으로 널리 사용된다. 소총의 화력은 총알의 크기보다는 속도에 따라 차이가 있다.

AK103(러시아 칼라슈니코프 돌격소총)

장탄수: 30발
무게: 2.8kg
연사속도: 700발/분
유효사거리: 350M

M4A1(미국 콜트 돌격카빈)

장탄수: 30발
무게: 2.7kg
연사속도: 700~950발/분
유효사거리: 500M

〈사진 29〉 **소총의 종류와 제원**

3. 기관단총(Submachine Gun)

기관단총은 기관총과 소총에 비하여 길이가 짧고 가벼워서 휴대가 간편하다. 제1차 세계대전 당시 개발되었으나 제2차 세계대전에서 널리 보급 및 사용되었다. 유효사거리가 비교적 짧아서 원거리 표적에는 적합하지 않으나 대부분의 기관단총이 2초 이내 연속사격이 가능하여 근거리 표적 제압에는 효과적이다.

H&K MP5K A4(독일)

중량: 2kg
길이: 325mm
연사속도: 900발/분
유효사거리: 25M

Micro-UZI(이스라엘)

중량: 1.5kg
길이: 250/460mm
연사속도: 1250/분
유효사거리: 30M

K1A(한국)

중량: 2.882kg
길이: 653/838mm
연사속도: 700~900발/분
유효사거리: 250M

〈사진 30〉 기관단총의 종류

4. 산탄총(霰彈銃, Shotgun), 엽총(獵銃, Shotgun)

총신 내부에 홈(강선)이 없어 매끄러우며 산탄을 사용하여, 조류나 짐승과 같이 빠르게 이동하는 표적을 사냥하기에 효과적이다. 스키트 사격(Skeet-Shooting) 또는 트랩 사격(Trap-Shooting)과 같은 클레이 사격(Clay-Shooting)에 사용되는데 주로 총신이 두 개인 엽총으로 사격한다.

초기의 엽총은 총신의 길이가 1.8M로 불편하였으나, 현재는 짧아지고 무게도 가벼워져서 많은 사람들이 선호하고 있다. 여러 나라에서 경찰무기 또는 경호용 무기로 사용되고 있으며, 총신을 짧게 만든 엽총은 옷 속에 은닉하기가 용이하므로 범죄에 악용되기도 한다.

5. 공기총

공기총은 압축공기의 순간적 팽창을 이용하여 화살을 발사하는 원시적 형태의 발사통을 개량하여, 충전식 압축공기통 또는 용수철을 이용하여 탄환을 날려 보낸다. 화약을 사용하는 총기에 비하여 상대적으로 위력이 약하지만 인마 살상용이나 고문의 용도로 사용된 기록이 있다.

6. 가스총

가스총은 총기허가가 되지 않는 나라에서 주로 호신용으로 사용되지만 오히려 범죄에 악용되기도 한다. 리볼버 권총과 형태 및 사용방법이 동일한 리볼버식 가스총과 분사식이 있다. 리볼버식은 화약을 함께 사용하여 일반 총탄 발사소리와 유사하게 나도록 하여 호신의 효과를 높이는 장점은 있으나 가스탄환 내부의 용량이 제한적이므로 목표를 정확히 조준해서 사용해야 한다. 분사식은 발사 시에 공포탄 소리는 없지만 리볼버식보다 약재분량이 많고 강력하게 분사되는 장점이 있다.

제3절 폭발물

1. 정의

폭발물이란 열, 충격 또는 기계적인 작용으로 인하여 급격한 반응을 일으켜 다량의 가스와 열을 방출하면서 분해 또는 재배열하는 화합물이나 혼합물을 말한다.[25] 기계적 폭발은 압축공기가 담긴 용기가 더 이상 견디지 못하여 터지는 경우와 같은 물리적 반응에 의하여 생기는 것과, 반대로 감압에 의하거나 폭발적인 증발 또는 방출에 의하여 발생한다.

핵폭발은 핵분열과 핵융합으로 나누어지는데, 2개의 중성자가 다른 원자핵에 연쇄적으로 충돌하면서 높은 에너지와 감마선 등의 방사능을 방출하는 방식이 원자폭탄이고, 삼중수소와 중수소의 원자핵이 모여 하나의 무거운 헬륨 원자핵을 만드는 핵융합방식이 수소폭탄이다.

화학적 폭발은 기체, 액체, 고체의 각 상태에서 일어날 수 있으나 액체와 고체상태일 때 폭발성이 크다. 화학적 폭발물은 폭발적으로 연소하는 폭연성(爆燃性) 저성능 폭발물과 순간적인 분해작용으로 열과 압력이 발생하는 작열성(炸熱性) 고성능 폭발물이 있다.

분진 폭발은 가연성 고체의 분진이 일정한 공간 내부에 일정한 농도 이상이 분포되었을 때, 착화원에 의하여 에너지가 주어지면 폭발하는 현상을 말한다. 알루미늄, 마그네슘, 아연분말이나 플라스틱 분말 또는 농산물 분말에서도 분진 폭발이 일어난다.

폭연성 폭발물은 빠르게 연소하는 대신 압력이 낮고, 작열성 폭발물은 급격히 분해되어 높은 압력을 만들어낸다.

2. 저성능 폭발물

화약으로 불리는 것으로서 폭발속도가 1,000m/s 이하인 폭발물을 말한다. 일반적으

---

25) 한국항공보안교육원 교육자료, 2017, pp. 105-118.

로 총알이나 포탄을 쏘아 보내는 추진체로 사용되지만, 철재함 또는 철재 파이프와 같이 압력을 보존할 수 있는 장치를 사용하면 고성능 폭발물과 유사한 정도의 위력을 나타낼 수 있다.[26] 열로 인하여 기폭되며 폭발을 위해서는 밀봉이 필요하다. 대표적인 저성능 폭발물로는 질산칼륨과 황, 목탄을 혼합한 흑색화약(Black Powder), 무연화약(Smokeless Power), 인마 또는 시설물의 소각 파괴를 위하여 소이제를 포탄 안에 채운 소이탄(燒夷彈, Incendiary Bomb), 염소산칼륨을 낮은 비율의 감광제나 다른 불순물과 섞어 만든 염소산혼합 폭발물 등이 있다. 이 염소산칼륨이 마그네슘 파우더 또는 알루미늄 파우더와 결합되었을 경우에는 섬광폭발이 발생한다.

3. 고성능 폭발물

폭약 또는 작약으로 불리며 폭발속도가 1,000~8,500m/s 정도로서 순간적인 분해에 의하여 폭발이 발생하며, 밀봉하지 않은 상태에서도 폭발을 하고 충격이나 열에 의하여 기폭된다.[27] 점화만으로 쉽게 폭발하는 것과 같이 감도는 매우 민감하나 위력이 약한 폭약은 공업용 외관이나 신관(기폭장치) 등의 기폭제로 사용된다.

이와는 반대로 감도는 둔감하나 위력은 강한 폭약을 작약이라고 하며, 대표적으로 다이너마이트(Dynamite), TNT(Tri-nitro-toluene), 기폭장치 없이 절대 폭발되지 않아 안정성이 뛰어나고 TNT보다 위력이 약 1.4배 강한 C-4(Composition-4), 질산암모늄에 콜타르, 안트라센유, 경유 등을 혼합하여 만든 ANFO(Ammonium Nitrate Fuel Oil) 등이 있다.

기폭약의 기폭작용을 점차 증대시켜 작약을 기폭시키는 효과를 나타내는 전폭약(傳爆藥)이 있으며 대표적으로 안정성이 떨어지지만 물과 혼합하여 이동가능하고 수류탄에 사용되는 PETN(Pentaerythritol Tetranitrate)과 안정성이 좋고 제조단가가 저렴하여 제2차 세계대전에서 많이 사용된 RDX(Research Department Explosive)가 있다.

26) 국방과학기술 용어사전, 2019. 08. 검색.
27) 국방과학기술 용어사전, 2019. 08. 검색.

4. 폭발효과

고성능 폭약이 폭발할 때 나타나는 위력으로 폭약의 종류, 밀도, 전색(栓塞, Obturation)[28] 또는 크기에 따라 결정되며, 주변 물질을 분쇄, 절단 또는 파괴시키는 효과가 있으며, 그 결과 화구형성, 스폴링(Spalling)[29], 균열이 발생한다. 이러한 효과는 크게 세 가지로 나누어볼 수 있다.[30]

1) 폭풍효과

폭발지점 주변의 공기를 압축시켜 순간적으로(1만분의 1초 동안) 폭풍파를 만들면 팽창하여 구조물이나 생명체에 대한 파괴 또는 손상을 일으킨다.

2) 파편효과

폭약을 감싸고 있던 물질이 폭발 시에 발생하는 고압에 의해 파열되어 약 810m/s의 속도로 흩어지면서 비산하여 주로 인마 살상효과를 일으킨다.

3) 화염효과

폭발 시 고온의 열(약 2,000~4,000℃)이 발생하여 폭발점 주위의 물질을 연소시키는 효과를 말한다.

5. 액체폭발물

액체를 원료로 제조된 폭발물로서 원료의 혼합 또는 화합방법에 의하여 구분된다. 주로 니트로글리세린과 니트로메탄이 사용된다. 불꽃이나 충격으로 불안정하게 폭발할

---

28) 폭발물체를 철판, 베어링 등과 같은 물질로 감싸는 것을 말한다.
29) 폭발 충격파로 인하여 표적물의 반대쪽이 떨어져 나가는 현상을 말한다.
30) 한국항공보안교육원 교육자료, 2017, p. 107.

수도 있으나 일반적으로 뇌관의 기폭현상이 없이는 폭발하지 아니한다.

니트로글리세린과 니트로메탄은 X-Ray장비로 탐지할 수 있으며(오렌지색), 별도의 액체폭발물 탐지기로 발견할 수 있다. 액체폭발물 250ml의 용량은 C-4 1kg의 위력을 발생시킨다.

6. 급조폭발물(IED, Improvised Explosive Device)

1) 개념

급조폭발물은 사제폭발물이라고도 불리며 ANFO가 많이 사용되며 비료폭탄(Fertilizer Bomb)이라고도 한다. 특별한 제조방식이 없고 기폭장치와 작약이 갖추어진 것은 모두 급조폭발물에 속한다. 일반생활용품을 사용하여 은닉이 쉽고 탐지가 어려운 점이 있으며, 적은 비용으로 만들 수 있어서 누구든지 공격용으로 활용할 수 있다. 규격화가 없으므로 발견 시에는 해체작업이 어렵기 때문에 반드시 전문가를 통하여 처리해야 한다.

2) 설치장소

- 출입문, 의자, 차량 등 움직이거나 압력이 가해지는 곳
- 전화기, 주방기기 또는 TV 등 자주 사용하는 곳
- 화장실 또는 쓰레기통과 같이 관심의 대상이 아니거나 식별이 곤란한 장소
- 많은 군중이 모이는 장소
- 발전실, 공조실, 방송실 등 설비의 중심부
- 다중이 지나다니는 보도블록
- 인간이나 동물의 사체
- 기둥 등 구조물의 핵심 지지위치
- 우편물, 우편함 등

3) 식별방법[31)]

- 배선, 외부전원, 인계철선 등이 노출되어 있는 물건
- 비정상적으로 또는 주인 없이 장기간 방치된 물건
- 가벼운 기계장치 또는 전자장치로 구성된 물건
- 과도하게 소리가 큰 시계
- 뇌관 폭약 등이 노출되어 있는 물건
- 비금속성 물체에서 금속이 탐지되는 물건

31) 한국항공보안교육원 교육자료, 2017, p. 117.

제4절 독침 등 위장무기

1. 만년필형 권총

크롬강 등으로 제작되어 여러 번 반복해서 사용할 수 있고, 근접사격 시에는 치명적인 피해를 입힐 수 있다. 분해 또는 조립이 간단하고 위장성이 높아 발견이 어렵다. 요인암살 등 대인위해범죄에 이용될 가능성이 높다.

2. 열쇠고리형 권총

열쇠고리처럼 생겨 휴대와 은닉이 용이하고 X-Ray 투시기를 통하여 검색하기 어렵다. 인터폴에서는 항공기 테러에 열쇠고리형 권총이 사용될 우려가 있음을 회원국에게 경고한 바 있다. 일반적으로 32구경 총알을 2발 발사할 수 있도록 제작되었으며 평균 18M 거리에서는 치명상을 입힐 수 있다.[32)]

3. 라이터형 권총

평상시 실제 가스라이터로 사용하다가 필요시 인명살상을 가할 수 있는 무기로서 고무탄은 4M 이내, 철탄은 8M 이내의 살상력을 가지고 있다. 휴대와 위장이 용이하여 적발에 어려움이 있다.

4. 휴대폰형 권총

외양이 일반 구형 휴대폰과 흡사하여 구분이 어렵다. 휴대폰 형태가 오래된 것으로

---

32) 서울신문, 1998. 05. 08, 9면.

비교적 큰 것은 의심할 필요가 있다. 휴대폰으로서의 기능이 없어 전원을 켜거나 액정 화면에 나타난 상태를 보면 구별이 가능하다.

5. 볼펜형 독침

현재 유통되는 일반 볼펜과 동일하여 검색 시에도 탐지가 어렵다.

6. 기타

열쇠형 칼, 벨트형 칼, 버클형 칼, 목걸이형 칼, 지팡이형 칼, 우산형 칼, 탄소섬유 또는 세라믹칼, 머리빗형 칼, 립스틱형 칼 등 매우 다양한 위해물품이 있다.

【 PRIVATE SECURITY 】

제 5 편

응급구조와 응급처치

제15장 민간경비요원의 응급구조와 응급처치

제 15 장

민간경비요원의 응급구조와 응급처치

제 1 절 응급환자와 응급의료체계

우리나라 응급의료에 관한 법률상 '응급환자'라 함은 질병, 분만, 각종 사고 및 재해로 인한 손상, 기타 위급한 상황하에서 즉시 필요한 처치를 하지 않으면 그 생명을 보존할 수 없거나 중대한 합병증을 초래하는 환자로 되어 있으나 최근의 개념은 환자나 보호자가 느끼기에 즉각적인 의료적 처치가 필요한 환자를 모두 포함하며 의료인이 확인할 때까지는 응급환자(a first-aid Patient)라 규정하는 것으로 바뀌고 있다. 즉 응급의료체계(emergency medical services system)에 구조를 요청하거나 응급실에 내원한 모든 환자는 모두 응급환자라 할 수 있고 이들을 의사, 간호사 즉 의료인력이 일차 응급 정도를 판별하여 응급의료처치의 필요유무를 결정한 순간부터는 응급환자의 경중을 나눌 수 있다.

응급의료체계의 사전적 의미는 응급환자 또는 불의의 재해 등의 응급상황 발생 시 최대한 빠른 시간 내에 효과적이고 적절한 의료를 제공하기 위한 환자의 이동 및 진료에 관한 인력, 시설, 장비를 배치한 유기적 조직체계를 말한다.

최근의 산업화 · 도시화의 진전에 따라 응급처치를 요하는 각종 사고와 중독이 급격히 증가하고 있고, 질병 발생 후 순간의 신속한 처치가 예후에 중대한 영향을 미치는 심장질환 · 뇌출혈발작증후군 등이 주요한 사망원인으로 등장함에 따라 응급의료 서비스에 대한 수요가 증가하여 응급의료체계의 중요성이 부각되고 있다.[1] 따라서 짧은 시간 내에 최상의 응급치료가 수행되기 위해서는 응급의료와 관련된 보건복지부, 소방청, 행정안전부, 의료기관 등의 협력이 절실히 요구된다.

---

1) 브리태니커 백과사전, 2019.

제2절 응급체계의 단계와 구성

1. 단계별 조치사항

응급환자가 발생하였다는 신고가 접수되는 동시에 응급차량과 응급처치요원이 현장으로 출동하여 환자가 발생한 현장에서부터 응급처치를 시행하는 단계이다. 이때 민간경비요원이 최초반응자일 경우 관계기관에 도움을 요청하고 응급차량과 응급처치요원이 현장에 도착하여 응급처치를 시행하기 전까지 환자가 생명을 유지할 수 있도록 기본적인 응급처치를 실시하기 위하여 통신체계가 마련되어야 하며, 의식 유무에 관계없이 극도로 불안한 환자에게 지속적으로 표현하여 안정시켜야 한다.

1) 최초반응자

환자가 발생한 현장에 처음 도착한 사람을 말한다.

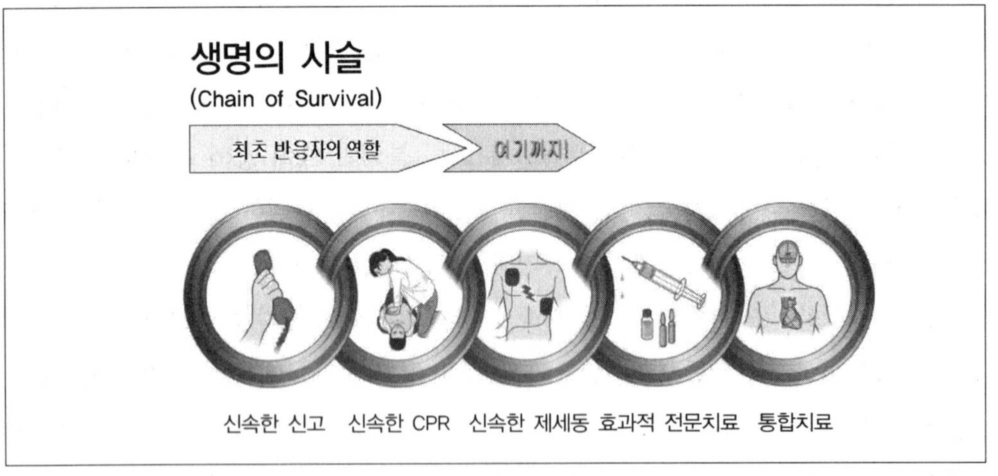

출처: 경기도 성남소방서, 2011

〈그림 32〉 최초반응자의 역할

2) 최초반응자의 역할

- 심폐소생술을 시행한다.
- 자동제세동기를 사용할 수 있어야 한다.
- 기본 외상처치술을 시행할 수 있어야 한다.
- 응급구조사의 업무를 도와야 한다.
- 교육받은 행위만을 시행해야 한다.
- 응급구조사가 도착하면 업무를 인계해야 한다.

3) 이송단계

응급환자를 현장으로부터 병원까지 이송하기 위한 단계로서 민간경비요원은 응급환자의 치료에 도움이 될 만한 당시 현장상황 등의 자료를 응급처치요원에게 전달하고 이송과정이 원활하게 이루어질 수 있도록 인계과정에 협조를 해야 한다.

4) 병원단계

응급환자가 응급센터에 도착하여 신속하고 전문적인 응급처치를 받는 단계이다. 병원단계의 치료가 적절히 이루어지려면 응급의료진과 전문응급장비 등이 충분히 확보되어야 한다. 최단시간 내에 최상의 의료가 시행될 수 있도록 준비되어야 한다.[2]

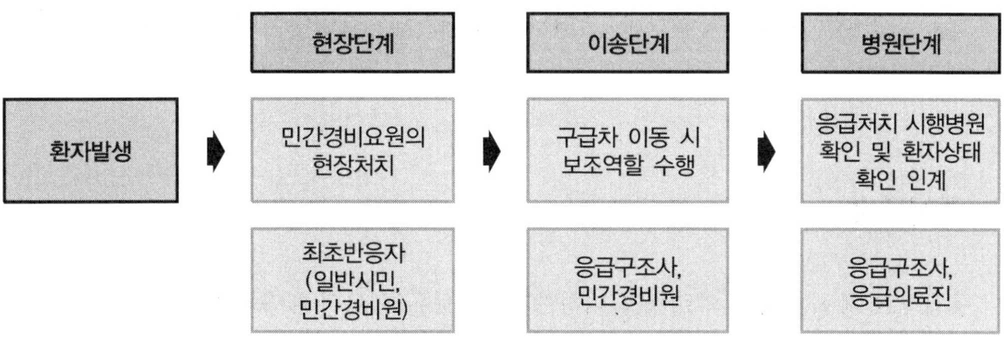

〈그림 33〉 **단계별 조치내용**

2) 연세대학교 원주의과대학 응급의학교실, 응급구조와 응급처치, 군자출판사, 2005, p. 7.

제3절 응급의료체계의 요소

우리나라의 응급의료체계(EMSS: Emergency Medical Services System)는 1956년 프랑스의 소방에 의해 시작된 응급의료체계, 1966년 미국에서 시작된 응급의료체계, 1977년 응급의료체계가 시작된 일본에 비해 20년 정도 늦게 시작되었다. 현재 응급의료체계의 근간을 이루고 있는 것은 병원 전 응급처치, 환자 이송체계, 응급통신망, 병원응급처치, 전문적 집중치료이다. 이러한 모든 과정은 상호 유기적 협조체제하에 일관된 조직으로 구축되어야 한다.

1. 의학적 관리

응급처치는 의학적인 처치기준에 따라 이루어져야 한다. 응급환자의 의무기록지를 표준화하여 의료관계자의 환자상태 파악과 의료정보를 공유할 수 있도록 해야 한다.

2. 이송수단 및 출동체계

전문적인 응급처치장비가 갖추어진 구급차, 항공기, 선박 등의 이송수단으로 응급환자를 신속하고 안전하게 이동해야 한다. 응급의료에 따른 출동체계도 국가적인 긴급차원에서 시행되는 것이 이상적인데, 우리나라에서는 119(안전신고센터)가 중추적인 역할을 하고 있다.

3. 통신체계

응급의료 통신체계는 의료에 참여하게 되는 모든 의료관계자들이 이용 가능한 통신체계를 갖추어야 한다.

4. 의료기관

응급환자 위주의 의료기관이 있어야 하며, 현재는 중앙응급의료센터와 권역응급의료센터, 지역응급의료센터, 지역응급의료기관으로 분류하고 있다.

5. 중환자 치료기관

중증의 응급환자나 특수한 처치를 요하는 응급환자가 발생할 수 있다. 따라서 전문적인 처치가 가능한 의료기관들에 대한 정보에 따라 원활한 처치가 이루어질 수 있도록 운영되어야 한다.

6. 교육

현재 활동적인 응급요원들의 능력을 보다 전문화시킬 수 있는 전문교육과정을 통해 전문인력을 발전시키는 교육이 필요하다. 일반인을 대상으로 시행되는 응급처치법 교육 또한 필요하다.

7. 심사 및 적정성 평가

응급의료체계를 의학적인 책임, 의료의 적정성 및 비용에 따른 효과에 대하여 정기적인 감시와 평가를 시행하며 보다 발전적인 방향 제시와 개선을 주도할 수 있는 단체나 기관이 필요하다.

8. 일반인 홍보와 교육

일반인이 응급환자를 처음 접하게 되는 경우가 많기 때문에 일반인 대상으로 행해지는 응급처치교육이 필요하다. 또한 응급환자의 생명과 건강보호가 가장 중요하다고 할 수 있다. 따라서 일반인이 응급환자를 발견하면 신고와 함께 기본적인 응급처치를 시행할 수 있는 홍보와 교육이 필요하다.

9. 상호 협조

재해, 대량의 환자발생 등에 관하여는 119(안전신고센터), 112(경찰), 의료기관 등의 상호협력을 통한 운영체계가 유지되어야 한다.

10. 재난대책

삼풍백화점 붕괴사고, 대구 가스폭발사고, 성수대교 붕괴사고 등 재난을 겪은 경험을 토대로 재난에 대비하기 위한 의료체계의 대책과 사고현장의 환자 분류, 처치를 훈련할 수 있는 이동응급의료세트를 도입하여 재난대비 훈련을 시행해야 한다. 이후에는 훈련결과에 대한 평가와 분석이 반드시 시행되어야 한다.

제 4 절 심폐소생술(Cardiopulmonary Resuscitation)

심장과 폐의 활동이 멈추어 호흡이 정지되었을 경우에 실시하는 응급처치이며, 기본적인 생명연장 차원에서 꼭 필요한 기술이다. 보통 심폐소생술은 의료진이나 훈련받은 전문요원들이나 할 수 있다고 생각하지만 기본적인 심폐소생술은 조금만 배우고 익히면 의학지식이 많지 않은 일반인도 갑작스런 응급상황에서 심폐소생술을 하여 119(안전신고센터)가 도착할 때까지 생명을 연장시키는 데 큰 도움을 줄 수 있다.

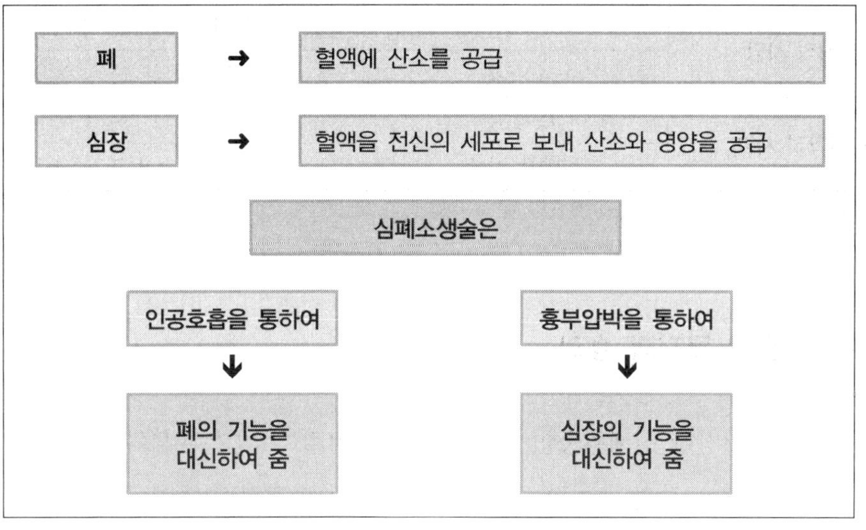

출처: 경기도 성남소방서, 2011 재구성

〈그림 34〉 **심폐소생술의 기능**

심장과 호흡의 멈춤현상은 예측이 불가능하며 심정지 발생 후 4~6분 이내에 심폐소생술이 시행되면 살아날 가능성이 높으며, 시간이 지날수록 뇌가 손상되어 사망하게 된다. 즉, 심폐소생술의 시행여부가 환자의 생명을 좌우하며 생물학적 사망을 지연시킬 수 있다. 그러나 회복 불가능한 질환을 가진 사람이나 오랫동안 심장이 멈추어 살아날 가망이 전혀 없는 경우에는 시행하지 않는다. 단, 물에 빠져서 낮은 온도에 노출된 사람이나 어린 아이는 시간이 어느 정도 지나더라도 뇌기능이 정상으로 돌아올 수 있으므로 이러한 경우에는 시간이 경과했더라도 시행해야 한다.[3] 심정지 이후 시간에 따른 환자의 상태는 다음과 같다.

- 0~4분: 소생술을 실시하면 뇌손상 가능성이 거의 없다.
- 4~6분: 뇌손상 가능성이 높다.
- 6~10분: 뇌손상이 확실하다.
- 10분 이상: 심한 뇌손상 또는 뇌사상태에 따른 생물학적 사망으로 진행된다.

[표 37] 심폐소생술 시행 여부

구분	시간	내용
임상적 사망	0~4분	두뇌손상의 가능성 없음
	4~6분	두뇌손상의 가능성 높음
생물학적 사망	6~10분	두뇌손상의 가능성 확실
	10분 이상	심한 뇌손상 또는 뇌사

출처: 경기도 성남소방서, 2011 재구성

1. 심폐소생술의 목적과 효과

우리 인간의 건강한 신체활동이 원활하게 이루어질 수 있는 이유는 우리 인간의 몸에 가장 기본이 되는 장기인 심장, 뇌, 그리고 그 외 장기의 활동이 이루어지고 있기에 가능하다. 하지만 갑작스러운 상황에 직면했을 때 신체적 충격으로 인하여 장기의 기능이 멈추어지는 심정지상태가 발생될 경우 산소를 공급하자는 데 목적이 있다. 이때 가장 중요하게 시행되어야 할 것이 신속한 대처행동이 요구되는 속도이다. 이것이 심폐소생술의 성공여부를 결정하는 것이다.

심장마비가 일어난 후에도 폐와 혈관 내에는 6분 정도의 생명을 유지할 수 있는 산소가 유지된다. 숨이 멈추어도 폐 속의 산소가 공급되어 수 분 동안은 심장이 뛰게 된다. 하지만 심장이 멈추면 폐와 혈관 속의 산소가 순환하지 않게 되는데 이때 심폐소생술을 시행하면 성공적인 소생술이 될 것이다.

3) 네이버 백과사전, 2019.

심정지 이후 4분 이내에 심폐소생술이 시행되면 뇌손상 가능성이 거의 없이 소생될 확률이 높다. 하지만 4~6분 이상 혈액순환이 되지 않는다면 뇌손상의 가능성이 크다. 6분 이상 멈추어진다면 뇌손상이 확실해지고, 10분 이상 지속된다면 심한 뇌손상 또는 뇌사상태에 따른 생물학적 사망으로 진행된다.

따라서 민간경비원은 정기적 교육을 통하여 긴급환자 발생 대처업무의 능력과 자질을 높여야 하고, 이를 바탕으로 유사시 심폐소생술을 즉시 시행해야 하는지의 여부를 파악해야 한다. 필요하다고 판단되는 경우 즉시 올바른 심폐소생술을 시행하여 긴급환자를 소생시키기 위해 노력하고 119(안전신고센터)가 도착할 때까지 생명을 연장하고자 하는 데 주력해야 한다.

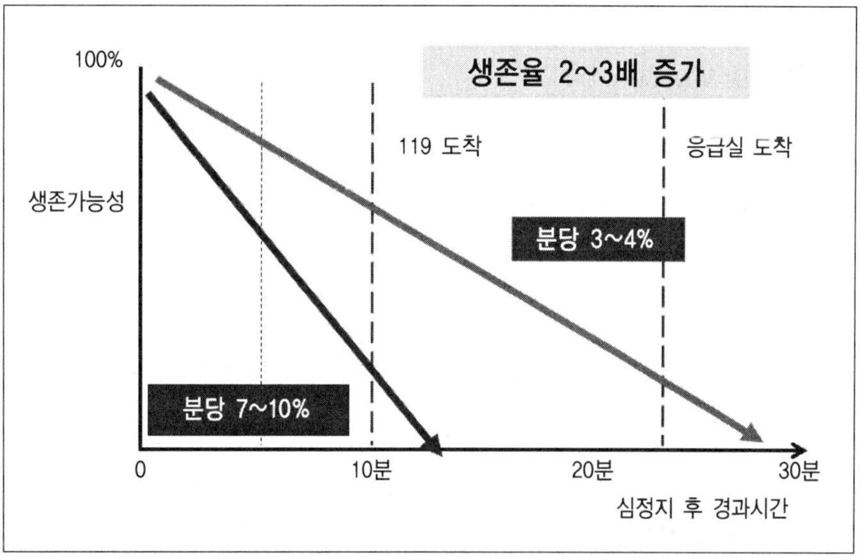

출처: 경기도 성남소방서, 2011

〈그림 35〉 **심폐소생술의 효과**

2. 기본 심폐소생술

심폐소생술의 기본적 3요소는 기도유지(airway control), 인공호흡(breathing), 흉부압박에 의한 인공순환(circulation)이다. 심폐소생술을 시행하기 전 긴급환자의 상태파악이 이루어져야 한다. 긴급환자 파악에서 우선시되는 것은 의식 유무를 확인하는 것이다.

이는 의식을 완전히 잃지 않은 긴급환자에게는 오히려 해를 줄 수 있기 때문이다. 민간경비요원은 긴급환자를 발견할 경우 부드럽게 흔들며 “괜찮으십니까?”, “도움이 필요하세요?” 하고 긴급환자의 의식을 재확인해야 한다. 다음으로 민간경비요원이 취해야 할 행동은 큰 소리로 주변인에게 도움을 요청하여 긴급환자에게 보다 신속한 부가적 도움을 줄 수 있도록 해야 한다.

그다음 민간경비요원은 긴급환자의 신체상태를 관찰한 후 편안한 자세가 되도록 한다. 환자를 관찰하는 과정에서 심장박동과 호흡이 없다고 판단되면 바로 심폐소생술을 시행해야 한다.

1) 기도유지(airway control)

가장 중요한 소생술의 기본이다. 무의식환자에서는 이물질에 의한 기도 폐쇄가 없더라도 혀와 인후를 구성하고 있는 근육이 이완되어 기도를 막는 원인이 된다. 이때 아래턱을 앞쪽으로 올려서 혀를 앞쪽으로 오게 하여 기도를 열어 기도유지를 시행한다.

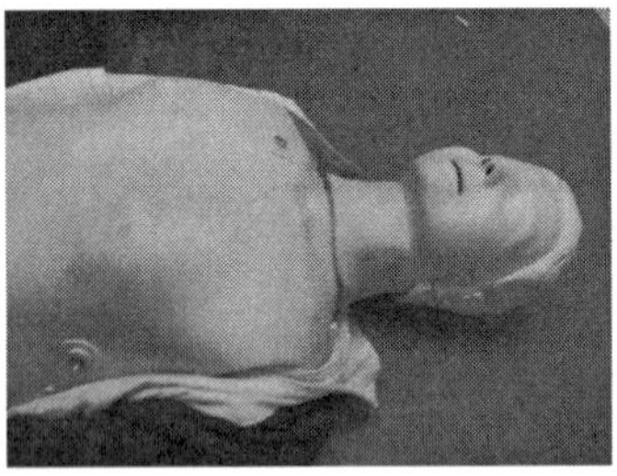

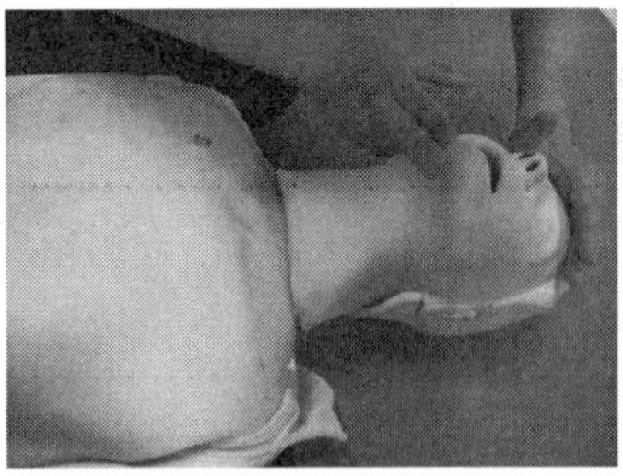

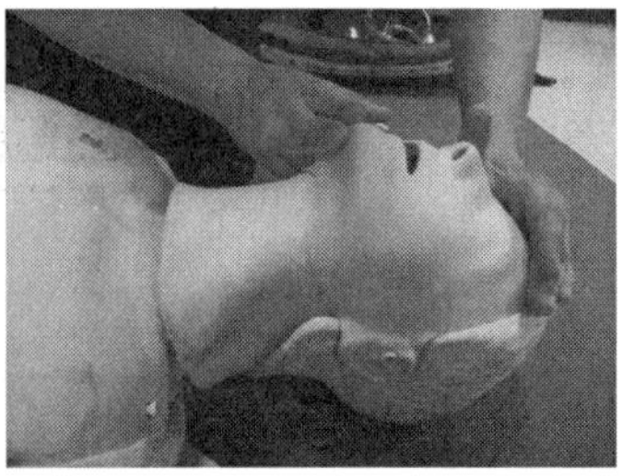

〈사진 31〉 기도유지

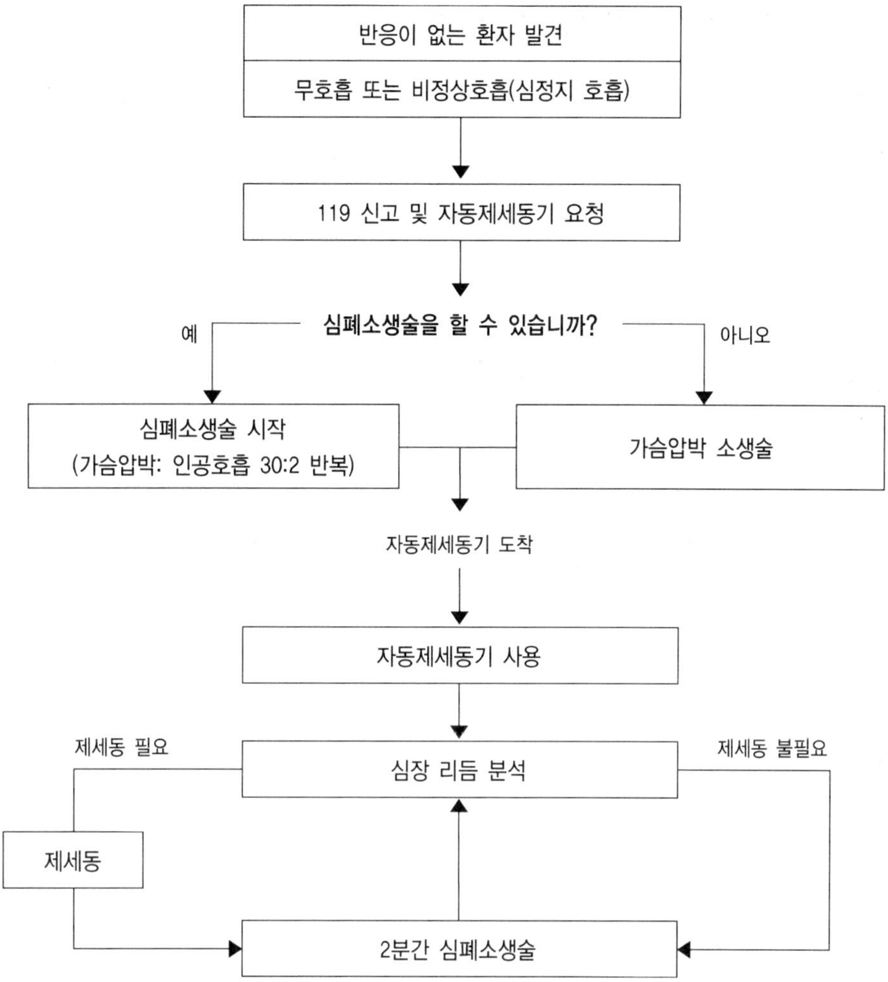

출처: 경기도 성남소방서, 2011

〈그림 36〉 **기본 심폐소생술의 순서도**

2) 인공호흡(breathing)

기도유지가 되어 있다 해도 호흡이 멈추면 장기에 필요한 산소가 부족하게 되거나 없어지게 된다. 따라서 인공호흡은 무호흡환자의 폐에 산소를 공급하는 기본적인 시행방법이다. 인공호흡 시행자가 내쉰 숨 속에도 무호흡환자에게 도움이 될 수 있는 충분한 양의 산소가 있으므로 119(안전신고센터), 구급요원, 전문의료진에 의한 인공호흡이 시행되기 전까지 민간경비요원은 계속 호흡을 유지시켜 주는 역할을 수행하는 것이 좋다.

3) 흉부압박에 의한 인공순환(circulation)

심장박동이 멈춘 심정지 환자에게 적절한 뇌혈류관 및 관상동맥혈류를 유지하기 위한 방법은 흉부압박법으로 가슴을 압박하여 심박동을 회복시키려는 시도이고 이로써 인공순환을 유지시킬 수 있고 혈액을 뇌와 다른 기본 장기에 공급하게 된다. 인공호흡과 함께 실시해야 효과가 있다.

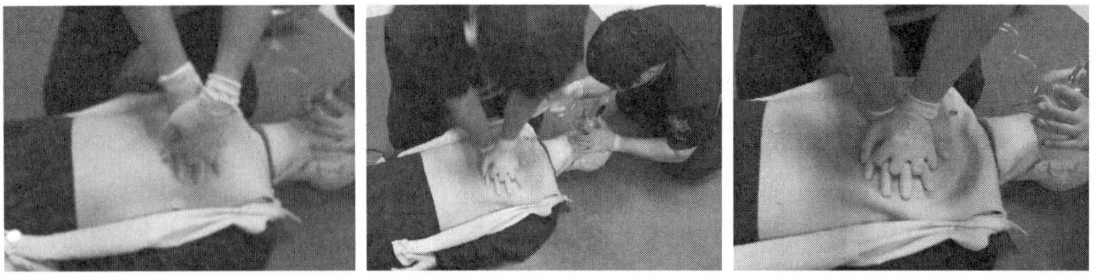

〈사진 32〉 **흉부압박**

3. 심폐소생술 내용

심폐소생술에 의하여 흉골 및 늑골의 골절, 심낭 또는 흉강으로의 출혈, 비장 또는 간의 파열, 심장 손상 등의 합병증이 발생할 수 있다. 이러한 합병증의 대부분이 잘못된 흉부압박의 위치, 손의 모양, 흉부압박의 자세에서 기인한다.[4] 처치자 혼자 하는 심폐소생술, 2명이 함께 시행하는 심폐소생술, 소아에게 시행하는 심폐소생술 등 여러 심폐소생술이 있으나 기본은 모두 기도유지(airway control), 인공호흡(breathing), 흉부압박에 의한 인공순환(circulation)으로 동일하며 다음과 같은 방법으로 시행한다.

4) 연세대학교 원주의과대학 응급의학교실, 응급구조와 응급처치, 군자출판사, 2005, p. 107.

환자의 의식 유무를 확인한다.
⇩
제2, 제3의 목격자가 인식할 수 있도록 도움을 요청한다.
⇩
긴급환자의 신체상태를 확인한 후 평평한 표면 위에 바로 수평이 되도록 눕히는 등의 편안한 자세를 유지시킨다.
⇩
심폐소생술을 실시한다.(반복) 기도유지 → 호흡 확인 → 인공호흡 → 심박동 확인 → 흉부압박

〈그림 37〉 심폐소생술 절차

1) 의식 확인[5)]

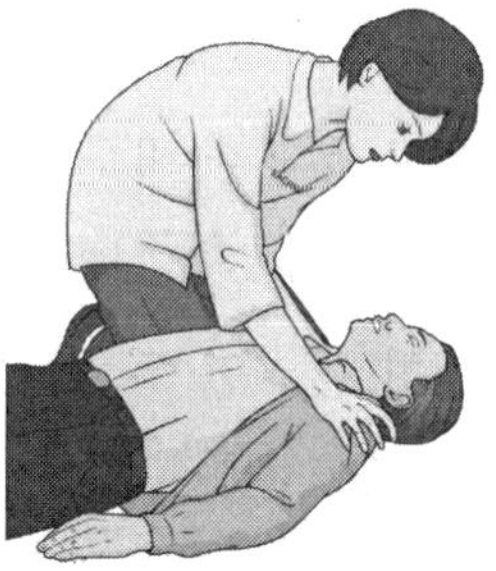

긴급환자의 의식 유무를 확인한다. 부드럽게 흔들며 "괜찮으십니까?", "제 말이 들리세요?", "도움을 드릴까요?", "정신 차려보세요!" 등의 표현을 사용한다. 여기서 시행자가 주의할 점은 환자의 목이나 머리에서 외상 유무를 확인해야 하는데 이는 외상이 있는 환자의 경우 불필요한 움직임으로 인하여 치명적인 손상을 받을 수 있으므로 세밀한 주의관찰 또한 필요하다. 반응이 없으면 대부분 의식이 없는 것으로 간주할 수 있다.

2) 주변인 도움 요청[6)]

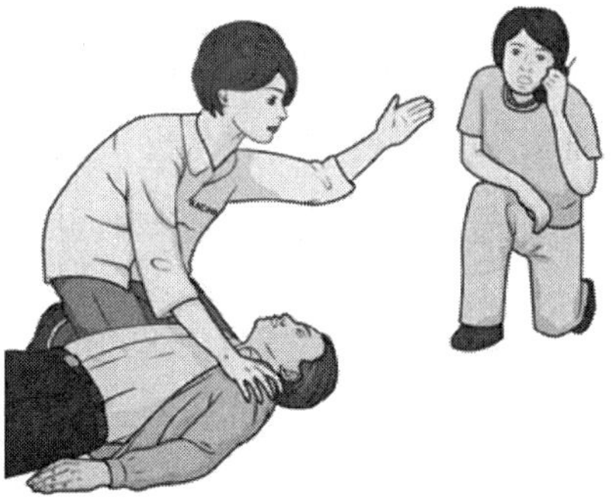

심폐소생술의 방법적인 것을 혼자서 가능하다면 문제가 되지 않지만 대체적으로 경험이 적은 일반인이거나 비전문가일 경우 환자 주위를 살피고, 환자를 관찰하고, 응급구조전화를 하고, 심폐소생술을 시행하는 등의 역할이 원활하지 못할 것

5) 경기도 성남시 성남소방서 소방행정과 대응구조팀 그림자료, 2011.
6) 경기도 성남시 성남소방서 소방행정과 대응구조팀 그림자료, 2011.

이므로 큰 소리로 제2 주변도움자, 제3 주변도움자의 도움을 요청해야 한다.

3) 긴급환자의 위치

효과적인 심폐소생술을 시행하기 위해 처치자는 긴급환자를 딱딱하고 평평한 표면 위에 바로 수평이 되도록 눕힌다. 환자를 옆으로 눕히면 올바른 심폐소생술을 시행할 수 없고, 시행한다 해도 혈액이 뇌까지 전달되지 않고 인공순환에도 큰 효과를 거둘 수 없다. 따라서 기도유지나 인공호흡 그리고 흉부압박에 의한 인공순환도 바로 누운 자세에서 더 효과적이다. 옆으로 누워 있거나 바닥으로 엎어져 있는 긴급환자의 경우에도 하늘을 바라보도록 눕히는 것이 심폐소생술을 하기 위한 기본과정이다.

돌려 눕힐 때는 머리부터 발끝까지 신체 전체가 뒤틀리지 않도록 조심스럽게 자세를 바꿔주는 것이 바람직하다. 신체가 뒤틀릴 경우 외상에서 관찰되지 않으며, 목이나 척추손상이 있는 환자에게는 치명적인 손상으로 이어지는 원인이 되기 때문이다. 효과적으로 신체를 바로 눕히려면 환자의 몸 넓이만큼 환자의 어깨 위치에서 떨어져 무릎을 꿇고 앉은 후 처치자의 가슴과 팔로 환자의 신체 전체를 감싸안은 듯이 조심스럽게 서서히 돌리면 뒤틀림을 최소화하여 돌려 눕게 할 수 있다.

처치자에 근접해 있는 환자의 팔은 머리 위로 위치하게 하고, 발은 차려 자세를 유지하게 해서 돌려 눕혀야 한다. 처치자의 한 손은 환자의 머리와 목을 지지하고, 반대편 손은 환자의 팔을 잡아 어깨 위치에서 힘을 균등하게 주어 서서히 끌어당기며 돌린다.

주의할 점은 환자의 신체가 처치자에게 전적으로 의지하고 있다는 생각과 환자의 신체동작변화에 의해 발생될 작은 충격 또한 처치자가 모두 받아들여 흡수한다는 마음으로 긴급환자를 품에 안아야 한다는 것이다.

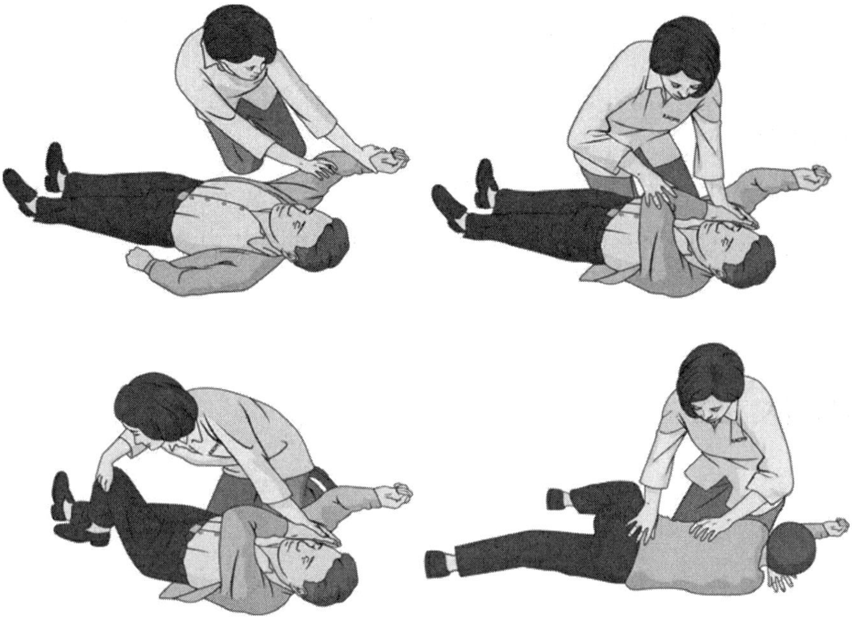

출처: 경기도 성남소방서, 2011

〈그림 38〉 **긴급환자의 자세 변환**

4) 호흡 및 심장박동 여부의 확인방법

처치자는 심폐소생술을 시행하기에 앞서 환자의 호흡 유무를 확인하고 심장박동이 있는지를 확인해야 한다.

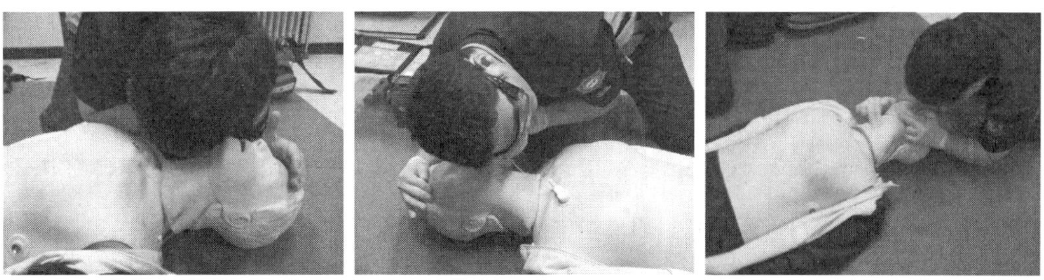

〈사진 33〉 **호흡 및 경동맥 확인**

- 환자의 코와 입 가까이에 귀를 대서 환자의 호흡 유무를 확인한다.
- 환자의 가슴을 보고 상하로 움직임이 있는지 확인한다.

• 환자의 목에 있는 경동맥에 손을 대어, 맥이 뛰고 있는가를 확인한다.

※ 주의사항

처치자는 침착한 마음가짐으로 환자의 호흡과 심장박동 유무의 확인을 최대한 빠른 시간 내에(15초 이내) 마쳐야 한다. 처치자의 판단이 확실치 않을 경우에는 심폐소생술을 실시한다.

5) 기도유지 방법

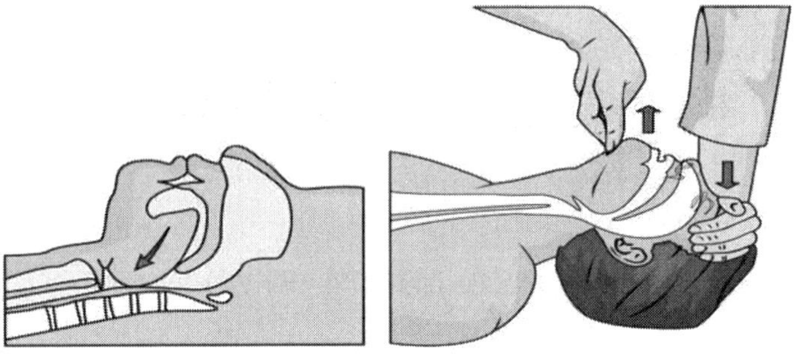

출처: 경기도 성남소방서, 2011

〈그림 39〉 **긴급환자의 자세 변환**

• 처치자는 환자를 가능한 쿠션이 없는 실내바닥 또는 노면 위와 같은 단단한 곳에 바로 눕힌다.
• 입안 및 목구멍에 이물질이 확인될 경우 처치자의 손가락이나 입을 사용하여 제거한다.
• 처치자의 한 손은 환자의 목을 받치고, 다른 한 손으로 이마를 짚은 후 아래로 향하게 눌러 머리를 젖히면 기도를 여는 효과가 있다.

※ 주의사항

처치자는 환자의 목부위가 외상 또는 식별 불가능한 내상이 의심스럽다면 목을 움직이지 말아야 한다.

6) 인공호흡[7]

① 입 대 입 인공호흡(Mouth to Mouth)

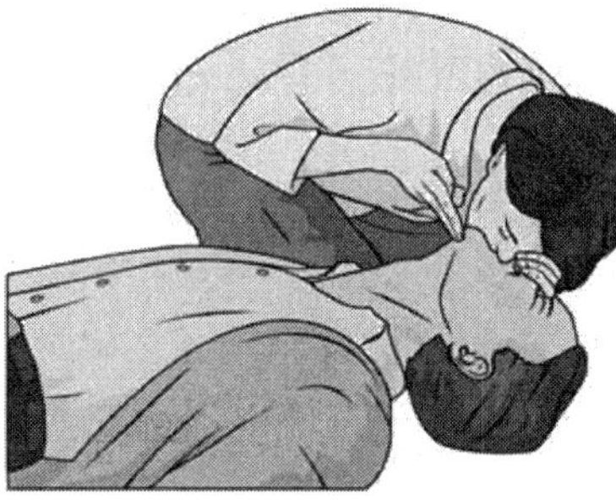

가) 처치자는 환자의 기도를 확보하고자 이마를 눌러 머리를 뒤로 젖히게 한 손을 떼어낸다. 떼어낸 손의 엄지와 검지를 이용하여 불어넣는 공기가 새어나가지 않도록 콧구멍을 막는다.

나) 처치자는 공기를 깊이 들이마신다. 처치자는 공기가 외부로 새어나가지 않도록 환자의 입을 덮고 입을 크게 벌려 환자의 입에 대고, 환자의 가슴이 부풀어오를 때까지 공기를 빠르게 불어넣는다. 이 동작을 1분에 12번 정도의 속도로 반복한다.

다) 처치자는 환자에게서 공기가 나오는지와 호흡이 돌아왔는지를 확인해야 한다. 입을 뗀 후 환자의 가슴을 주시하면 부풀었던 가슴이 아래로 향하고 공기를 토해내는 것을 확인한다.

처치자의 귀를 환자의 입에 대어 환자가 토해내는 호흡의 소리를 확인한다. 다시 처치자가 환자에게 충분한 양의 공기를 주입하기 위해서는 매번 숨을 불어넣기 전에 숨을 크게 들이마셔야 한다. 인공호흡을 최초로 시작할 때에는 기도개방상태를 확인하기 위해서 조용히 불어넣고, 다음의 세 번은 빨리 강하게 계속한다. 그다음은 5초에 1회, 유아 또는 어린이 경우는 3초에 1회의 리듬으로 인공호흡의 동작을 되풀이한다.

라) 처치자가 시행하는 입 대 입 호흡은 환자 자신이 완전히 정상적으로 호흡이 이루어질 때까지 또는 119(안전신고센터), 112(경찰), 전문의료진 도착할 때까지 계속되어야 한다.

7) 경기도 성남시 성남소방서 소방행정과 대응구조팀 그림자료, 2011.

② 입 대 코 인공호흡(Mouth to Nose)

가) 처치자는 인공호흡을 원활하게 하기 위해 목을 밑에서 받치고 있던 손을 아래턱으로 옮겨 아래턱을 앞으로 당겨 입술을 닿게 한다.

나) 처치자는 숨을 들이마신 후 처치자의 입술로 환자의 코를 덮고 숨을 불어넣는다.

다) 처치자는 환자의 가슴을 주시하여 부풀었던 가슴이 아래로 향하고 공기가 들어가고 토해내는 것을 확인한다.

라) 만약 신생아나 어린이일 경우 입과 코 양쪽을 처치자의 입술로 덮고 인공호흡을 한다. 불어넣는 숨의 강도는 가슴의 상하움직임을 주시하면서 조절하며 너무 많은 양의 공기를 불어넣지 않도록 한다.

7) 심장마사지(Cardiac Massage)

심장은 가슴의 왼쪽 중심에 있다. 흉골과 척추 사이에 있기 때문에 혈액을 뇌나 폐 등의 주요 장기에 이동시키기 위해서는 흉골의 압박으로 심장을 수축해야 한다. 심정지 발생 후 4~6분 이상 뇌에 혈액이 보내지지 않아 혈류의 흐름이 멈춰진다는 것은, 뇌에 산소 공급이 줄어들어 점차 사라진다는 것이다. 따라서 심박기능이 되살아난다 해도 이미 중단된 뇌활동은 환자 최초의 상태로 회복되기 어렵다. 그렇기 때문에 심폐소생술을 시행할 때는 환자의 심장에서 뇌로 혈액을 보내주지 않으면 안 된다.

① 처치자는 검지와 중지를 사용하여 환자의 경동맥을 짚어서 맥박 유무를 확인한다.

※ 심정지 확인

가) 맥박이 느껴지지 않는다.

나) 심장박동 소리가 들리지 않는다.

다) 호흡이 멈춰 있다.

라) 의식이 없다.

마) 동공의 확대를 확인할 수 있다.

② 맥이 없다고 판단될 경우 입 대 입 인공호흡(Mouth to Mouth)과 함께 심장마사지를 시행한다.

※ 맥박을 확인할 수 있는 부위

가) 경동맥

나) 대퇴동맥

다) 요골동맥

③ 처치자는 가능한 쿠션이 적은 바닥에 환자를 눕히고, 처치자는 상체를 곧게 세운다.

④ 무릎 꿇는 자세를 취한 후 환자의 가슴 아래 부위를 손바닥의 관절을 사용하여 누른다.

⑤ 처치자가 환자의 가슴을 누를 때는 팔의 힘만을 사용하는 것이 아니며, 찌르는 것도 아니다. 팔꿈치는 똑바로 뻗고 상체체중을 팔에 실어 수직으로 압박하는 것이다. 손가락 끝에는 힘을 주지 않도록 한다.

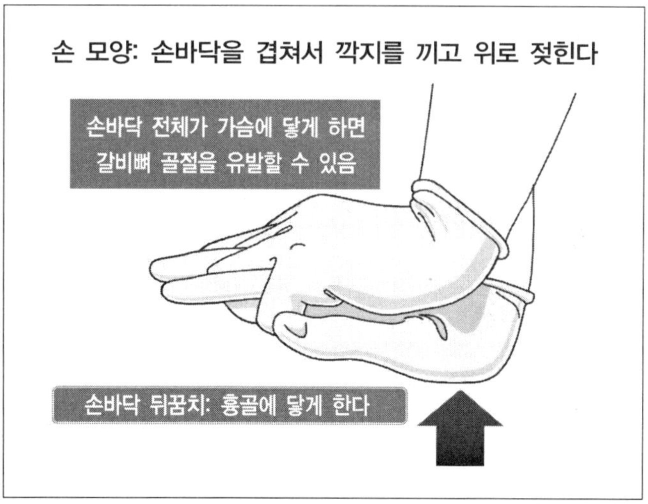

출처: 경기도 성남소방서, 2011

〈그림 40〉 **흉골 압박 시 손 모양**

⑥ 환자의 눌리는 가슴 부위는 최소 100회/분(120회/분 미만)의 비율로 흉골을 척추를 향해 최소 5cm 유지(최대 6cm 미만)하여 내려가게 누른다. 이때 처치자가 과중된 힘으로 누를 경우 환자의 흉골이 손상될 수도 있음을 명심해야 한다.

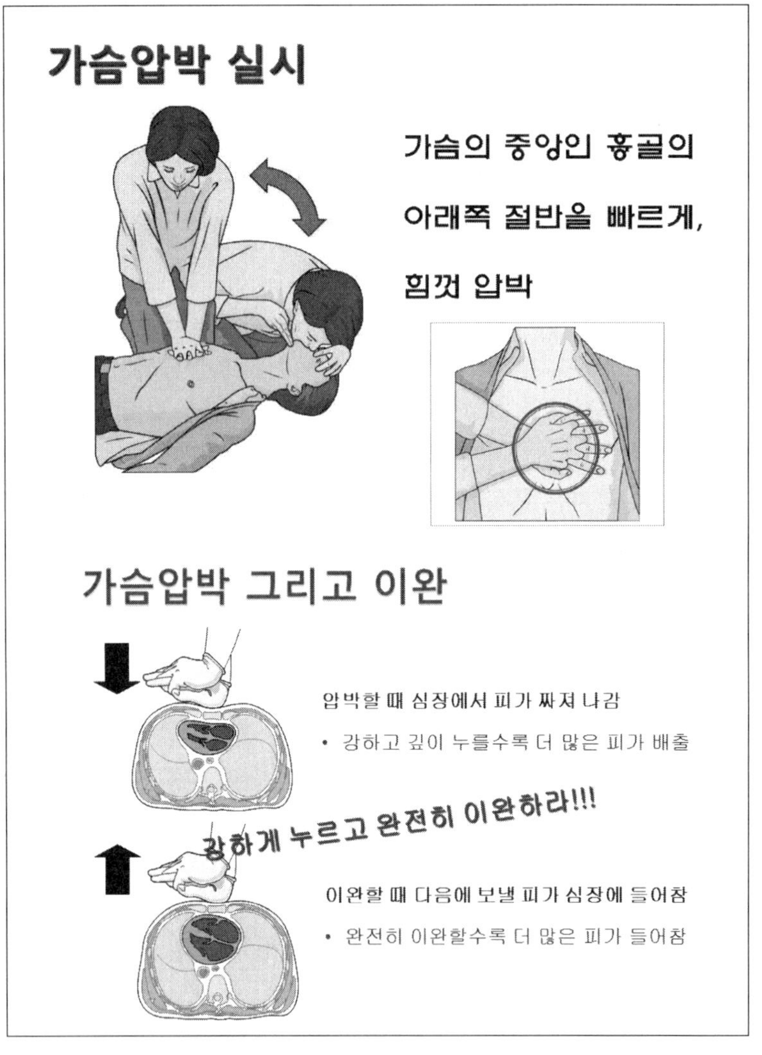

출처: 경기도 성남소방서, 2011

〈그림 41〉 **흉골 압박 위치 및 방법**

⑦ 처치자 1인만이 심폐소생술을 실시하는 경우 2회 입 대 입 또는 입 대 코 호흡을 2회 반복하고 심장마사지는 15회 시행한다.

⑧ 처치자가 2인일 경우의 심폐소생술은 제1처치자가 입 대 입 호흡법만을 시행하고, 제2처치자는 심장마사지만 시행한다. 이때는 호흡 1회, 심장마사지 5회를 시행한다. 만약 긴박한 상황일 경우 처치자가 흥분하여 심장마사지 중 일정 간격의 시행이 이루어지지 않으므로 리듬에 맞추어 시행 횟수를 구령한다. 어떠한 경우라도 심장마사지가 10초 이상 중단되어서는 안 되며, 환자의 맥박이 1분에 50회 이상 확인되거나, 환자 스스로 호흡을 하게 되면 심장마사지를 중지해도 된다. 하지만 심장마사지를 중지한 후 다시 심정지와 맥박, 호흡이 사라지고 동공이 열리게 될 경우 심장마사지를 재시행해야 한다.

8) 의식 없는 긴급환자

① 의식이 없는 환자는 기도가 막혀 있다고 볼 수 있다. 따라서 기도개방 유지가 되도록 유의하고 환자의 신체를 수평으로 눕힌다.

② 환자의 얼굴빛이나 살빛에 핏기가 없고 푸른 기가 돌 만큼 해쓱해질 때는 발을, 붉은 색조가 보일 때는 머리를 높인다.

③ 환자의 머리가 부딪친 것을 확인했을 경우 머리를 높이거나 수평으로 반듯하게 눕힌다.

④ 환자가 구토현상을 보이거나 환자 주변에서 구토물이 확인될 경우 혼수체위로 한다. 이유는 구토물로 인하여 질식하는 경우가 발생되기 때문이다.

⑤ 처치자는 환자의 상태를 지속적으로 관찰해야 하며, 의식이 없는 환자라 할지라도 의식이 있는 환자처럼 인식하고 불안감에서 벗어나도록 안정감을 주고 저온현상을 방지하기 위해 체온보온에 유의해야 한다. 여기에서 주의할 사항은 물이나 음료를 주어서는 안 된다는 것이다.

9) 의식이 있는 환자

① 처치자는 흥분을 가라앉히고 침착한 자세와 화법으로 환자를 격려하며 안전하다는 것을 전달하고자 노력한다.

② 처치자는 환자의 통증부위를 확인하며 환자가 편한 자세를 취할 수 있도록 한다.

③ 불안감에서 벗어나도록 안정감을 주고 저온현상을 방지하기 위해 체온보온에 유의해야 한다.

④ 처치자는 환자가 자신의 상처, 혈액, 구토물 등을 확인한 후 환자 스스로 공포감에 싸여 불안하지 않도록 이를 보이지 않게 한다.

⑤ 의식이 있다 하더라도 원칙적으로 물이나 음료 등 마실 것은 주지 않고, 꼭 주어야 할 상황일 경우 한 번에 많은 양을 마시게 해서는 안 되며, 수회로 나누어 소량만을 주어야 한다.

⑥ 환자의 얼굴빛이나 살빛에 핏기가 없고 푸른 기가 돌 만큼 해쓱해질 때는 발을, 붉은 색조가 보일 때는 머리를 높인다.

⑦ 환자의 머리가 부딪친 것을 확인했을 경우 머리를 높이거나 수평으로 반듯하게 눕힌다.

10) 쇼크(Shock) 환자

쇼크는 대개 인체조직에 원활한 산소공급 이루어지지 않을 때 발생한다. 다량의 출혈 즉, 혈액유실로 총혈액량의 감소와 심박출량이 갑자기 감소하는 심근경색에 의해 발생한다. 그 외에도 호흡이 중지되거나, 신경계통의 장애 발생은 지나친 감염, 심한 염증, 심장병의 원인이기도 하다. 일반적으로 심박동과 호흡이 빨라지고 심장의 수축력은 점점 약해지며, 피부는 차고 습해지는 증상이 발생한다. 또한 인슐린 과용과 같은 지나친 약물 투여와 외부 활동 중 전갈, 맹독을 가진 뱀이나 벌 등에 쏘일 경우에도 쇼크가 발생할 수 있다.

① 증상

가) 피부가 창백해지고 식은땀이 나고 체온이 떨어진다.

나) 스스로 주체할 수 없을 만큼 힘이 빠진다.

다) 맥박이 빨라지고 맥이 약해진다. (보통 60~80회 정도가 적당하지만 넓게는 100까지도 정상으로 본다.)

라) 호흡이 가빠진다.

마) 불안해 한다.

바) 구토증상을 보이기도 하며, 갈증이 유발된다.

사) 의식을 잃어 신체를 자극해도 반응이 없다.

② 처치

가) 호흡여부를 확인하고 호흡이 없을 경우 목을 뒤로 젖혀 호흡 가능한 기도가 확보될 수 있도록 부드러운 소재 또는 옷을 이용하여 목 뒤에 받쳐준다.

나) 쇼크의 원인을 찾는다.

외상 확인 중 출혈이 확인되면 지혈하고, 자가 호흡이 어려울 경우 기도를 확보해 주어야 한다. 또한 심한 경우에는 입 대 입 인공호흡(Mouth to Mouth)을 실시한다.

다) 체온을 유지할 수 있도록 담요 또는 옷으로 환자를 덮어준다.

라) 환자의 얼굴이 붓고, 흉통을 호소하며, 호흡이 불안정한 것은 호흡곤란이 원인이므로 환자의 머리와 어깨를 약간 높여주어야 한다.

마) 피부가 창백해지고 식은땀으로 피부가 축축해질 경우 환자의 다리부분을 높여주는 것이 좋다.

제5절 유형별 사고

1. 화상의 구분

1) 1도 화상

피부의 표피층만 손상된 약한 화상으로 피부의 색깔이 붉게 된다.
예) 선탠 후 피부가 붉게 되면서 느끼는 통증

〈사진 34〉 1도 화상

2) 2도 화상

피부의 진피층까지 손상된 것을 말하며 수포가 생기고 통증이 심하다.
예) 뜨거운 물 등에 의한 화상

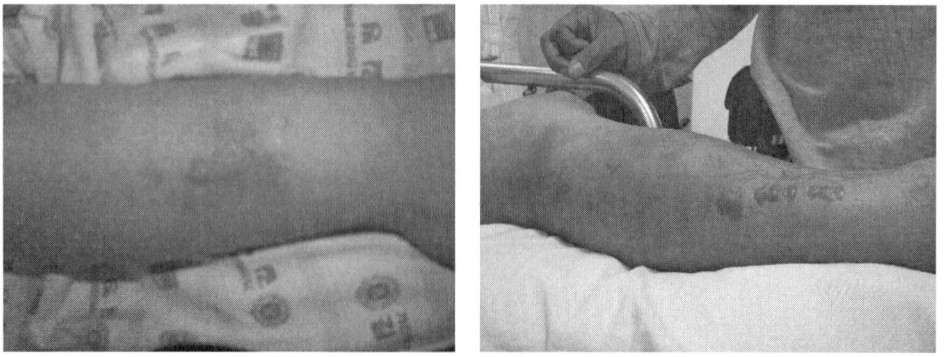

〈사진 35〉 2도 화상

3) 3도 화상

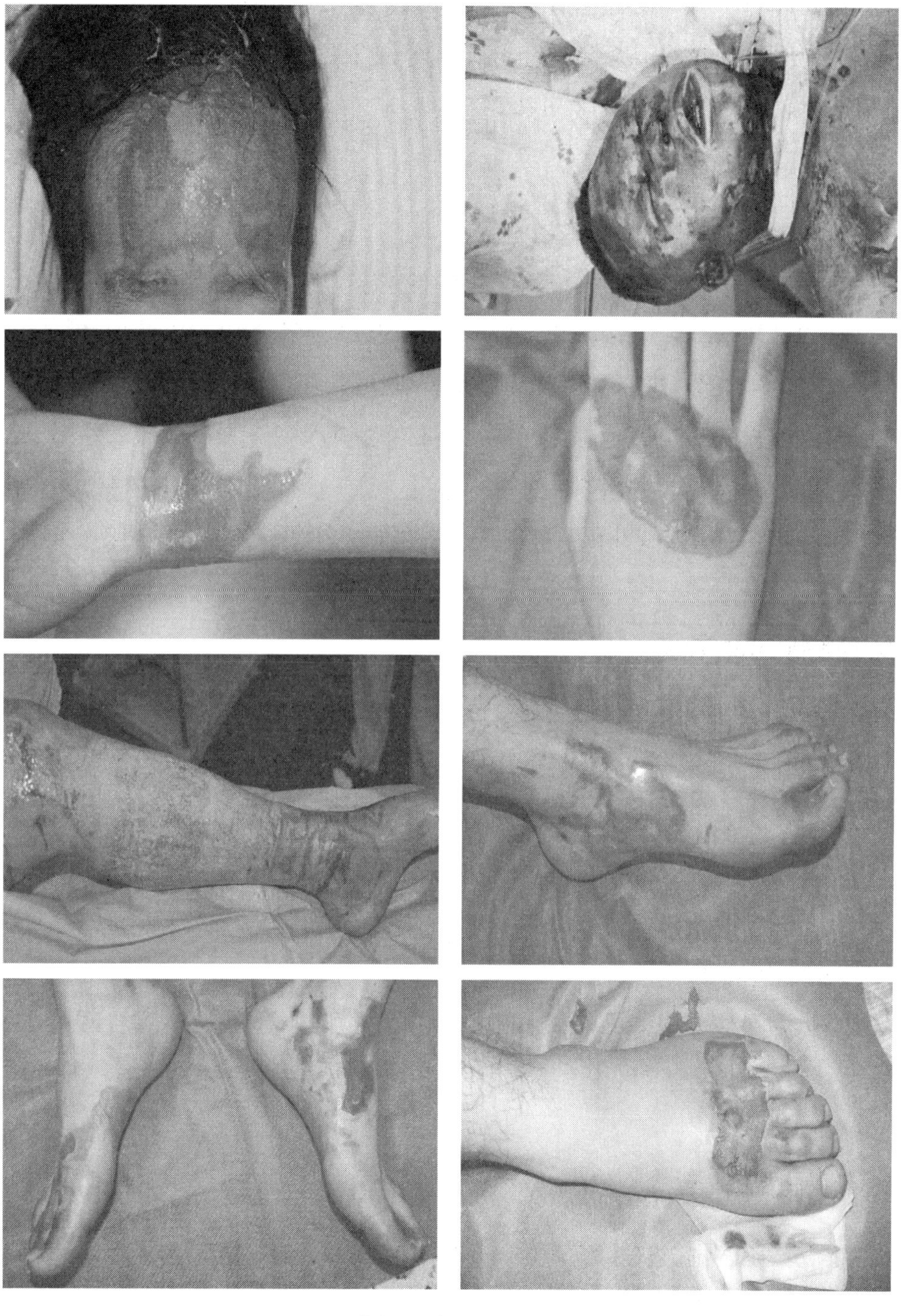

〈사진 36〉 3도 화상

피부 및 피하조직까지 손상된 것으로 피부는 건조해지고 색깔은 회색, 갈색, 검은색이며, 신경조직의 파괴로 환부의 감각기능이 소실된다. (화염에 의한 화상으로 3도 화상을 입었을 때, 얼굴, 손, 발, 생식기 등에 화상을 입은 경우 구급센터 또는 화상 전문 병원에서 신속히 처치를 받아야 한다.)

4) 화재에 의한 화상

① 몸에 불이 붙으면 소화기나 물을 이용하여 진화한다. 하지만 진화장비가 없을 시에는 바닥에 몸을 좌우로 빠르게 뒹굴어 진화시켜야 한다. (머리카락에 불이 붙었을 경우 타월이나 옷가지 등에 물을 적신 후 뒤집어쓴다.)
② 화상부위를 흐르는 차가운 물에 대고 더 이상 화상이 진척되지 않도록 한다. (얼음물을 이용하여 상처부위 온도를 낮추는 것도 화상의 확장을 막는 데 좋다.)
③ 열이 남은 옷 위로 냉각시킨 후 옷을 무리해서 벗기지 말고 가위를 이용하여 자른다.

5) 햇빛에 의한 화상

① 화상면의 확대와 염증을 억제하고 통증을 줄여주기 위하여 화상부위를 차가운 물로 식혀야 한다. (몸 전체를 수조에 담가 식힐 수도 있지만 어려운 상황이라면 젖은 수건 또는 얼음주머니를 이용하여 각 부위의 화상열을 식힐 수도 있다.)
② 환부는 세균감염으로 인하여 화상자국과 같은 부작용을 유발시킬 수 있으므로 물집은 벗기지 말고 그대로 둔다. 화상부위는 소독거즈로 덮고 없을 경우 깨끗한 시트로 감싸야 한다.
③ 신체 중 환부의 비중이 30% 이상이 되면 쇼크가 발생하여 생명에 위협이 가해질 수 있으므로 구급센터 또는 화상전문 병원에서 처치를 받아야 한다.

6) 화학물질에 의한 화상

① 화학물질이 몸에 닿은 부위는 약품성분에 의해 조직 장해가 계속되므로 흐르는 찬물에 씻어낸다.

② 약품이 묻은 옷을 무리해서 벗기지 말고 가위를 이용하여 자른다.

③ 화학물질에 따른 장해는 농도와 양, 접촉시간, 온도 등에 의해 결정되므로 처치자는 화학물질의 성분을 파악해야 하고 어떤 물질에 의한 화상인지 아는 것이 중요하다. 119(안전신고센터), 전문의료진에게 구조를 요청한다.

2. 눈 손상

환자의 눈에 화학물질이 들어갔을 경우 실명 위기에 처할 수 있으므로 처치자는 흐르는 물로 신속히 씻어내야 하며 전문 응급처치가 이루어질 때까지 지속적으로 씻어 내려야 한다.

눈에 이물질이 들어갔을 경우에는 눈을 비비지 않도록 한다. 아래 눈꺼풀을 밑으로 당긴 후 눈꺼풀 안쪽에 이물질이 있는지 확인한다. 흐르는 물에 흘려 보내듯이 빼낸다. 만약 면봉을 사용할 경우 반드시 물을 묻혀서 이물질을 제거한다.

3. 전기화상

전기화상에 의한 조직손상은 심해서 피부화상의 크기가 작아 보여도 심부조직의 손상은 심하다. 전기에 의한 화상은 몸을 관통하는 입구와 출구에 생긴다. 이때 입구는 작아 보이지만 출구의 상처는 깊고 심하다. 심할 경우 부정맥 유발로 인하여 심정지가 발생할 수 있으며 사지를 절단할 수밖에 없는 상황이 되기도 한다.

① 감전이 확인되는 즉시 전원 차단기를 OFF하여 감전자를 떼어낸다.(감전 중인 자를 전원이 차단되지 않은 상황에서 접촉하면 안 된다.)

② 감전자를 눕힐 수 있는 장소로 옮긴다.

③ 처치자는 감전자의 의식 유무를 확인한다.

④ 의식이 없을 시 호흡과 맥박을 확인하고 심정지 발생이 확인될 경우 즉시 심폐소생술을 시행한다.

⑤ 감전자가 의식이 있는 경우 흥분하거나, 떨고 있는 경우 대화를 유도하여 안정감을 주도록 한다. (대부분의 환자가 전신 피로감을 호소한다.)

4. 동상

동상은 절대로 가볍게 여기면 안 되는 것으로 동상을 입을 경우 적절한 조치를 반드시 취해야 큰 피해를 막을 수 있다. 동상에 노출되기 쉬운 부위는 윗볼, 손, 손가락, 발, 발가락, 코끝, 귓불, 광대 부분이다. 이 부위가 동상을 입었거나 얼었을 경우 문지르거나 비비면 안 된다.

① 욕조에 따뜻한 물을 받는다.(최초의 환부를 미지근한 물로 서서히 녹인 후 물의 온도를 약 38~40℃로 일정 온도를 유지한다.)
② 동상부위를 물에 푹 잠기게 한 후 20~30분간 온욕을 시행한다.
③ 동상부위가 아프다는 것은 부위의 온도가 높아지는 것이므로 물기를 닦고 소독된 거즈로 감싸주어야 한다.
④ 지속적으로 몸을 따뜻하게 담요로 감싸주어야 한다.

5. 일사병

기온이 높은 환경에서 심한 운동이나 활동을 함으로써 수분과 전해질이 손실되어 발생하는 현상으로 저체액성 쇼크와 유사하다. 대체적으로 땀 분비가 많아지고, 식욕부진, 오심, 무력감, 두통, 현기증 등의 증상이 발생한다.

① 서늘하고 그늘진 장소로 이동한다.
② 신체적 부담을 줄이기 위해 복장을 가볍게 하고 조이는 듯한 옷은 느슨하게 한다. 가령 상의는 단추를 OPEN하거나 꽉 끼는 의복은 느슨하게 한다. 하의는 벨트를 풀어 복부의 부담을 줄인다.

③ 의식이 있는 환자는 입으로 전해질을 섭취한다.
④ 의식이 명료하지 않은 경우 수분 투여 시 폐로 흡인될 수 있으므로 피해야 하며 정맥주사를 통한 처치가 필요하다.
⑤ 흔하게 나타나는 현상이지만 환자의 체온상승과 더불어 의식이 나빠지거나 체온이 더욱 상승하면 신속한 전문의료진의 처치가 필요하다.

6. 열사병

열사병은 기온이 높은 환경 중 밀폐공간 속 심약한 노약자나, 여름철 외부보다는 내부온도가 높은 자동차 안에 갇힌 어린아이들에게서 많이 발생한다. 이때 생리적 방어기능이 약해지므로 체온이 높아져 신체조직이 파괴된다. 발생빈도가 적긴 하지만 한번 발생되면 체온조절기능이 중단되어 인체에 치명적이며 심하면 사망에까지 이른다. 열사병은 체온이 상승된 일사병 이후 발생될 수 있다. 초기 맥박은 빠르고 강하지만 시간이 경과할수록 맥박이 약해지고 혈압이 떨어져 피부 온도는 높아지고 붉게 변하고 땀 분비가 없다.

① 서늘하고 그늘진 장소로 이동한다.
② 신체적 체온하강이 매우 중요한 응급처치이다. 하지만 기화성이 있는 알코올성 물질을 신체에 뿌려 체온을 내리는 방법은 오한에 의한 열발생이 우려되기 때문에 사용을 피해야 한다.
③ 상황에 따라 심폐소생술을 시행한다.
④ 119(안전신고센터)의 응급처치 및 의료기관으로 이송되어야 한다.

7. 익사사고

익사사고는 여름에 많이 발생하는 물의 사고이다. 처치자는 물에 빠진 익수자를 수면 밖으로 구하는 것이 목적이다. 따라서 정확한 판단과 SKILL이 반드시 필요하다. 준비되지 않은 상태에서의 익수자 구조는 동반 익사하는 경우가 발생되기 때문이다. 익수자의 신체가 늘어져 있을 시에는 머리나 정면으로 접근해도 무방하지만 의식이 있는 익수자에게는 뒤쪽에서 접근해야 한다.

① 처치자는 혼수상태인 익수자에게 입 대 입 인공호흡을 실시한다. 수중이동 중이라도 의식이 돌아올 수 있도록 인공호흡을 시행해야 한다.
② 익수자가 수면 밖 지면에 오르면 기도 확보 후 인공호흡을 시행한다.
③ 폐 안의 물을 제거하는 것이 급선무이긴 하지만 익수자를 바닥에 엎드려 놓은 후 익수자 뒤에서 배를 두 손으로 잡아들어 올림을 반복하는 행위는 피해야 한다. 의식이 없는 익수자에게는 오히려 위 속의 내용물이 역류하여 기도유지를 어렵게 하기 때문이다.
④ 기도유지 후 인공호흡으로 흉곽 내 압력상승으로 폐 속의 수분을 자연스럽게 배출시킨다.
⑤ 배출된 구토물이 다시 호흡기 내로 들어가는 것을 방지하기 위하여 익수자의 고개를 한쪽으로 돌리게 한다.
⑥ 익수자의 젖어 있는 복장은 체온을 낮추고 자가호흡의 움직임에 방해를 줄 수 있다. 그러므로 마른 복장으로 교체하거나 모포를 덮어주어 체온을 유지한다.
⑦ 의식이 없는 익수자를 처치자가 직접 의료기관으로 이송 중이라면 병원도착까지 인공호흡과 심장마사지를 시행한다.
⑧ 의식이 있는 익수자의 경우 바닥에 편안하게 눕혀서 보온을 유지하고 전신마사지로 체온을 높여준다.
⑨ 호흡과 맥박을 확인한다.

※ 익사와 익수

- 익사: 물에 잠긴 후 질식에 의하여 사망
- 익수: 물에 잠긴 후 일시적이라도 생존한 경우

- 건성익수: 물의 기도유입 → 후두자극 → 후두강직 → 폐환기소실→ 저산소증 → 의식소실 → 사망
- 습성익수: 폐로 물이 유입 → 폐환기소실 → 저산소증 → 의식소실 → 사망

8. 물속에서의 경련

흔히 알고 있는 '쥐가 난다'는 표현은 경련 후 격통을 말하는데 대개 심한 운동 후, 산행, 계곡과 바다 물놀이, 수영장에서 발생한다. 이는 준비운동 부족인 상태에서 물로 뛰어들거나 수면 부족으로 인한 과로상태에서 장딴지 근육이 심한 경련을 일으키는 격통이 된다.

① 당황하여 겁을 먹고 몸의 움직임이 많아진다면 오히려 익사를 초래할 수 있다.
② 팔로 무릎을 감싸안고 몸을 둥글게 말아서 물 위에 뜨게 한다.
③ 고개를 들어 숨을 깊이 들이마신 후 얼굴을 물속에 넣고 쥐가 난 쪽의 엄지발가락을 앞으로 꺾어 잡아당긴다.
④ 격통이 사라졌다 해도 재발 가능성이 높으므로 힘주기를 피해야 하고 수면 밖으로 나와 부위 마사지를 지속적으로 시행한다.
⑤ 따뜻한 타월 등으로 감싸준다.

9. 다이빙 척추 손상

다이빙을 시도하다가 바위나 돌 등의 딱딱한 물체에 부딪혀 척추손상이 동반되어 감각기능 상실과 의식장애가 발생한다.

① 환자의 호흡이 원활할 수 있도록 얼굴을 수면 위로 올린다.

② 수면으로 올리는 등 환자의 의식장애를 예방하기 위하여 환자의 체위를 변화하고자 할 경우 머리만 돌려 올리는 행위는 피해야 하며 두부와 상반신을 함께 돌려주어야 환자의 고통과 제2차 척추손상을 줄일 수 있다.
③ 기도를 확보하고 인공호흡을 실시한다. 이때도 무리한 신체변화는 피한다.
④ 척추손상을 방지하기 위해 몸 전체를 딱딱한 판자 등에 올린다.
⑤ 심장마사지 및 입 대 입 또는 입 대 코 인공호흡을 실시한다.
⑥ 척추를 고정시킨 상태로 병원으로 이송한다.

10. 흉기(칼 등)에 의한 상처

깊지 않은 상처에도 출혈을 보이기도 한다. 출혈은 처치자나 환자 모두에게 흥분과 불안함에 따른 고통을 동반한다. 따라서 처치자는 환자에게 안정감을 줄 수 있도록 하고 소독거즈나 깨끗한 수건 등을 이용하여 상처부위를 눌러 피가 멎도록 한다. 출혈이 멈춘다면 현장에서의 간단 처치로도 끝나지만 지혈이 안 되는 상태라면 병원 등을 통한 응급처치가 필요하다.

① 지혈에 따른 치료를 시행하기 전 처치자는 당황하지 말고 손을 깨끗이하는 과정을 거쳐야 한다.
② 환자의 상처부위를 흐르는 물이나 소독약품을 이용하여 깨끗하게 한다.
③ 소독거즈를 활용하여 상처부위를 감싸고 붕대로 감싸준다. (거즈나 붕대에 피가 배어나온다는 것은 지혈이 불충분하다는 것이므로 다시 감싸주어야 한다.)

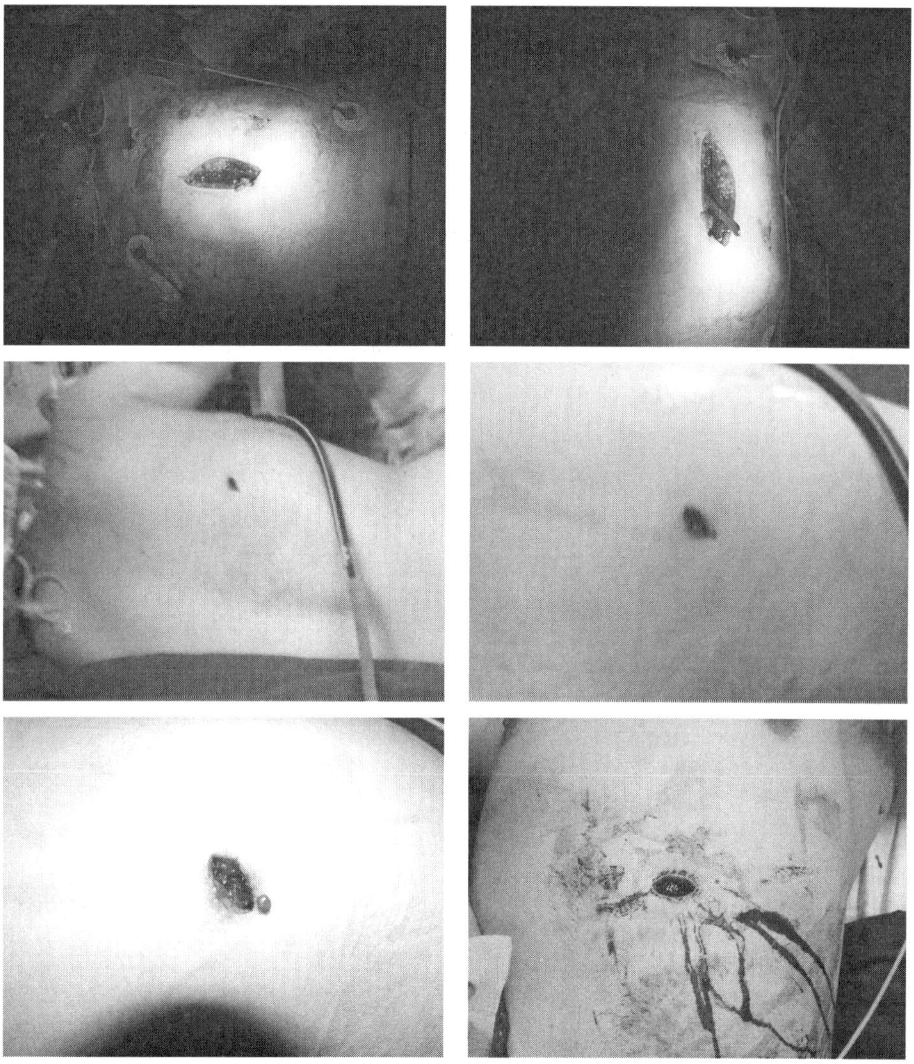

〈사진 37〉 **흉기에 의한 상처**

11. 절단

위의 신체손상들에 비해 절단은 경중 이상의 상해로 중요한 치료관리가 필요하다. 손, 손가락, 발, 발가락, 귀 등의 신체부위가 절단되었을 경우 상처에 대한 응급처치(잘린 부위의 출혈을 최우선적으로 지혈한다.)도 중요하지만 절단으로 이탈된 부위의 관리도 소홀해서는 안 된다. 관리라 함은 절단부위를 깨끗한 물 등에 세척한 후 청결한 천에 싸서 천이 젖지 않도록 비닐 주머니에 담아야 한다. 그런 다음 얼음에 재워서 운반해야 한다.

잘린 부위는 병원으로의 이동시간이 짧을수록 원상태로 붙을 확률이 높다. 흔히 발생하는 손가락의 경우 혈관이나 신경을 접합하면 정상에 가까운 결과를 가져올 수 있다. 일반적으로 이와 같은 응급상황인 손가락 절단의 경우는 일반병원에서 수술이 어렵다. 따라서 이동 전 119(안전신고센터)로 도움을 요청할 때 수지접합 전문병원이 필요함을 전하는 것도 사고자를 정상으로 돌아가게 하는 처치방법이다.

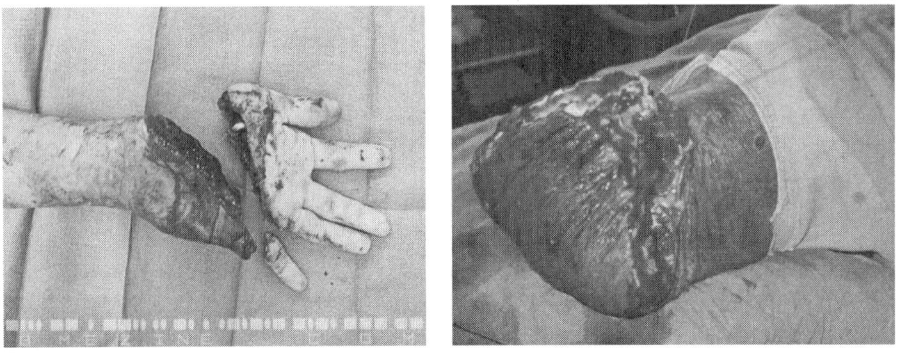

〈사진 38〉 **절단**

12. 자상(찔린 상처)

자상은 겉으로 보이는 상처보다 내부 손상이 큰 것이 특징이다. 일반적으로 공사장에서는 못이나 뾰족한 철성분의 물체를 밟거나 찔리는 경우가 발생한다. 또한 가정에서는 바늘, 칼 등의 철물질에 의해 상처를 입기도 한다. 일반적으로 표면의 상처가 크지 않아 가벼운 상처로 판단하여 치료를 소홀히 하기도 하지만 손상부위 내부에 염증이 발생할 확률이 높기 때문에 가볍게 봐서는 안 된다.

자상의 경우 상처부위를 압박하여 피와 함께 세균이 나오도록 한다. 깊은 자상은 세균감염으로 인한 패혈증, 파상풍으로 생명을 위협하기도 한다. 파상풍균의 경우 산소가 부족한 깊은 상처부위에서 감염확률이 매우 높다. 따라서 대수롭지 않은 상처라 해도 반드시 의사에게 진찰을 받아야 하며 철물질이 부패하여 녹이 발생한 물질에 찔린 경우에는 병원내원이 더욱 필요하다.

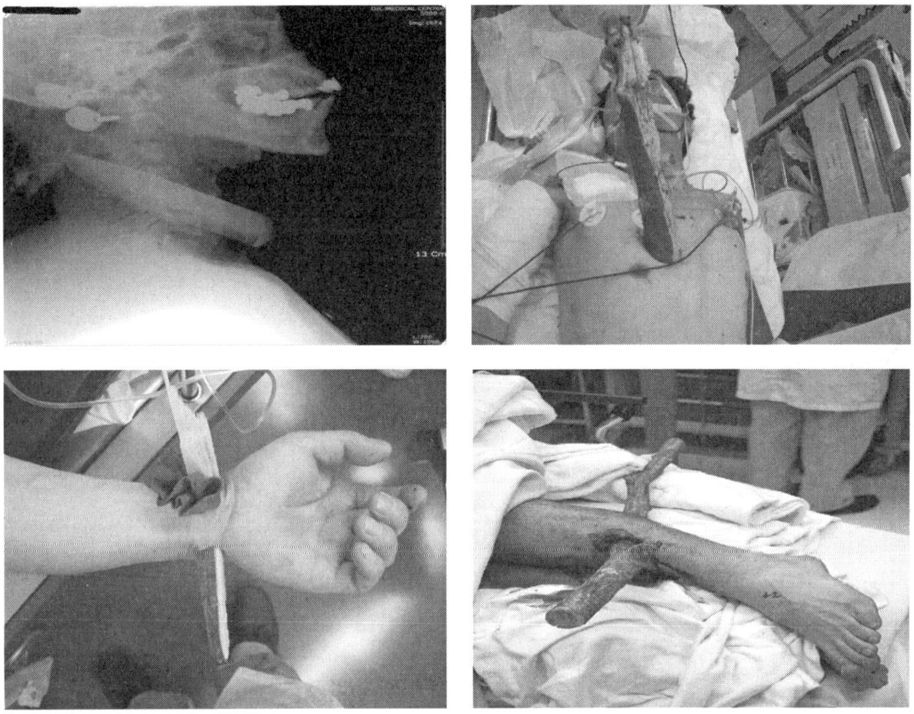

〈사진 39〉 자상

① 환자가 두려움을 갖지 않도록 안정시키며 눕힌다.

② 날카로운 칼, 유리, 나무 등의 물체가 신체에 고정되었을 경우 빼내거나 빼내려 하는 시도는 절대 해서는 안 된다. 빼내려는 과정에서 신체 내부의 내장이나 혈관 등의 조직 파손이 더욱 커져 출혈이 많아질 수 있기 때문이다.

③ 타월이나 부드러운 옷 등을 이용하여 자상원인의 물체를 고정시킨다.

④ 만약 깊은 자상원인의 물체(칼, 유리파편 등 날카로운 물질)가 없거나 빼내었을 경우에는 상처부위를 압박하여 지혈을 해야 한다.

13. 열상(裂傷, a laceration, 찢어진 상처)

외부물체에 부딪치거나 가격을 당하여 발생한 열상의 경우 상처부위가 가볍고 깊지 않다면 가정에서도 치료가 가능하다. 하지만 교통사고 등의 이유로 손상부위가 크다고 판단될 경우는 지혈을 하고 즉시 병원으로 이송해야 한다. 경미한 열상의 경우 처치가 다음과 같이 간단하기도 하다.

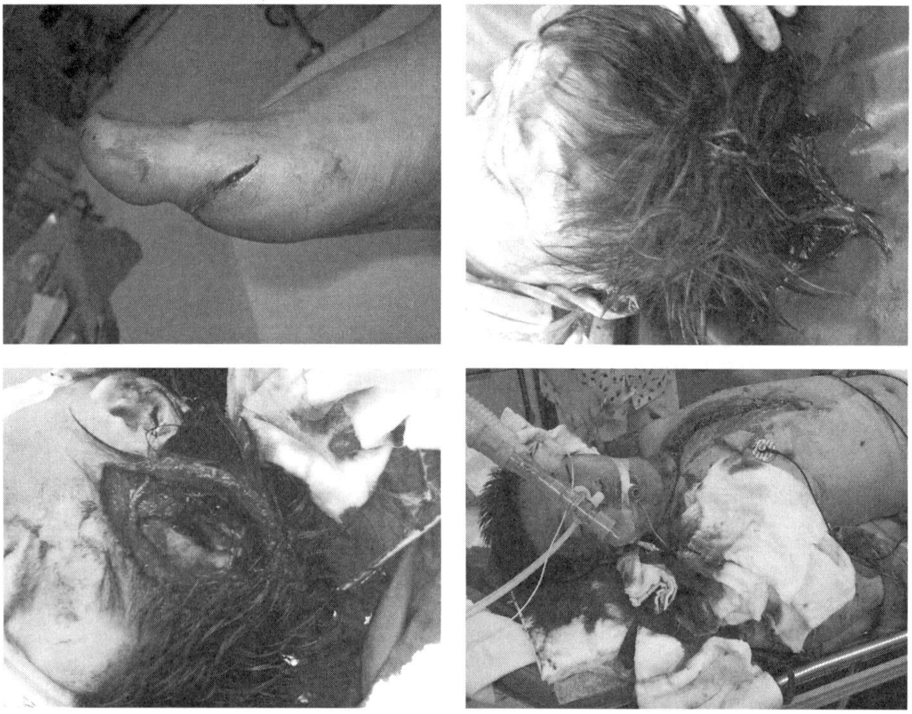

〈사진 40〉 **교통사고 및 외부 타격으로 인한 열상**

① 처치자는 소독제나 비누와 물로 손을 깨끗이 씻는다.

② 처치자는 출혈이 있다면 지혈을 한다.

③ 처치자는 상처부위를 비누와 물로 씻어 이물질이 남지 않도록 한다. 환자의 상처를 조심스럽게 다루어 재출혈을 방지한다.

④ 소독제나 비누 또는 물에도 제거되지 않을 때는 Tweezers(핀셋)를 이용하여 제거할 수 있지만 소독되지 않은 Tweezers는 사용하지 않는 것이 바람직하다.

⑤ 소독거즈나 깨끗한 천으로 물기를 닦는다.

⑥ 상처부위는 소독거즈로 덮는다.

14. 찰과상(擦過傷, an abrasion, 까진 상처)

찰과상은 일상생활에서 흔히 경험하는 진피의 얕은 층에 생기는 가벼운 상처로 가정에서의 치료도 가능하다. 대개 성인이나 아이들의 운동 중 뛰거나 장난 중에 발생하고, 사진에서 보이는 것처럼 찰과상은 제1차 사고에 의하여 발생한다. 피부표면이 오돌오돌 점 모양의 출혈이 맺히는 듯한 상처는 아주 경미한 것이다.

그렇기 때문에 단순 찰과상의 경우는 통증이 오래가지 않는다. 하지만 통증이 다음날까지 계속된다면 상처조직의 파열, 혈종, 골절 등의 합병증을 의심해 봐야 한다. 이는 세균감염의 질환이 될 수 있으므로 전문의료진에게 보여야 한다.

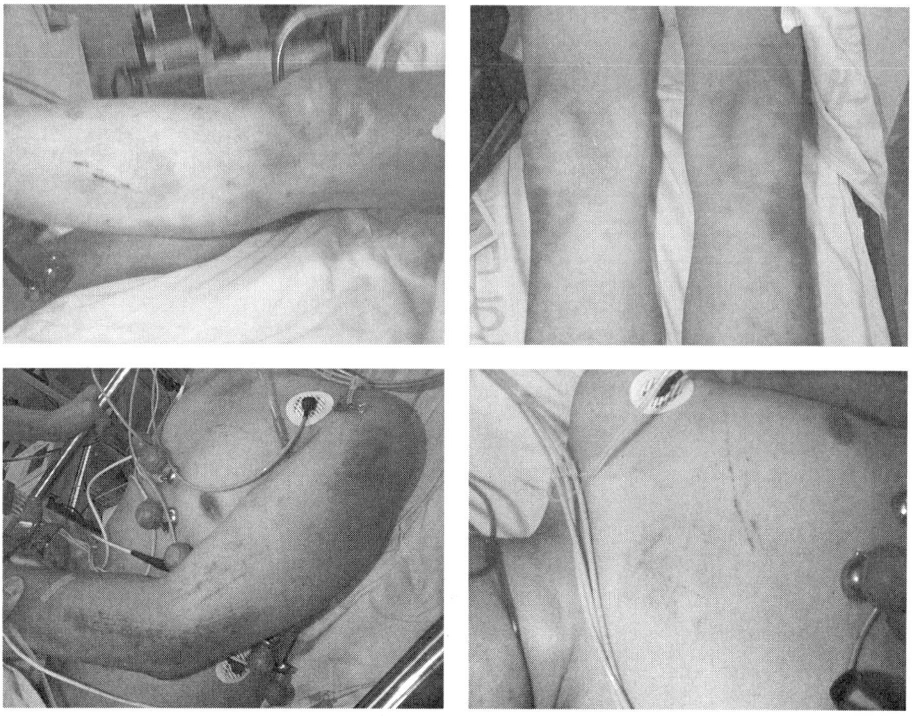

〈사진 41〉 교통사고 및 외부 충격으로 인한 찰과상

① 처치자는 소독제나 비누와 물로 손을 깨끗이 씻는다.

② 처치자는 상처부위를 소독제나 비누와 물로 이물질이 남지 않도록 한다.

③ 상처가 경미할 경우 노출이 큰 문제가 안 되지만 상처가 깊은 경우에는 소독거즈 등으로 상처부위를 감싼다.

④ 붕대나 반창고를 이용해 고정시킨다.

15. 질식(窒息, suffocation, choking)

미국의 외과의사 H. J. Heimlich 박사는 1974년 음식 또는 약물이 목에 걸려 질식상태가 되었을 때 효과적으로 실시하여 응급처치할 수 있는 인명구조법을 1974년 *Heimlich's Maneuvers*라는 책을 통하여 발표하였다. 그는 등부위를 타격하는 것으로는 목에 걸려 있는 이물질이 제거되지 않는다는 점에 의문을 가지게 되었고, 이를 해결하기 위해서는 그 대상자의 폐를 제3자가 강제로 밀어올려야 한다는 것을 알게 되었다.

질식상태란 메마르고 찰진 떡 등의 음식이 목이 걸릴 때, 밀폐된 공간에 갇혔을 때 다시 말해 정상적인 호흡이 이루어지지 않았을 때 나타나는 현상이므로, 호흡이 힘들어져 얼굴이 파랗게 변하거나 눈 주위가 볼록하게 튀어 나오고 목의 하부, 배의 상부가 움푹 들어가 보이는 증상을 보인다.

1) 의식 있는 환자의 하임리히방법(Heimlich Maneuver)

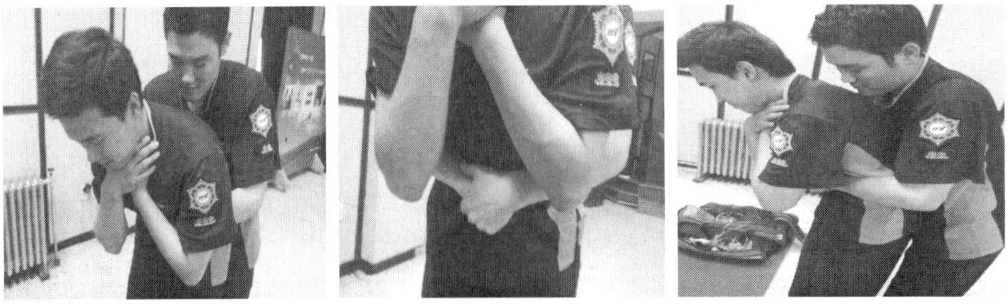

출처: 경기도 성남소방서, 2011

〈사진 42〉 의식 있는 환자의 Heimlich방법

① 앉아 있거나 서 있는 환자의 경우 처치자는 환자 뒤에서 한 손으로는 환자의 가슴을 받치고 또 다른 한 손으로는 환자의 등부위를 빠르고 세게 친다.
② 누워 있는 환자의 경우 처치자는 환자를 옆으로 눕히고 가슴부위를 처치자의 무릎 안쪽으로 붙이고 환자의 등부위를 빠르고 세게 친다.
③ 하임리히(Heimlich)방법을 시행한다.
④ 이물질이 제거될 때까지 번갈아 실시한다.

2) 의식 없는 환자의 하임리히방법(Heimlich Maneuver)

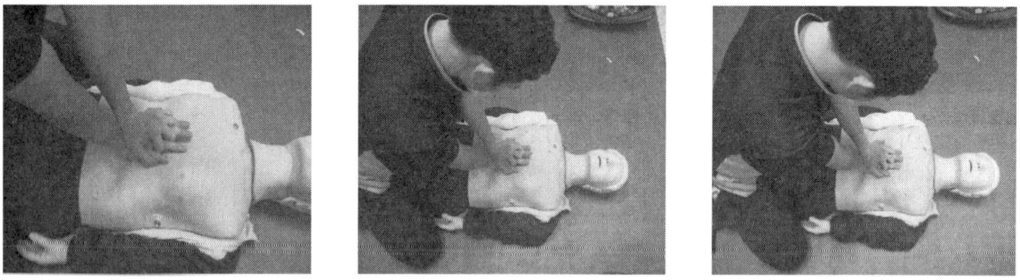

출처: 경기도 성남소방서, 2011

〈사진 43〉 의식 없는 환자의 Heimlich방법

① 의식이 없는 환자는 기도개방 유지가 되도록 유의하고 환자의 신체를 단단한 바닥에 수평으로 눕힌다.
② 처치자는 심폐소생술을 시행하기에 앞서 환자의 의식 유무와 심정지 유무를 확인한다. 이때 호흡이 없어 입 대 입 인공호흡을 시행함에도 가슴이 부풀어오르지 않는다면 이물질에 의한 질식을 의심해 봐야 한다.
③ 하임리히(Heimlich)방법을 시행한다.
④ 처치자는 환자의 입속에 손을 넣어 이물질을 제거한다. 이물질이 더 깊숙이 밀려 들어가지 않도록 해야 한다. 또한 기구나 집게를 사용하여 이물질을 제거하지 말아야 하는데 이유는 신체 내부의 조직이 연약하기 때문에 손상될 우려가 있고 기공파열 등의 손상으로 인한 출혈 등을 유발할 수 있기 때문이다.
⑤ 전문의료진에게 환자가 인계되기 전까지 처치자는 위 사항을 지속적으로 시행해야 한다.

16. 저체온증(低體溫症, Hypothemia)

인간의 몸은 36.5℃ 내외의 체온으로 유지되는 것이 정상이나, 신체가 차가운 온도 등에 노출되는 것과 같은 환경적 요인에 직면하게 되었을 때는 인간 스스로 신체를 보호하기 위한 방어기제가 작동한다. 그러나 이러한 노출의 강도 또는 시간에 따라 정상 체온을 유지하고자 하는 항상성을 상실하게 되면서 체온이 떨어지게 된다.

중심체온이 35℃ 이하로 내려가는 것을 저체온증이라고 하는데, 이 중심체온은 일반적으로 측정하는 겨드랑이나 구강체온이 아니라 직장체온을 말한다. 저체온 온도에 따라 32~35℃를 경도, 28~32℃를 중등도, 28℃ 미만을 중도로 구분한다.[8)]

- **경도(輕度)**: 오한, 빈맥, 과호흡, 혈압증가, 신체기능 저하, 언어의 경미한 장애, 보행의 경미한 장애, 판단력과 건망증 등이 나타난다.
- **중등도(中等道)**: 오한이 소실되면서 전신의 근육이 경직되며, 극도의 피로감, 기억상실, 의식장애, 서맥(심장박동이 분당 50회 이하), 부정맥이 나타난다.
- **중도(重度)**: 반사기능의 소실, 호흡부전, 부종, 폐출혈, 저혈압, 혼수, 심실세동(심장의 이상박동: 분당 300~600회 정도로 나타나며 심장마비의 원인) 등이 나타나며 심할 경우 사망에 이른다.

① 체온강하를 방지하기 위해 따뜻한 장소로 이동한다. (체온회복을 시도하기 위해 급격히 높은 온도에 노출하면 환자의 부정맥을 유발할 수 있다.)
② 젖은 의상을 탈의한다.
③ 더 이상의 체온강하를 방지한다.
④ 저체온증의 환자는 근육이 경직되어 있으므로 움직임을 조심스럽고 최소화해야 한다.
⑤ 처치자는 환자가 따뜻해지도록 모포 등을 덮어준다.

---

8) 서울아산병원 응급의학과, 2019. 08.

17. 골절(骨折, fracture)

운동 중이나 외부 충격으로 인하여 많이 발생하는데 부위가 많이 붓는 경우나 신체 체형을 전체로 보았을 때 부위별 형태가 틀어져 바르지 않다면 골절을 의심해 봐야 한다. 뼈가 노출되지 않으면서 피부손상이 없는 골절을 단순골절이라고 하며, 반대의 경우는 복잡골절이라고 한다. 뼈에 금만 갔을 경우에는 불완전 골절이라 하고 뼈가 부러지거나 조각이 났을 경우에는 완전골절이라고 한다.

골절상을 입은 환자들은 신체의 다른 부위에도 손상이 있을 수 있으므로 주의 깊게 관찰해야 한다. 처치자의 판단이 골절일 경우 골절부위의 관절을 움직여서는 안 된다. 이는 골절에 의한 통증으로 환자에게 쇼크가 발생될 수 있기 때문이다. 환자의 호흡과 맥박이 확인되지 않을 경우 심폐소생술을 시행한다.

18. 중독(中毒, intoxication, poisoning)

1) 약물 내복

입을 통하여 마시거나 먹음으로써 발생한다. 이 경우 바로 손가락을 이용한 자극을 목구멍에 주어 구토를 유발시킨다. 물을 마시게 한 후 구토를 유도하는 것도 방법 중 하나이다. 하지만 환자가 경련을 일으키거나 의식이 없을 때는 피하는 것이 바람직하다.

2) 약물 흡입

연탄 등의 유해가스를 코를 통하여 흡입하게 되어 발생한다. 이 경우 환자가 신선한 공기를 흡입할 수 있도록 장소를 이동해야 한다. 호흡이 정지상태라면 기도개방 후 인공호흡을 시행한다.

3) 약물 흡수

흡수는 농약 살포 등의 이유로 피부에 흡수되어 체내에 들어가 발생한다. 이 경우 환자 신체를 편안하게 하기 위해서 시계, 팔찌, 목걸이, 신발, 양말 외 복장을 탈의한다.

4) 약물 삽입

마약 등의 약물주사를 신체조직 또는 혈관을 통하여 과다 투여해서 발생한다. 이때는 정맥의 흐름을 제지하기 위하여 삽입부위보다 위를 묶는다.

5) 수면제

불면증으로 고민하는 사람들이 숙면을 위해 복용한다. 장기간 복용 시에는 복용함량이 증가되어 과남용으로 인한 사망이라는 부작용을 낳기도 한다. 또는 자살을 목적으로 복용하는 사례도 빈번하다.

① 환자의 의식이 없다면 기도개방을 시행한다.
② 호흡 유무를 확인하고 없다면 인공호흡을 시행한다.
③ 의식이 있거나 호흡이 있는 경우 구토를 유발한다.
④ 의식이 없는 경우 무리하게 구토를 유발하면 안 된다. 구토물이 다시 기관으로 들어가 기도를 막을 수도 있기 때문이다.

※ 위세척, 혈액관류 흡착법, 혈액투석을 실시하는데 이때 환자의 고통이 크며 정상적인 간기능이 어려울 수도 있다.

6) 버섯중독

우리나라에 현존하는 독버섯은 약 50여 종이며 그중에서도 치명적인 독버섯은 약 20여 종이다. 독버섯은 신경계, 소화기관에 치명적이다. 세포를 파괴하며, 간이나 신장 장애가 발생되어 구토, 설사, 마비, 환각증상, 중독사의 원인이 된다. 중독증상은 먹은 즉시 나타나기도 하지만 시간이 지난 후에 나타나기도 한다. 독버섯 여부가 확인되어 위와 같은 현상이 발생될 경우 즉시 인두를 자극하여 구토를 유발하고 전문의료진의 검진을 받아야 한다.

7) 복어중독

복어중독에는 해독제가 없기 때문에 정상호흡이 이루어질 수 있도록 병원처치가 급선무이다. 알과 내장에는 '테트로도톡신(Tetrodotoxin)'이라는 신경독소가 함유되어 있어 구토와 신경마비 등의 증상으로 사망까지도 이르게 한다. '테트로도톡신'은 섭취 후 30분~4시간이면 입 주위나 혀, 손, 손가락 마비, 언어장애, 호흡곤란 등의 증상이 나타난다.

8) 알코올중독

알코올중독은 에틸알코올 중독과 메틸알코올 중독으로 나눌 수 있다. 에틸알코올 중독의 경우 흥분, 괴성, 격한 움직임, 구역질, 구토뿐만 아니라 호흡억제, 체온하강과 함께 혼수상태에 빠지기도 하여 동절기에는 동사까지도 발생한다. 메틸알코올 중독은 마신 후 8~30시간 후에 발생되어 구역질, 구토, 급격한 맥박 등의 에틸알코올 중독과 비슷해 보이지만 마신 뒤 약 8일 후 시력장애가 발생되어 약 30일경 시력이 일시 회복되지만 50% 정도는 시력저하가 발생한다.

9) 가스중독

가스중독의 증상으로 두통, 현기증, 구역질, 구토 등이 발생하는데 이후 증상은 사지가 풀려 움직임이 자유롭지 못하고, 혼수상태에 이르며 호흡곤란으로 사망까지 발생한다. 건물의 노후화나 개인의 부주의로 중독되기도 하지만 청소년들의 비행적인 행동에 의한 것으로 환각상태를 느끼고자 자발적 행동에 의해 사고가 발생하기도 한다. 이것이 진행되면, 의식은 있는데도 수족이 말을 듣지 않는다. 더욱 심해지면 의식을 잃고 경련을 일으키거나 혼수상태가 되고 호흡이 멎어서 결국은 죽게 된다.

밀폐된 공간에서 도시가스, 프로판 가스 등의 불완전연소는 일산화탄소 중독이나 산소 결핍증의 위험요소가 되는데 가스중독의 원인 가운데 약 70%는 자살 시도에 의한 것이다. 처치자가 가스중독으로 보이는 환자를 발견하면 우선 신선한 공간으로 이동한 후 환자의 복장을 편안하게 하고, 의식이 없을 시에는 기도확보 후 인공호흡을 실시한다. 의식이 없으면 숨통(氣道)을 확보하고 만약 호흡이 멎어 있으면 119(안전신고센터), 전문의료진에 의한 인공호흡이 시행되기 전까지 인공호흡을 실시한다.

10) 농약중독

대체로 농가에서 농작물의 농약살포 시에 많이 발생되는 것으로 살충제, 제초제, 구서제 등이 있다. 벌레를 죽이기 위한 살충제의 사용이 가장 많으며 잡초 제거용도로 사용되는 제초제가 농민의 농약중독에 가장 많은 영향을 준다. 또한 매스컴을 통하여 접할 수 있듯 자살을 목적으로 농약이 사용되기도 한다.

환자를 발견하면 우선 손가락을 넣어 인두를 자극해서 구토를 유발한다. 물을 마시게 한 후 인두를 자극하면 구토하기가 수월해진다. 하지만 환자가 경련을 일으키거나 의식이 없을 때는 시행하지 않는 것이 바람직하다.

19. 치아(齒牙, Teeth)

1) 치통

치통은 일상생활에서 흔히 경험할 수 있는 것으로 진통제 투여로 가라앉게 할 수 있다. 또한 따뜻한 물이나 소금물로 입안을 헹구듯이 음복하는 방법도 있다. 하지만 진통이 오랜 시간 지속된다면 전문의료진의 검사가 필요하다.

2) 치아탈구 및 파손

치아가 탈구 또는 파손된 때에는 치아를 재식재할 수 있도록 우유, 또는 물속에 넣어 보관하여 이동한다. 치아의 치근이나 부위가 손상되어 재식재가 어렵다는 전문의료진의 판단이 있을 때까지 전문의료진에게 확인해야 한다. 환자 당사자가 직접 탈구된 치아를 보관 이동할 때는 우선 치아를 흐르는 물에 세척한 후 빠진 자리에 조심스럽게 식재하고 이동한다. 하지만 식재가 어렵다면 입속 혀밑이나 어금니와 볼 속살 사이에 보관하여 이동한다.

20. 간질(癎疾, Epilepsy, 뇌전증)

1) 간질의 상태

뇌전증이란 뇌에서 발생하는 신경세포의 일시적 이상으로 인하여 과도한 흥분상태를 나타내는 것으로서 의식의 소실이나 발작 등 뇌기능이 단기간에 마비되는 상태를 말하는데, 이러한 발작이나 경련이 장기간에 걸쳐 반복적으로 나타나는 경우에 간질이라고 한다.

간질이 시작되면 환자 자신의 의식이 분명하지 못하므로 최초발견자 등 처치자의 응급조치가 필요하다. 환자를 위한 방법은 환자가 현장 그대로의 자세 속에서 안정할 수 있도록 하고 쉬게 해주며, 복장을 헐겁게 풀어주는 것이다. 불분명한 의식에서 혀를 깨물지 않도록 수건을 물리는 등의 조치가 필요하기도 하다. 돌발적으로 심한 병적 이상상태가 발생하는 것은 다음과 같은 경우 등이다.

① 심장 발작(心臟發作): 협심증(狹心症) 또는 심근경색(心筋硬塞)으로 흉통(胸痛), 호흡 곤란 등이 갑자기 시작되는 것
② 뇌 발작(腦發作): 뇌출혈, 뇌전색(腦栓塞), 간질
③ 담석 발작(膽石發作): 갑작스런 동통(疼痛)이 시작되는 경우[9]

---

9) 이태신, 체육학대사전, 민중서관, 2011.

2) 간질의 응급처치

간질은 대개 수 분 후에 멎는 것이 보통이다. 환자의 동작을 멎게 하는 방법은 약을 투여하는 것이지만, 환자의 소지품에서 약품이 발견될 경우 전문의료진이 도착하기 전에 약을 투여해서는 안 된다. 간질을 앓고 있는 어린아이 부모의 경우 학교 담임선생님, 주변 어른들에게 어린아이의 특징인 간질 전 증상은 어떠한지, 지속되는 시간은 어떻게 되는지, 대처요령에는 어떤 것이 있는지, 보통 발작이 몇 분간 지속되는지, 발작 시 어떻게 해주어야 하는지 등을 사전에 알려주어 발작이 시작된다 해도 당황하지 않고 대처할 수 있도록 한다.

① 처치자 및 주변 사람들은 환자가 발작 중이라도 흥분하지 않고 냉정해야 한다.
② 전조증상을 보이는 어린이가 발작 중 딱딱한 바닥에 머리를 부딪혀 손상을 입지 않도록 베개 등을 머리에 받쳐주며, 어린아이의 발작 시에는 움직임을 줄이고자 몸을 잡는 행동은 하지 말아야 한다.
③ 복장을 편안하게 해주기 위하여 목의 단추와 허리띠를 풀어 복장으로부터의 답답함을 덜어줘야 한다.
④ 어린아이의 경우 혀를 깨물지 않도록 재갈을 물리기 위해 강제로 입을 벌린다거나, 혀를 잡아당기는 행동은 절대 하지 말아야 하며, 몸을 옆으로 뉘어 기도로 액체가 들어가는 것을 방지한다.
⑤ 발작이 3~5분 이상 지속되거나 피부색이 파랗게 변한다거나 호흡곤란이 확인되면 119(안전신고센터), 전문의료진에게 요청해야 한다.

부 록

항공기 내 반입금지 물품

부록

항공기 내 반입금지 물품[1)]

1. 무기류

도검 · 무술호신용품 · 총기 등의 무기류는 객실 반입이 금지되며, 위탁수하물 반입은 가능하다.

1) 도검류

① 무술용 검, 펜싱용 검, 칼이 든 지팡이 등 검류(객실반입 ×, 위탁수하물 ○)

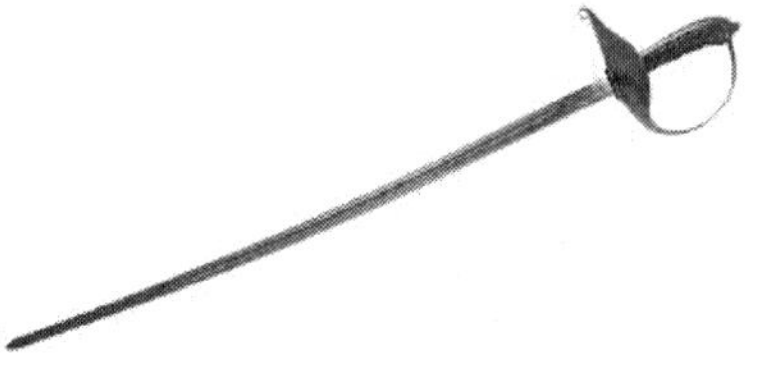

② 부엌칼, 과도, 다용도칼, 사냥칼(객실반입 ×, 위탁수하물 ○)

1) 국토교통부 훈령발령번호 제2016-1091호.

③ 접이식칼, 맥가이버칼, 박스커터칼, 학용품용 칼(객실반입 ×, 위탁수하물 ○)

④ 면도칼, 외과용 메스, 식사용 나이프 등(객실반입 ×, 위탁수하물 ○)

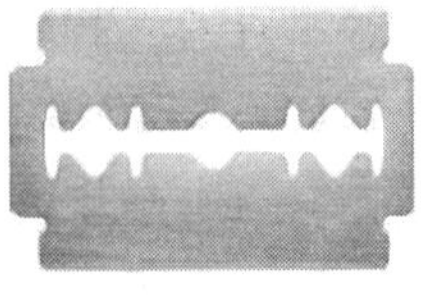
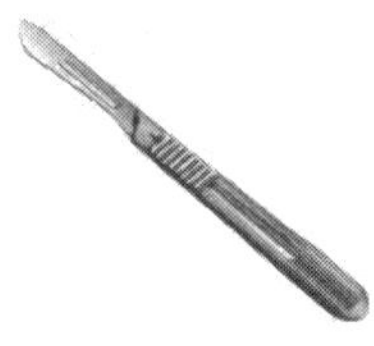
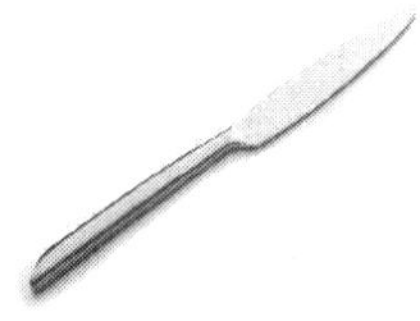

※ 단, 플라스틱 칼, 둥근 날을 가진 버터칼, 안전날이 포함된 면도기, 안전면도날, 전기면도기 및 기내식 전용 나이프(항공사 소유에 한함)는 객실반입 가능

2) 창류

① 창, 작살, 작살총, 표창(객실반입 ×, 위탁수하물 ○)

② 송곳날이 있는 다트, 새총, 투석기 등(객실반입 ×, 위탁수하물 ○)

3) 무술 · 격투용 무기류(객실반입 ×, 위탁수하물 ○)

① 쌍절곤, 손가락에 끼워 공격하는 무기, 열쇠고리형 호신무기 등

4) 곤봉 · 경찰봉 등 곤봉류 및 수갑류(객실반입 ×, 위탁수하물 ○)

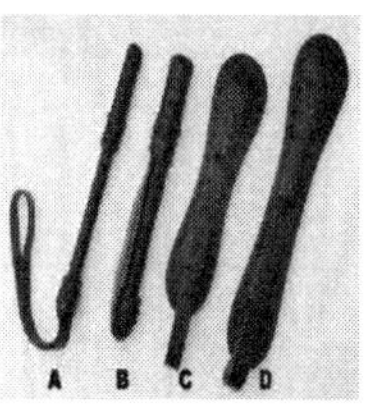

※ 단, 범죄인 호송 등 공무목적의 수갑류는 객실반입 가능

5) 호신용 스프레이류(객실반입 ×, 위탁수하물 ○)

① 후추 · 고추 · 산성스프레이, 야생동물퇴치용 스프레이 등

※ 단, 위탁수하물로 반입할 경우, 1인당 1개(100mℓ 이하)까지 만 가능

6) 총기류(객실반입 ×, 위탁수하물 ○)

① 권총, 연발권총, 엽총, 소총, 산탄총, BB총, 압축공기총, 라이플총, 볼베어링총 등

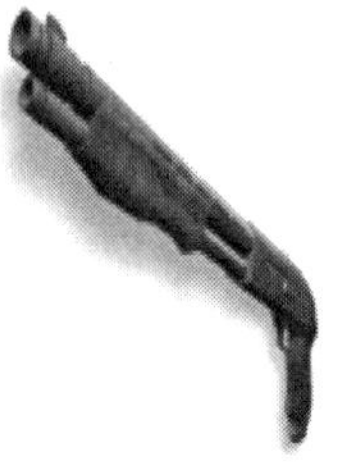

7) 전기충격기(stun gun), 테이저건(객실반입 ×, 위탁수하물 ○)

8) 총기류 부품(객실반입 ×, 위탁수하물 ○)

※ 단, 총기류, 전기충격기(stun gun), 테이저건, 총기류 부품 등을 위탁수하물로 반입할 경우, 해당 항공운송사업자에게 총기소지허가서 또는 수출입허가서 등 관련 서류를 확인시키고, 총알과 분리한 후, 단단한 보관함에 넣은 경우에만 가능하다.

※ 단, 총기류 부품 중 조준경은 객실 및 위탁수하물 반입 가능

9) 발광/화염 신호총(flare gun), 출발신호용 총(starter pistole) (객실반입 ×, 위탁수하물 O)

10) 복제 · 모의 총기류, 장난감 총 및 총알(실탄, 공포탄 등) (객실반입 ×, 위탁수하물 O)

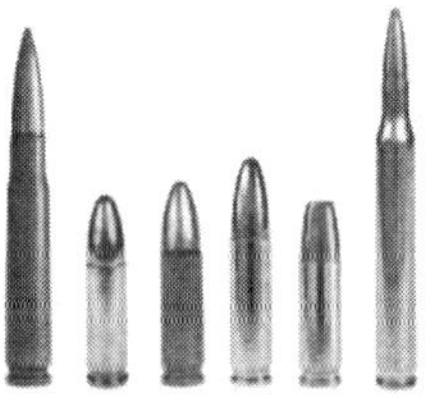

※ 단, 위탁수하물로 반입할 경우, 해당 항공운송사업자의 승인이 필요하며, 「항공위험물 운송기술기준」(국토교통부 고시)에 적합한 경우에만 가능

2. 폭발물류

※ 폭발물류는 객실 및 위탁수하물 모두 반입금지(×)

1) 폭발물, 폭발장치(객실반입 ×, 위탁수하물 ×)

① 다이너마이트, 수류탄, 지뢰 등

② 뇌관(blasting caps), 기폭장치류(detonator), 신관, 도화선(fuses), 발파캡, 격발뇌관(percussion cap)

③ 화약류

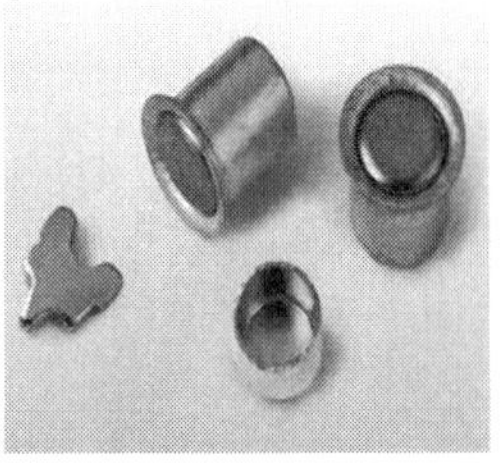

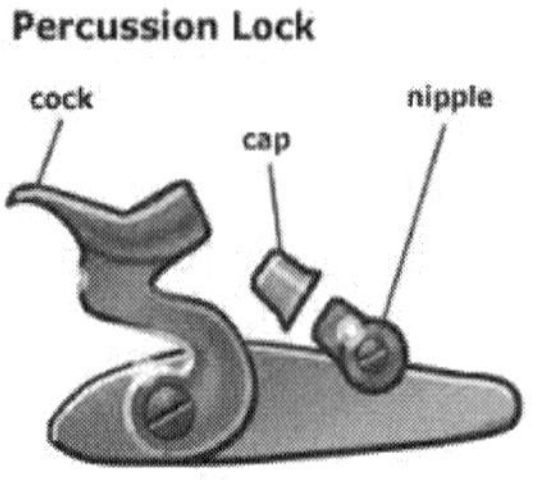

④ 복제 · 모의 폭발물 또는 폭발장치 등

2) 불꽃 · 화염류 및 폭죽류(객실반입 ×, 위탁수하물 ×)

① 조명탄, 신호탄, 화염탄 등

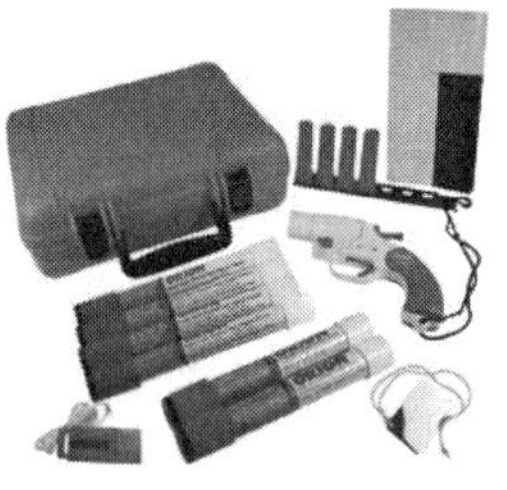

② 불꽃놀이 및 장남감용 폭죽

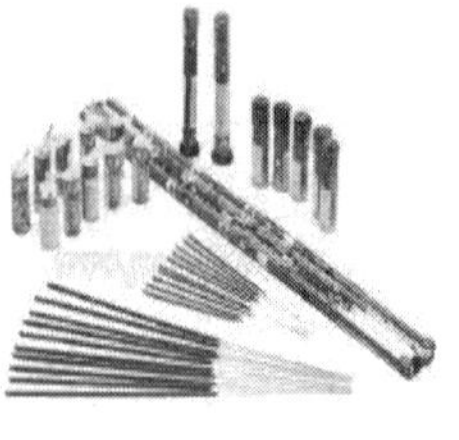

③ 폭죽소리가 나는 장난감총 등

3) 연막탄(smoke grenade) 및 연기를 발생시키는 캔이나 카트리지(객실반입 ×, 위탁수하물 ×)

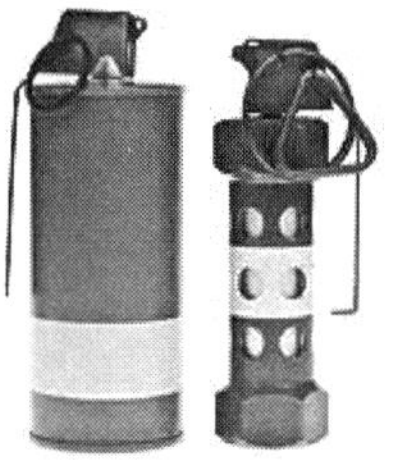

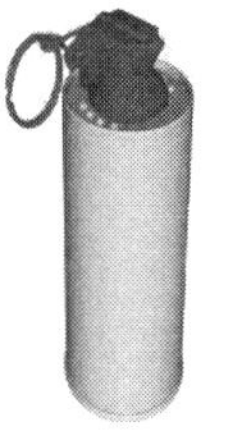

3. 공구 및 생활용품류

※ 흉기로 사용될 수 있는 공구류는 객실반입 금지(×), 위탁수하물 반입 가능(○)

1) 공구류

① 도끼, 손도끼, 얼음도끼, 망치, 장도리, 쇠지레(객실반입 ×, 위탁수하물 ○)

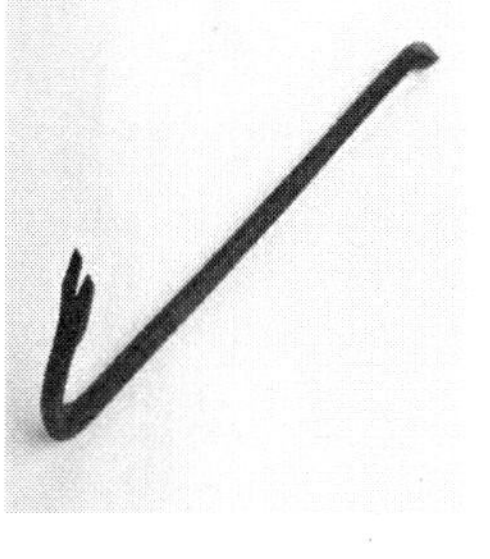

② 산업용 못총·볼트총, 송곳, 얼음송곳, 휴대용 전동톱 등 톱류, 전동드릴 등 드릴류(객실반입 ×, 위탁수하물 ○)

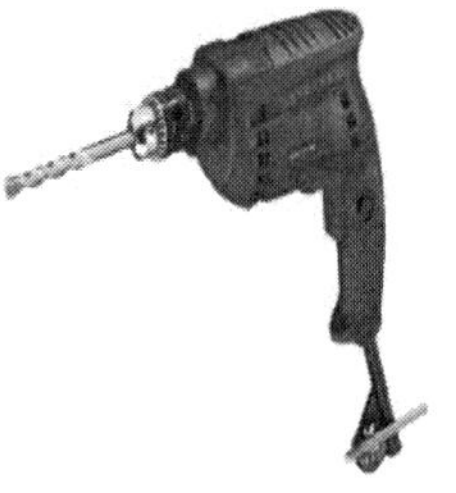

③ 총길이 10㎝를 초과하는 렌치, 스패너, 펜치, 프라이어류(객실반입 ×, 위탁수하물 ○)

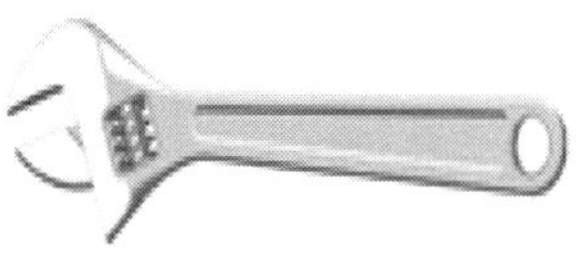
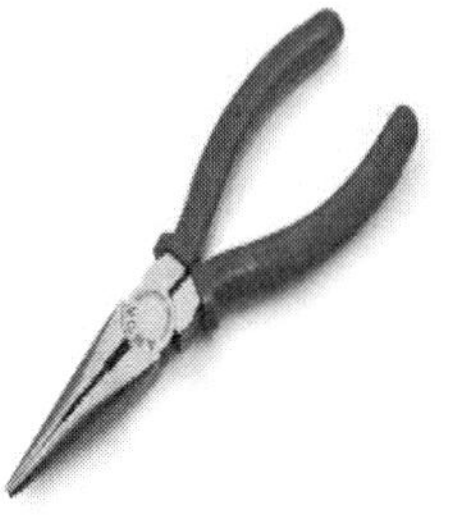

④ 날·심·끌의 길이가 6㎝를 초과하는 스크루드라이버, 드릴심, 끌, 정 및 가위류(조경용 가위 포함) (객실반입 ×, 위탁수하물 ○)

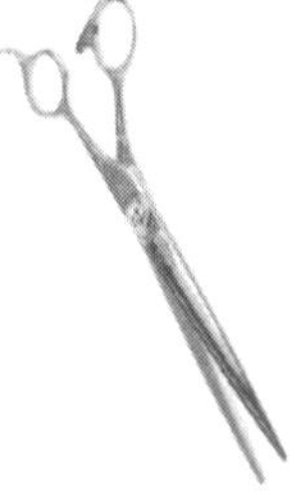

⑤ 전자충격용 봉 등 가축몰이용 봉 또는 막대, 동물도축용·살상용 도구 (객실반입 ×, 위탁수하물 ○)

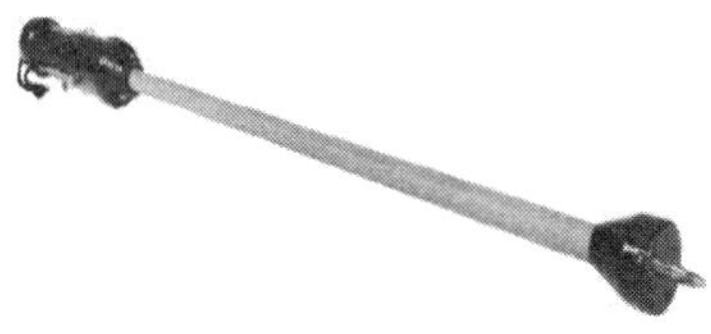
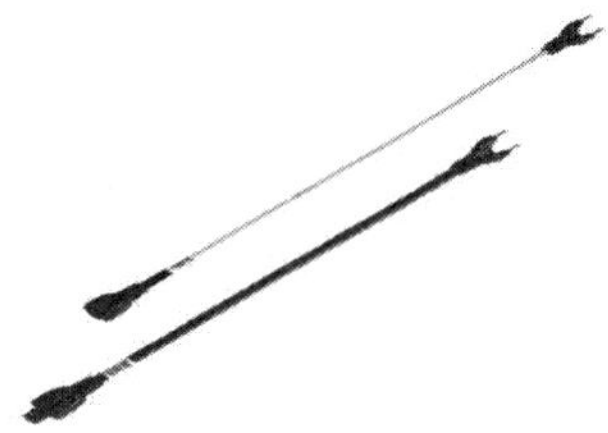

2) 생활용품류

※ 생활용품류는 객실과 위탁수하물 반입 가능(○)

3) 휴대용 일반 소형 배터리(객실반입 ○, 위탁수하물 ○)

4) 리튬배터리 또는 리튬이온배터리가 포함된 개인용 휴대 전자장비 (객실반입 ○, 위탁수하물 ○)

① 시계, 계산기, 카메라, 캠코더, 휴대폰, 노트북컴퓨터, MP3 등

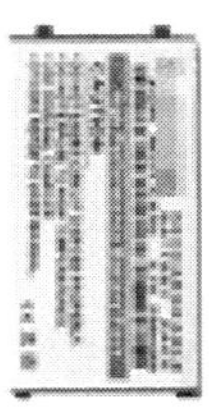

5) 일반 생활도구류(객실반입 O, 위탁수하물 O)

① 금속제 포크 · 젓가락 · 숟가락

② 끝이 둥근 금속제 병따개, 와인용 코르크 따개

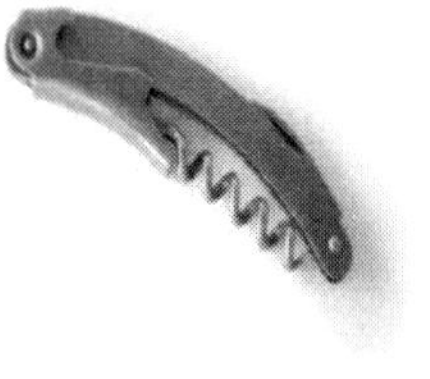

③ 요리용 다지기, 감자칼, 무채칼, 믹서기 칼날

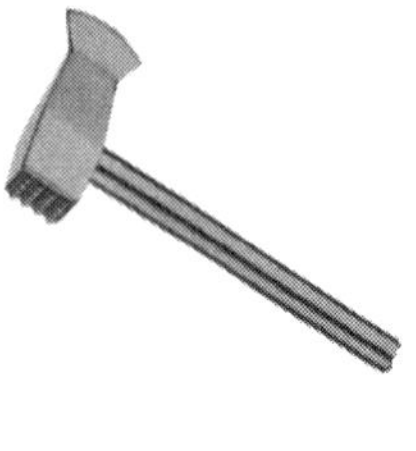

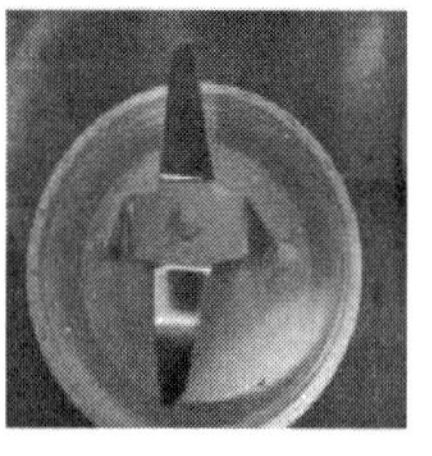

④ 손톱깎이, 손톱 줄, 족집게, 눈썹정리용 칼, 손톱정리용 가위

⑤ 대바늘, 코바늘, 바느질용 바늘

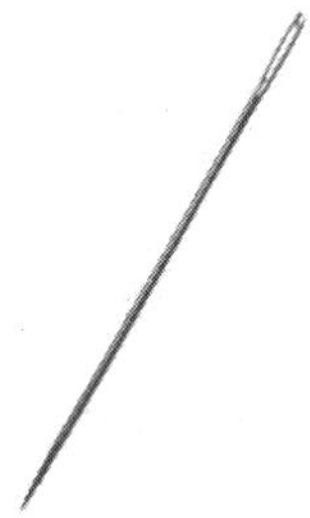

⑥ 제도용 컴퍼스 등

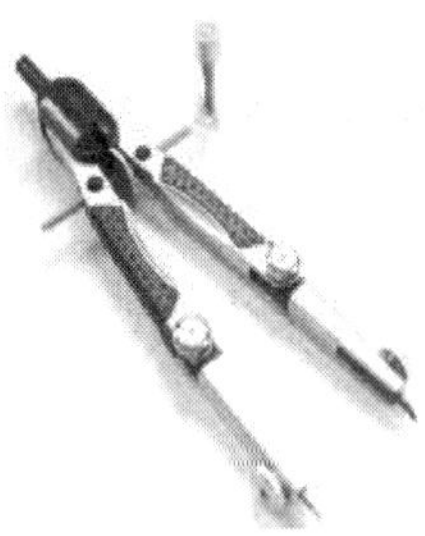

6) 액체 · 분무 · 겔 형태의 위생용품, 욕실용품 또는 의약품류(객실반입 ○, 위탁수하물 ○)

① 화장품, 향수, 매니큐어, 매니큐어 리무버, 헤어스프레이, 헤어무스, 헤어젤, 염색약, 파마약, 방향제, 냄새 제거제, 면도크림, 샴푸, 린스, 샤워젤, 치약, 콘택트렌즈 용액, 몸에 뿌리는 벌레 기피제, 소염제, 의료용 소독 알코올, 내복약, 외용연고 등

※ 단, 객실 반입(국제선에 한함)할 경우, 개별 용기당 100㎖ 이하로 1인당 1ℓ 비닐 지퍼백 1개에 한해 반입이 가능하며, 의약품인 경우에는 의사 처방전 등 관련 증명서를 보안검색요원에게 제시하고 적정하다고 판단될 경우 비행 중 필요한 용량에 한해 객실 반입 가능

※ 위탁수하물(국제선에 한함)로 반입할 경우에는, 개별 용기당 500㎖(0.5kg) 이하로 1인당 2kg(2ℓ) 이하까지만 가능

4. 스포츠 및 레저용품류

※ 무기로 사용될 수 있는 스포츠용품은 객실반입 금지(×), 위탁수하물 반입 가능(○)

1) 방망이, 노, 봉, 검, 날, 촉 형태의 스포츠 장비(객실반입 ×, 위탁수하물 ○)

① 야구 · 소프트볼 · 크리켓 등 배트류

② 카약 · 카누 · 보트 등 노류

③ 하키 · 라크로스 등 스틱류

④ 골프채, 당구 큐 등

⑤ 목검류, 볼링공, 아령 등

⑥ 빙상용 스케이트

⑦ 활, 화살, 양궁, 석궁, 국궁 등 활류

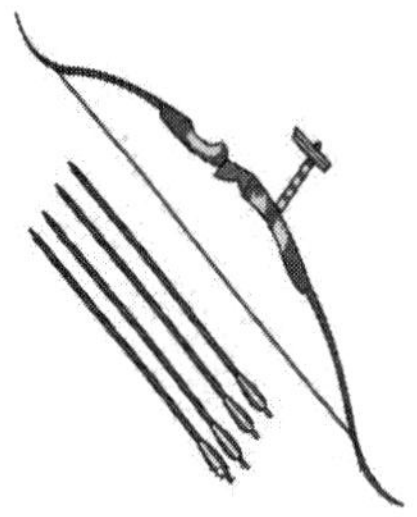

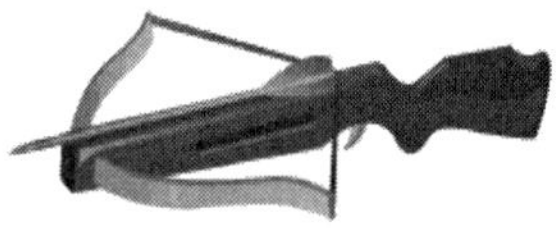

※ 단, 테니스 · 배드민턴 · 스쿼시 · 탁구 등 라켓류 및 인라인스케이트, 스케이트보드는 객실반입 가능

2) 공기가 1/3 이상 주입된 축구공 등 스포츠용 공류 및 풍선류(객실반입 ×, 위탁수하물 ×)

※ 단, 공기가 주입되지 않는 야구공 · 골프공 등의 경우 객실 또는 위탁수하물 반입 가능

3) 등산 장비(객실반입 ○, 위탁수하물 ○)

① 등산용 스틱, 텐트폴, 등반용 못, 고리, 아이젠 등

※ 단, 산악용 망치는 객실반입 금지, 위탁수하물 반입 가능

5. 의료 · 구조용 물품

※ 의료용 물품은 객실 및 위탁수하물 모두 반입 가능하나(○) 일부 위험가능 물품은 제한될 수 있음(×)

1) 주사바늘, 한방용 침류, 수지침(객실반입 ○, 위탁수하물 ○)

2) 소형 의료용 수은체온계(객실반입 ○, 위탁수하물 ○)

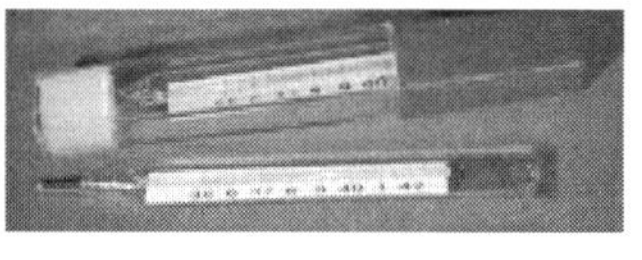

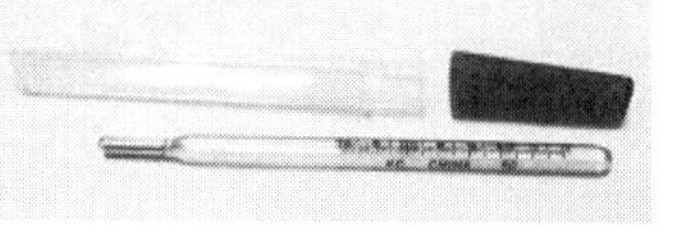

※ 단, 객실 또는 위탁수하물로 반입할 경우, 보호케이스에 담은 경우에만 가능

3) 보행 보조도구

① 노약자 · 장애인 · 환자가 사용하는 지팡이, 목발 등(객실반입 ○, 위탁수하물 ○)

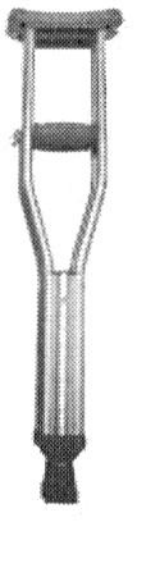

② 노약자 · 장애인 · 환자 · 유아가 사용하는 휠체어, 유모차(객실반입 O, 위탁수하물 O)

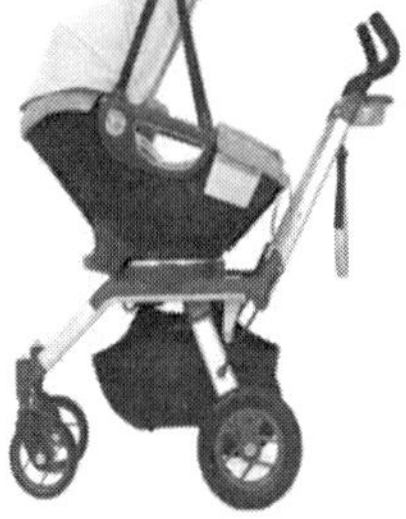

※ 단, 휠체어 및 유모차를 객실에 반입할 경우, 해당 항공운송사업자의 승인이 필요

③ 인공수족에 포함된 비인화성 가스 실린더(여행기간 동안 필요한 여분의 실린더 포함) (객실반입 O, 위탁수하물 O)

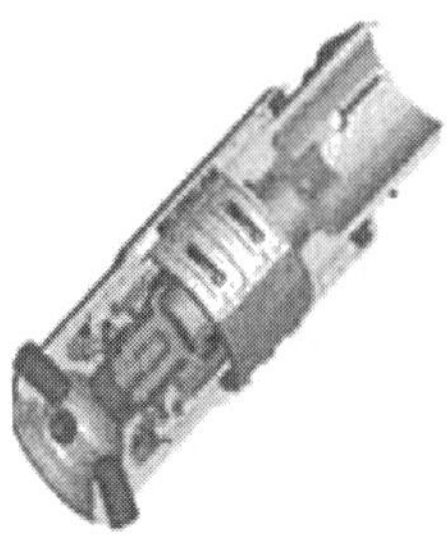

※ 단, 객실 또는 위탁수하물로 반입할 경우, 해당 항공운송사업자의 승인이 필요

④ 장애인 · 노약자 · 환자가 사용하는 전동휠체어 또는 전동이동보조기구(배터리 포함) (객실반입 X, 위탁수하물 O)

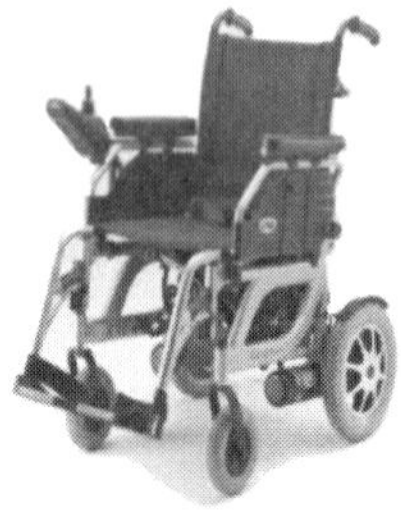

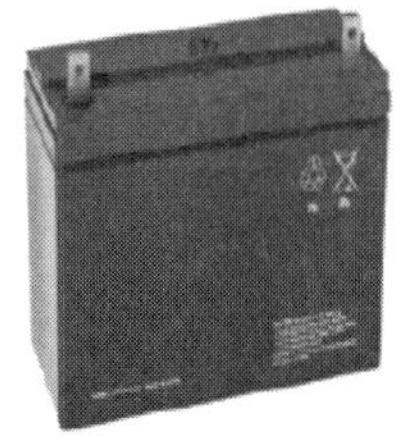

※ 단, 위탁수하물로 반입할 경우, 해당 항공운송사업자의 승인이 필요하며, 「항공위험물 운송기술기준」(국토교통부 고시)에 적합한 경우에만 가능

4) 휴대용 전자의료장비(객실반입 ○, 위탁수하물 ○)

① 자동제세동기, 인공호흡기, 호흡기 치료기, 천식용 호흡기 등

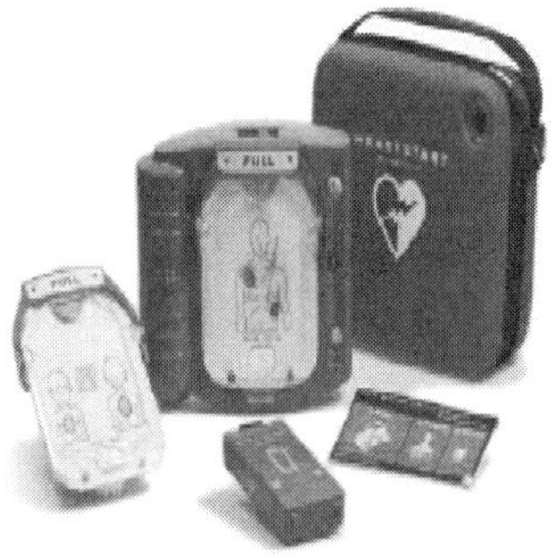

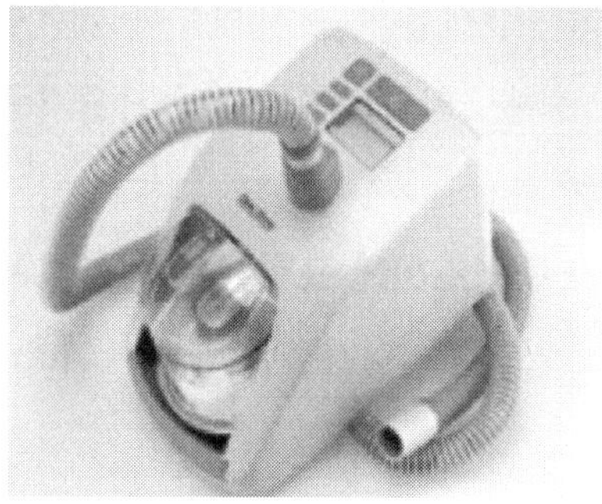

※ 단, 여분 배터리는 위탁수하물로 반입이 금지되며, 보관함에 안전하게 넣은 경우에 한해 2개까지만 객실반입 가능

5) 인체에 이식된 인공심박기, 이식 전자의료장치(객실반입 ○)

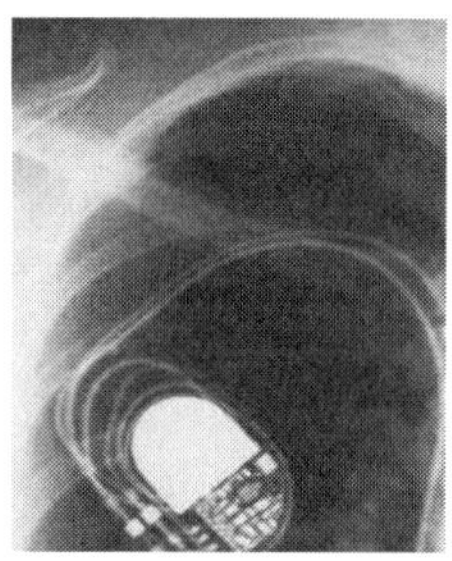

6) 의료용으로 사용되는 5kg 이하의 소형 산소통 또는 공기실린더(객실반입 ○, 위탁수하물 ○)

※ 단, 객실 또는 위탁수하물로 반입할 경우, 해당 항공운송사업자의 승인이 필요하며, 「항공위험물 운송기술기준」(국토교통부 고시)에 적합한 경우에만 가능

7) 구명조끼에 포함된 비인화성 · 무독성 이산화탄소가스 실린더 1쌍(여분 실린더 1쌍 포함) (객실반입 O, 위탁수하물 O)

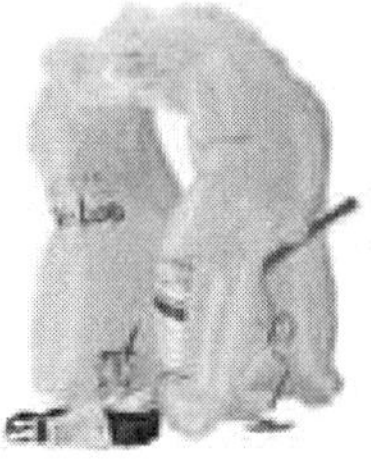

8) 눈사태용 구조배낭(1인당 1개) (객실반입 O, 위탁수하물 O)

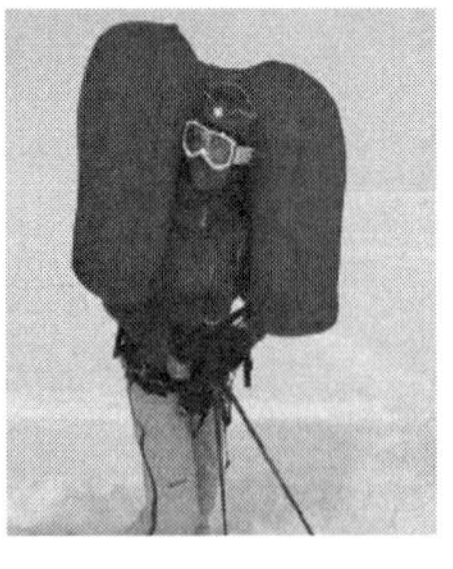

6. 기타 인화성 · 화학성 · 유독성 물질

※ 인화성 물질 등은 원칙상 객실 및 위탁수하물 반입이 모두 금지되나, 「항공위

험물 운송기술기준」(국토교통부 고시)에서 정한 안전요건을 충족하는 경우에 한해 가능

1) 성냥 또는 라이터

① 소형 안전성냥(safety match: 1인당 1개) (객실반입 ○, 위탁수하물 ×)

※ 단, 객실반입할 경우, 자체발화 방지를 위하여 여행용 가방 등에 보관하지 말고 직접 소지할 것

② 딱성냥(마찰성냥: strike anywhere match), 대형 곽성냥(객실반입 ×, 위탁수하물 ×)

* 아무 데나 마찰 시 발화되는 성냥

③ 휴대용 담배라이터(1인당 1개) (객실반입 ○, 위탁수하물 ×)

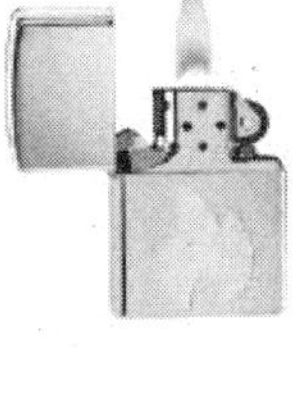

※ 단, 객실반입할 경우, 자체발화 방지를 위하여 여행용 가방 등에 보관하지 말고 직접 소지

※ 단, 선물용으로 포장되고 연료가 포함되어 있지 않은 라이터의 경우에는 위탁수하물로 반입 가능

④ 총기모양 라이터(객실반입 ×, 위탁수하물 ○)

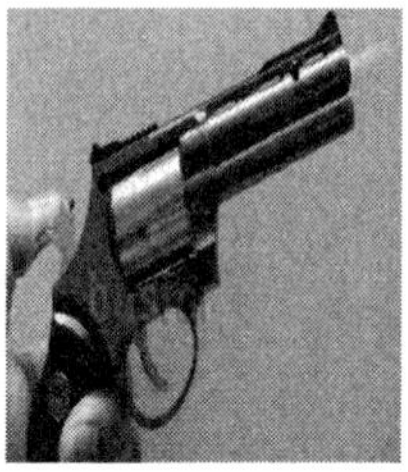

※ 단, 위탁수하물로 반입할 경우, 선물용으로 포장되고 연료가 포함되어 있지 않은 라이터에 한해 가능

⑤ 토치 라이터 및 비흡수성 액체연료로 작동하는 담배라이터(객실반입 ×, 위탁수하물 ×)

2) 인화성 가스 · 인화성 액체

① 부탄가스, 프로판가스, 탄화수소카트리지, 석유, 휘발유, 등유, 경유, 에탄올, 라이터 연료 등(객실반입 ×, 위탁수하물 ×)

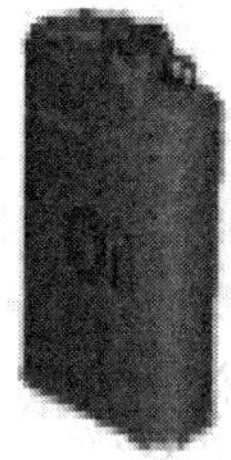

② 스프레이 페인트, 인화성 페인트, 인화성 광택도료, 도료희석제(Paint Thinner), 터펜티나(Turpentine) 등(객실반입 ×, 위탁수하물 ×)

③ 인화성 살충제, 인화성 다리미풀 등(객실반입 ×, 위탁수하물 ×)

3) 탄화수소가스(Hydrocarbon gas)로 작동하는 헤어컬(1인당 1개) (객실반입 ○, 위탁수하물 ○)

※ 단, 가열부분에 안전커버가 씌워진 경우에만 반입 가능하며, 여분의 가스리필은 객실 및 위탁수하물 반입이 모두 금지

4) 자체적으로 연소 · 불꽃 · 폭발이 일어날 수 있는 물질(객실반입 ×, 위탁수하물 ×)

5) 강한 열을 발생시키는 배터리로 작동하는 납땜장치(납땜인두), 수중랜턴(수중다이빙용 램프) (객실반입 ○, 위탁수하물 ×)

※ 단, 객실 반입할 경우, 반드시 배터리와 분리할 것

6) 기상용 수은기압계 및 수은온도계(객실반입 ○, 위탁수하물 ×)

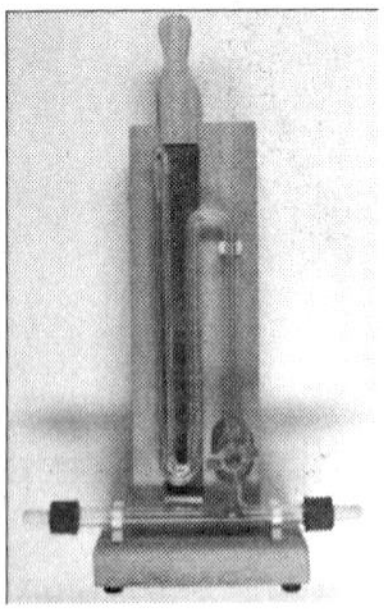

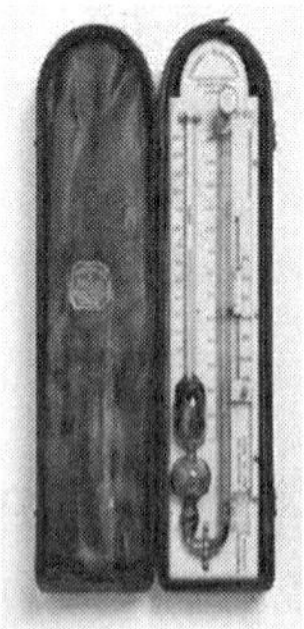

※ 단, 공공용 목적으로 사용되는 물품으로 해당 항공운송사업자의 승인을 받고, 수은이 유출되지 않도록 내부가 봉인된 단단한 보관함에 담은 경우에만 객실반입 가능

7) 알코올성 음료

① 70도(%) 이상의 알코올성 음료(객실반입 ×, 위탁수하물 ×)
② 24도(%) 이상 70도(%) 미만 알코올성 음료(1인당 5ℓ에 한함) (객실반입 ○, 위탁수하물 ○)
③ 24도 미만(%) 알코올성 음료(객실반입 ○, 위탁수하물 ○)

8) 최루가스(tear gas) (객실반입 ×, 위탁수하물 ×)

9) 독극물 · 쥐약 등 독성물질 · 농약(객실반입 ×, 위탁수하물 ×)

10) 방사능물질(의료용 · 상업용 동위원소) (객실반입 ×, 위탁수하물 ×)

11) 부식성, 표백성, 산화성 물질(염소, 표백제, 산화제, 수은, 하수구 청소제제 등) (객실반입 ×, 위탁수하물 ×)

12) 전염성 · 생물학적 위험물질(객실반입 ×, 위탁수하물 ×)

13) 소화기(객실반입 ×, 위탁수하물 ×)

14) **드라이아이스(1인당 2.5kg)** (객실반입 ○, 위탁수하물 ○)

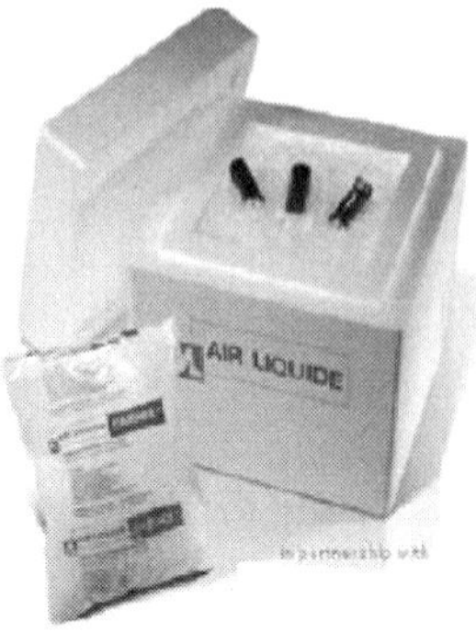

※ 단, 객실 또는 위탁수하물로 반입할 경우, 해당 항공운송사업자의 승인이 필요하며, 「항공위험물운송기술기준」(국토교통부 고시)에 적합한 경우에만 가능

※ 국제선 항공기 객실 내에 반입되는 액체 · 분무 · 겔류의 경우에는 「액체 · 분무 · 겔류 등 항공기내 휴대반입금지 물질 운영기준」(국토교통부 고시)에서 정한 기준에 적합한 경우에만 객실반입이 가능하다.

저자약력

정주호(鄭朱淏)

가천대학교 법과대학 경찰 · 안보학과 교수(현)

경력
대통령 경호실 경호관
대통령 제1부속실 비서관

학력
동국대학교 범죄학 박사
경기대학교 경호안전학 박사

학회활동
한국경호경비학회 부회장(현)
산업보안연구학회 부회장(현)
국가안보국민안전학회 부회장(현)

저서
민간경비론(2011, 진영사), 공저
경호학원론(2010, 백산출판사), 공저
테러리스트처럼 생각하라!(2007, 한경사), 역서

논문
다문화가족 청소년의 사회적 차별경험이 학교 폭력범죄에 미치는 영향(2019)
아동 · 청소년 성범죄 예방정책에 관한 연구(2018)
제도적 아노미 이론에 따른 자생테러 연구(2017)
형사사법절차에 있어서 범죄피해자 참여제도의 확대방안(2017)
軍 정보수사기관의 대통령 경호활동 고찰(2017)
문화적응 스트레스, 사회적 지지, Precht의 초기 급진화 인식이 테러리즘 비호감성에 미치는 영향(2017) 등 다수

저자와의
합의하에
인지첩부
생략

민간경비론

2020년 1월 5일 초판 1쇄 인쇄
2020년 1월 10일 초판 1쇄 발행

지은이 정주호
펴낸이 진욱상
펴낸곳 (주)백산출판사
교 정 성인숙
본문디자인 구효숙
표지디자인 오정은

등 록 2017년 5월 29일 제406-2017-000058호
주 소 경기도 파주시 회동길 370(백산빌딩 3층)
전 화 02-914-1621(代)
팩 스 031-955-9911
이메일 edit@ibaeksan.kr
홈페이지 www.ibaeksan.kr

ISBN 979-11-90323-45-1 93350
값 20,000원